中共黑龙江省委党校（黑龙江省行政学院）学术著作出版资助"黑龙江省资源型城市经济转型理论与实践"（项目编号：DXCB2001001）

黑龙江省发展和改革委员会重点研究课题"黑龙江省煤城转型发展课题研究"的阶段性成果

地方智库报告
Local Think Tank

# 黑龙江省资源型城市经济转型理论与实践

THEORY AND PRACTICE OF ECONOMIC TRANSFORMATION OF RESOURCE-BASED CITIES IN HEILONGJIANG PROVINCE

徐旭　刘志超　著

中国社会科学出版社

## 图书在版编目（CIP）数据

黑龙江省资源型城市经济转型理论与实践/徐旭，刘志超著．—北京：中国社会科学出版社，2022.5
ISBN 978-7-5227-0761-7

Ⅰ.①黑… Ⅱ.①徐…②刘… Ⅲ.①城市经济—经济发展—研究—黑龙江省 Ⅳ.①F299.273.5

中国版本图书馆 CIP 数据核字（2022）第 145861 号

| | | |
|---|---|---|
| 出 版 人 | 赵剑英 | |
| 责任编辑 | 张玉霞 | 刘晓红 |
| 责任校对 | 周晓东 | |
| 责任印制 | 戴 宽 | |

| | | |
|---|---|---|
| 出　　版 | 中国社会科学出版社 |
| 社　　址 | 北京鼓楼西大街甲 158 号 |
| 邮　　编 | 100720 |
| 网　　址 | http://www.csspw.cn |
| 发 行 部 | 010-84083685 |
| 门 市 部 | 010-84029450 |
| 经　　销 | 新华书店及其他书店 |
| 印　　刷 | 北京君升印刷有限公司 |
| 装　　订 | 廊坊市广阳区广增装订厂 |
| 版　　次 | 2022 年 5 月第 1 版 |
| 印　　次 | 2022 年 5 月第 1 次印刷 |
| 开　　本 | 710×1000　1/16 |
| 印　　张 | 17.25 |
| 插　　页 | 2 |
| 字　　数 | 275 千字 |
| 定　　价 | 96.00 元 |

凡购买中国社会科学出版社图书，如有质量问题请与本社营销中心联系调换
电话：010-84083683
版权所有　侵权必究

# 目 录

## 第一篇 理论篇

### 第一章 黑龙江省资源型城市经济转型新挑战 …………………… 3

第一节 中国特色社会主义进入新时代 …………………………… 3

第二节 黑龙江省资源型城市经济转型再陷困境 ………………… 9

### 第二章 我国资源型城市经济转型的研究框架 …………………… 19

第一节 资源型城市经济转型理论与实践评述 …………………… 19

第二节 我国资源型城市经济转型的理论辨析 …………………… 31

第三节 黑龙江省资源型城市经济转型的困境假说 ……………… 43

### 第三章 黑龙江省资源型城市经济转型的效果评价 ……………… 51

第一节 黑龙江省资源型城市转型指数评价 ……………………… 51

第二节 黑龙江省资源型城市转型预警指数评价 ………………… 53

第三节 黑龙江省资源型城市创新能力评价 ……………………… 57

第四节 客观看待资源型城市转型效果评价 ……………………… 60

## 第二篇 绿色篇

### 第四章 我国资源型城市实现绿色发展的客观要求 ……………… 77

第一节 国际社会对各国绿色发展的约束日益增强 ……………… 77

第二节　我国资源型城市的绿色发展面临严峻挑战 …………… 82

**第五章　我国绿色发展的理论与实证研究评述** …………………… 87
　　　第一节　绿色发展的理论研究评述 ………………………… 87
　　　第二节　绿色发展的实证研究评述 ………………………… 96

**第六章　我国资源型城市绿色发展的理论透视** …………………… 102
　　　第一节　绿色发展的理论研究范式 ………………………… 102
　　　第二节　绿色发展概念与内涵的界定 ……………………… 103
　　　第三节　资源型城市转型的理论依据 ……………………… 105

**第七章　资源型城市绿色发展指标体系及其评价** ………………… 112
　　　第一节　黑龙江省资源型城市绿色发展指标体系的构建 …… 112
　　　第二节　黑龙江省资源型城市绿色发展的实证分析 ………… 116

## 第三篇　转型篇

**第八章　黑龙江省资源型城市转型及优化对策建议** ……………… 125
　　　第一节　高质量发展是资源型城市经济转型的内在要求 …… 125
　　　第二节　黑龙江省资源型城市经济转型发展的对策建议 …… 131

**第九章　黑龙江省煤炭城市转型发展的思路与对策** ……………… 144
　　　第一节　大胆开拓创新，加快建立现代产业体系 …………… 144
　　　第二节　提升城市功能，加快形成要素集聚效应 …………… 151

**第十章　黑龙江省资源型城市绿色发展的实现路径** ……………… 160
　　　第一节　黑龙江省资源型城市绿色发展的总体建议 ………… 160
　　　第二节　不同类型资源型城市绿色发展对策建议 …………… 167
　　　第三节　黑龙江省资源型城市转型绿色发展指标体系 ……… 175

## 第四篇 城市篇

**第十一章 黑龙江省煤炭城市转型发展路径及对策研究** …………… 185

 第一节 双鸭山市转型发展路径及对策研究 …………… 185

 第二节 鸡西市转型发展路径及对策研究 …………… 195

 第三节 鹤岗市转型发展路径及对策研究 …………… 204

 第四节 七台河市转型发展路径及对策研究 …………… 213

**第十二章 黑龙江省煤炭城市旅游产业升级的量化评价** …………… 224

 第一节 黑龙江省煤炭城市旅游产业发展现状 …………… 225

 第二节 黑龙江省煤炭城市旅游产业发展评价 …………… 230

**附录 "当好标杆旗帜，建设百年油田"**

 ——大庆市转型实践案例 …………… 244

**参考文献** …………… 260

**后　记** …………… 268

# 第一篇
# 理论篇

"因资源而兴，因资源而衰"是我国资源型城市发展中普遍存在的困扰。资源型城市转型发展一向是我国经济社会体制改革研究的前沿阵地，面对日趋严峻的资源环境约束及中国经济进入高质量发展阶段的新要求，如何构建一套符合我国资源型城市转型发展特点的理论研究体系，加快推动资源型城市培育转型发展新动能和形成绿色发展新机制，已经成为国内学界和相关智库必须面对并亟待解决的历史任务与时代要求。

2013年，国务院发布的《全国资源型城市可持续发展规划（2013—2020年）》中，黑龙江省资源型地区有11个。2012年，这11个地区的生产总值占黑龙江省GDP的比重超过55%，所在地区人口占黑龙江省人口比重超过37%。我国经济进入新常态以来，黑龙江省在面对转变经济发展方式、调整产业结构等方面的压力变得日益显著和严峻。特别是在以资源为主的城市发展中，这些压力变得尤为突出和明显。找准黑龙江省资源型城市转型艰难的症结是破解发展困局的基础和关键。通过经济增长模式、计划经济体制、资源型经济运行机制和企业自生能力四个维度的理论透视：表面上看，资源型城市遇到的困境来自"矿竭城衰"，实际上有其内生性的决定因素。为此，本研究提出黑龙江省资源型城市正面临"四大陷阱"假说，即资源陷阱、收入陷阱、技术陷阱和制度陷阱。在经济学语境中，陷阱通常表示处于一种超稳定均衡的经济状态，一般的短期外力难以改变。这就需要以更大的决心勇气、责任担当和创新精神来冲破这一叠加效应。

# 第一章

# 黑龙江省资源型城市经济转型新挑战

## 第一节 中国特色社会主义进入新时代

### 一 世界正处于百年未有之大变局

党的十九大以来，习近平总书记多次指出，当今世界正处于百年未有之大变局。当前，在新冠肺炎疫情全球大流行仍在持续的过程中，在发达国家保护主义、单边主义不断升级和世界经济持续低迷的过程中，全球产业链、供应链正在经受着各种非经济因素的严重冲击，国际政治经济、社会安全、科技文化等格局都在发生深刻调整，整个世界进入了一个动荡的变革期。可以预见，今后一个比较长的历史时期，中国将面对更多逆风逆水的外部环境，我们必须做好应对一系列新的风险挑战的准备。① 应当看到，我国遇到的很多问题都是中长期的，都是必须按照持久战的思维来认识的。同时，更应当看到，我国发展仍然处于战略机遇期，但机遇和挑战都已发生新的变化。IMF（国际货币基金组织）在2020年6月24日发布的《世界经济展望报告》中预计，2020年全球经济将负增长4.9%。预计2020年，发达经济体的经济将要负增长8%，新兴市场和发展中的经济体将要萎缩3%。比如，美国的经济将要负增长8%，欧元区经济将负增长10.2%，日本经济将负增长5.8%。IMF

---

① 习近平：《在经济社会领域专家座谈会上的讲话》，《人民日报》2020年8月25日第2版。

还预测,全球经济有望在2021年增长5.4%。

在当前全球市场日益萎缩的外部环境下,必须发挥国内超大规模市场优势,推动形成以国内大循环为主体、国内国际双循环相互促进的新发展格局。这个新发展格局不是封闭起来搞国内循环,而是根据现有发展阶段及环境条件的变化,重新塑造我国国际合作和竞争新优势的国内国际双循环。近年来,随着外部市场环境和我国要素禀赋结构性变化,国际大循环的动能明显减弱,而在我国内需潜力不断释放的情况下,国内大循环的活力表现得日益强劲,客观上呈现此消彼长的发展态势。今后一个时期,国内市场占主导趋势的特征会更加明显。因此,必须把扩大内需作为我国经济发展的战略基点,更多地依靠国内市场,不断提升国内供给体系的灵活性,以及对国内市场需求的适应性,逐步形成一种由国内需求带动国内市场供给,国内市场供给创造国内市场需求的更高水平上的动态平衡。

## 二 中国已经进入高质量发展阶段

党的十九大明确提出,我国经济已由高速增长阶段转向高质量发展阶段。2020年7月底,中共中央政治局会议指出,我国已进入高质量发展阶段,但发展不平衡、不充分问题仍然突出。必须全面认识我国社会主要矛盾变化后出现的新特征、新要求,及时有效化解我国社会的各种矛盾,推动中国经济迈向高质量发展。可以说,高质量发展既深刻揭示了中国经济运行的基本底色,又集中概括了中国经济发展的基本方向,是中国经济发展新阶段的"总纲"。抓住了高质量发展,就牵住了黑龙江省资源型城市经济转型的"牛鼻子"。

(一)我国高质量发展的基本内涵

习近平总书记指出,高质量发展就是能够很好地满足人民日益增长的美好生活需要的发展,是体现新发展理念的发展,是创新成为第一动力、协调成为内生特点、绿色成为普遍形态、开放成为必由之路、共享成为根本目的的发展。坚持供给侧结构性改革主线不动摇,在"巩固、增强、提升、畅通"八字上下功夫,是当前和今后一个时期深化供给侧结构性改革、推动经济高质量发展管总的要求。习近平总书记分别从五个方面加以阐述。从供给看,高质量发展应该实现产业体系比较完整,生产组织方式网络化、智能化,创新力、需求捕捉力、品牌影响力、核心竞争力强,产品和服务质量高。从需求看,高质量发展应该不断满足人民群众个性化、多样化、不断升级的需求,这种需求又引领供给体系和结构的变化,供给变革又不断催生新的需求。[1] 从投入产出看,高质量发展应该不断提高劳动效率、资本效率、土地效率、资源效率、环境效率,不断提升科技进步贡献率,不断提高全要素生产率。从分配看,高质量发展应该实现投资有回报、企业有利润、员工有收入、政府有税收,并且充分反映各自按市场评价的贡献。[2] 从宏观经济循环看,高质量发展应该实现生产、流通、分配、消费循环畅通,国民经济重大比例关系和空间布局比较合理,经济发展比较平稳,不出现大的起落。更明确地说,高质量发展,就是从"有没有"转向"好不好"。[3]

我国经济的高质量发展必然是更高质量、更有效率、更加公平、更可持续、更为安全的发展。对于黑龙江省的高质量发展来说,不仅是新发展理念的发展,更是必须要体现国家五大安全(国防安全、粮食安全、生态安全、能源安全、产业安全)[4] 的发展。因此,新时代的黑龙江省高质量发展,是全面振兴、全方位振兴的发展。

**(二)推动高质量发展的基本路径**

新的发展阶段需要新的国民经济体系支撑。国家强,经济体系必须强。推动高质量发展,就要建设现代化经济体系,这是我国高质量发展的战略目标。实现这一战略目标,必须牢牢把握高质量发展的要求。党的十九大报告中指出,必须坚持质量第一、效益优先,以供给侧结构性改革为主线,推动经济质量变革、效率变革、动力变革,提高全要素生产率,着力加快建设实体经济、科技创新、现代金融、人力资源协调发展的产业体系,着力构建市场机制有效、微观主体有活力、宏观调控有

---

[1] 《习近平谈治国理政》第三卷,《我国经济已由高速增长阶段转向高质量发展阶段》,外文出版社2020年版,第238页。
[2] 《习近平谈治国理政》第三卷,《我国经济已由高速增长阶段转向高质量发展阶段》,外文出版社2020年版,第238页。
[3] 《习近平谈治国理政》第三卷,《我国经济已由高速增长阶段转向高质量发展阶段》,外文出版社2020年版,第239页。
[4] 2018年9月28日,习近平总书记在东北座谈会上强调,东北地区是我国重要的工业和农业基地,维护国家国防安全、粮食安全、生态安全、能源安全、产业安全的战略地位十分重要,关乎国家发展大局。

度的经济体制，不断增强我国经济创新力和竞争力。[①] 黑龙江省委通过的关于《高质量发展的意见》指出，黑龙江省推动高质量发展的基本路径是：构建创新驱动引领、产业结构优化、质量效益提升的现代产业体系，构建省会城市带动辐射、区域中心城市支撑有力、煤城加速转型发展、林区焕发青春活力、油田再创新辉煌、边境地区兴边富民的区域协调发展体系，构建自然环境有效保护、比较优势充分释放、人与自然和谐的生态有限绿色发展体系，构建以对俄合作为拓展、新高地加快形成、深度融入共建"一带一路"的开放合作体系，构建基本民生高质量保障、小康社会全面实现、人民群众获得幸福感安全感持续增强的共享发展体系。

**三 黑龙江全面、全方位振兴关键期**

2003年党中央、国务院做出实施东北地区等老工业基地振兴战略以来，党中央、国务院陆续出台了《关于全面振兴东北地区等老工业基地的若干意见》等一系列文件，实施了超过17个领域的配套政策，充分表明了党中央支持东北地区振兴的决心和态度。东北地区是我国重要的工业和农业基地，对于维护国家国防安全、粮食安全、生态安全、能源安全、产业安全有着十分重要的战略地位，关乎国家发展大局。习近平总书记强调，新时代东北振兴，是全面振兴、全方位振兴，"要重塑环境、重振雄风，形成对国家重大战略的坚强支撑"。[②] 当前，黑龙江正处于转方式调结构的紧要关口，既是爬坡过坎的攻坚期，也是大有作为的窗口期。

（一）准确判断新时代黑龙江振兴的主要矛盾

2016年，习近平总书记在黑龙江考察时指出，经过几十年建设发展，黑龙江省形成一批传统优势产业产品，但"老字号""原字号"产业产品多、占比高，资源产品就地深加工不足，资源优势无法较快转化为经济优势和发展优势。而且，这些产业大多集中在几个甚至一两个大型国有企业，一旦骨干企业滑坡，就会造成严重影响，导致经济发展缺

---

[①] 《习近平谈治国理政》第三卷，《决胜全面建成小康社会，夺取新时代中国特色社会主义伟大胜利》，外文出版社2020年版，第24页。
[②] 《以新气象新担当新作为推进东北振兴》，新华网，http://www.xinhuanet.com/politics/2018-09/28/c_1123499376.htm，2018年9月28日。

乏回旋空间。同时,"新字号"产业产品较少,有些领域新兴产业虽然发展速度快,但总量小,对经济增长支撑作用还不够。当前制约黑龙江省发展的主要因素有"三偏",即产业结构偏重、民营经济偏弱、创新人才偏少。2018年9月28日,习近平总书记在东北振兴座谈会上指出,东北地区的发展存在体制机制、经济结构、开放合作、思想观念四个方面短板。习近平总书记指出的"四个短板",既有外部表现又有内在因素;既有客观差距又有主观问题,找准了矛盾的主要方面、抓住了主要矛盾,指明了推进黑龙江全面振兴、全方位振兴的突破口。

(二)全面把握新时代黑龙江振兴的实现路径

2016年,习近平总书记针对黑龙江振兴发展提出了"四个坚持"的实现路径,即坚持把转方式调结构作为振兴发展的重中之重,坚持把发展现代农业作为振兴发展的重要内容,坚持把保障和改善民生作为振兴发展的重要工作,坚持把改进干部作风作为振兴发展的重要保障。黑龙江应当坚持问题导向,贯彻新发展理念,深化改革开放,优化发展环境,激发创新活力,扬长避短、扬长克短、扬长补短,走出一条新形势下振兴发展的新路子。

在转方式调结构中提出,着力优化产业结构,坚持"加减乘除"并用,全面落实"三去一降一补"重点任务,做好改造升级"老字号"、深度开发"原字号"、培育壮大"新字号"三篇大文章。在发展现代农业中提出,以构建产业体系、生产体系、经营体系在内的三个体系为抓手加快推进农业现代化,以推动绿色发展为抓手推进生态文明建设"四个抓手"。在保障和改善民生中提出,各级党委和政府要承担责任,要突出重点针对群众最关切的问题发力,要保障好企业困难职工和城市困难人群基本生活,要正确处理公平和效率的关系,要不断深化改革提供制度保障等。在改进干部作风中提出,要树立勤于学习、敢闯新路、求真务实、清正廉洁的干部作风。

2018年,习近平总书记就深入推进东北振兴提出六个方面的要求。一是优化营商环境为基础,全面深化改革;二是以培育壮大新动能为重点,激发创新驱动内生动力;三是科学统筹精准施策,构建协调发展新格局;四是更好地支持生态建设和粮食生产,巩固提升绿色发展优势;五是深度融入共建"一带一路",建设开放合作高地;六是更加关注补齐民生领域短板,让人民群众共享东北振兴成果。①

2019年,习近平总书记针对东北地区建设现代化经济体系时指出,东北地区建设现代化经济体系具备很好的基础条件,全面振兴不是把已经衰败的产业和企业硬扶持起来,而是要有效整合资源,主动调整经济结构,形成新的均衡发展的产业结构。要加强传统制造业技术改造,善于扬长避短,发展新技术、新业态、新模式,培育健康养老、旅游休闲、文化娱乐等新的经济增长点。要促进资源枯竭地区转型发展,加快培育接续替代产业,延长产业链条。要加大创新投入,为产业多元化发展提供新动力。②

东北地区国有经济比重较高,要以改革为突破口,加快国有企业改革,让老企业焕发新活力。东北振兴的关键是人才,要研究更具吸引力的措施,使沈阳、大连、长春、哈尔滨等重要城市成为投资兴业的热土。③

(三)积极推动黑龙江资源枯竭型城市的经济转型

2001年以来,在党中央、国务院坚强领导和各方面共同努力下,以资源枯竭城市转型为突破口的资源型城市可持续发展工作取得了阶段性成果。黑龙江省资源型城市和地区较多,地级行政区包括:黑河市、大庆市、伊春市、鹤岗市、双鸭山市、七台河市、鸡西市、牡丹江市、大兴安岭地区,其中枯竭型城市比重较大,已经成为影响黑龙江省全面振兴、全方位振兴的关键短板。《全国资源型城市可持续发展规划(2013—2020年)》提出的目标:到2020年,资源枯竭城市历史遗留问题基本解决,可持续发展能力显著增强,转型任务基本完成。转变经济发展方式取得实质性进展,建立健全促进资源型城市可持续发展的长效机制。

具体任务包括四个方面:一是资源保障有力。资源集约利用水平显著提高,资源产出率提高25个百分点。二是经济活力迸发。资源性产

---

① 《以新气象新担当新作为推进东北振兴》,新华网,http://www.xinhuanet.com/politics/2018-09/28/c_1123499376.htm,2018年9月28日。
② 《推动形成优势互补高质量发展的区域经济布局》,求是网,http://www.tibet.cn/cn/politics/201912/t20191215_6723534.html,2019年12月15日。
③ 《推动形成优势互补高质量发展的区域经济布局》,求是网,http://www.tibet.cn/cn/politics/201912/t20191215_6723534.html,2019年12月15日。

品附加值大幅提升,接续替代产业成为支柱产业,增加值占地区生产总值比重提高6个百分点。三是人居环境优美。矿山地质环境得到有效保护,历史遗留矿山地质环境问题的恢复治理率大幅提高,形成一批山水园林城市、生态宜居城市。四是社会和谐进步。就业规模持续扩大,基本公共服务体系逐步完善,社会保障水平不断提高,低收入人群的基本生活得到切实保障,矿区、林区宝贵的精神文化财富得到保护传承。[①]

## 第二节 黑龙江省资源型城市经济转型再陷困境

### 一 经济新常态以来增长状况不容乐观

我国经济进入新常态以来,黑龙江省转变经济发展方式、调整产业结构等压力变得越发严峻,特别是资源型城市在经济新常态下的压力,变得尤为突出和明显。黑龙江省资源型城市的经济增长出现了非常明显的大幅下滑,其中石油、天然气和煤炭等能源行业大幅回落,甚至负增长,直接导致黑龙江省经济增长速度下滑。如果不能及时有效地遏制持续下滑的势头,那么全省经济社会发展将面临巨大挑战。

总体来看,黑龙江省资源型城市(大庆、鸡西、双鸭山、鹤岗、七台河、伊春、大兴安岭地区7个资源型城市)在经历了2012—2014年高位盘整之后,经济总量、经济增速、产业结构、财政收入、人均收入、人口数量等一系列经济指标都出现大幅度下降,除大兴安岭地区以外,其余资源型城市的经济总量均未恢复到高位盘整的水平。

表1-1 黑龙江省资源型城市地区生产总值及其占比 单位:亿元,%

| 年份<br>地区 | 2011 | 2012 | 2013 | 2014 | 2015 | 2016 | 2017 | 2018 |
| --- | --- | --- | --- | --- | --- | --- | --- | --- |
| 大庆 | 3741.5 | 4001.1 | 4181.5 | 4070.0 | 2983.5 | 2610.0 | 2680.5 | 2801.2 |
| 鸡西 | 507.8 | 582.3 | 546.3 | 516.0 | 514.7 | 518.4 | 530.1 | 535.2 |
| 双鸭山 | 502.9 | 565.4 | 510.3 | 432.7 | 433.3 | 437.4 | 462.9 | 507.0 |
| 鹤岗 | 313.1 | 358.2 | 304.0 | 259.5 | 265.6 | 264.1 | 282.9 | 289.6 |

---

① 《国务院关于印发全国资源型城市可持续发展规划(2013—2020年)》。

续表

| 年份<br>地区 | 2011 | 2012 | 2013 | 2014 | 2015 | 2016 | 2017 | 2018 |
|---|---|---|---|---|---|---|---|---|
| 七台河 | 308.1 | 298.9 | 228.6 | 214.3 | 212.7 | 216.6 | 231.5 | 250.3 |
| 伊春 | 229.7 | 260.0 | 274.6 | 256.0 | 248.2 | 251.2 | 266.4 | 274.2 |
| 大兴安岭 | 124.7 | 147.7 | 121.6 | 128.4 | 135.1 | 143.8 | 149.7 | — |
| 总量 | 5727.8 | 6213.6 | 6085.2 | 5884.4 | 4793.1 | 4441.5 | 4604.0 | — |
| 占全省GDP | 12660.6 | 13778.8 | 14546.3 | 15132.2 | 15174.5 | 15386.1 | 16199.9 | 16361.6 |
| 占全省比重 | 45.2 | 45.1 | 41.8 | 38.8 | 31.5 | 28.8 | 28.4 | — |

资料来源：各地市统计公报。

**表1-2　黑龙江省资源型城市经济增长速度**　　　　单位：%

| 年份<br>地区 | 2013 | 2014 | 2015 | 2016 | 2017 | 2018 |
|---|---|---|---|---|---|---|
| 大庆 | 11.1 | 4.5 | -2.3 | 1.7 | 2.8 | 3.5 |
| 鸡西 | 0.9 | 1.0 | 4.1 | 6.5 | 6.5 | 5.0 |
| 双鸭山 | 1.6 | -11.5 | 3.0 | 2.6 | 5.8 | 5.2 |
| 鹤岗 | -9.5 | -9.7 | 4.0 | 0.5 | 7.3 | 4.7 |
| 七台河 | -14 | 2.4 | 4.1 | 1.7 | 6.0 | 5.6 |
| 伊春 | 10.2 | -9.4 | -2.7 | 1.0 | 6.3 | 6.0 |
| 大兴安岭 | 8.4 | 1.8 | 6.1 | 6.3 | 6.2 | 5.1 |
| 全省 | 8.0 | 5.6 | 5.7 | 6.1 | 6.4 | 4.7 |

资料来源：各地市统计公报。

**表1-3　黑龙江省、四煤城、两林都的2012年、2018年
三次产业构成**　　　　单位：%

| 年份<br>地区 | 2012 | 2018 |
|---|---|---|
| 全省 | 15.4∶47.2∶37.4 | 18.3∶24.6∶57.1 |
| 鸡西 | 29.2∶38.5∶32.3[①] | 35.4∶24.1∶40.5 |
| 双鸭山 | 34.1∶43.1∶22.8[①] | 39.4∶19.6∶410 |
| 鹤岗 | 29.6∶47.5∶22.9 | 30.0∶32.5∶37.5 |
| 七台河 | 10.1∶58.4∶31.5 | 12.3∶39.9∶47.8 |

续表

| 年份<br>地区 | 2012 | 2018 |
|---|---|---|
| 伊春市 | 35.2∶33.8∶310 | 37.8∶21.6∶40.5 |
| 大兴安岭 | 40.6∶22.2∶37.2 | 47.8∶9.8∶42.4① |

注：①鸡西市和双鸭山市是2013年数据，大兴安岭三次产业结构是2017年。因发布的时间差异，可能导致有的统计公报不一定准确。

资料来源：各地市统计公报。

（一）大庆市建市以来的第一个负增长

2015年是大庆市历史上的首次负增长，地区生产总值为2983.5亿元，下降了2.3%。大庆市在2014年，就已经出现GDP增速的大幅下降，GDP增速从2013年的11.1%降低到2014年的4.5%。表面上看，是由于原油产量和价格双降，2016年石油产业增加值642亿元，比2011年的1920亿元减少了1278亿元，石油类的税收减少了22亿元。实际上仍然与"一油独大"、非油经济发展不够稳定密切相关。要知道，2014年，大庆市对外宣布，"已基本实现成功转型"。最重要的标志是，非油经济比重在2013年占GDP的比重上升到57.2%，而20年前的非油经济仅占GDP比重的10%。已经形成了以石油化工、汽车制造和新材料为主的三个主导产业，高端装备制造、新兴产业和服务业也逐渐壮大，地区生产总值从2008年的2000亿元增加到2013年的4181.5亿元，相当于5年时间经济总量翻了一番。

我国经济进入新常态，经济发展由高速增长进入中高速增长，尤其是新时代我国经济迈向高质量发展阶段，大庆市的经济总量在2012—2014年维持了三年高位盘整后，出现了快速大幅下滑，直至2018年仍未恢复到3000亿元的水平。同时，GDP增速也是缓慢回升，经历了2016年的1.7%、2017年的2.98%，到2018年缓慢恢复到3.5%，但是，仍然低于全省4.7%的平均水平。这大概既与大庆石油产量每年的量价齐跌密切相关，也与大庆市在前期选择的经济转型模式存在较大关系。

（二）四个煤炭资源型城市再陷发展困境

2013年以来，黑龙江省四煤城的经济总量和年均增速，均出现了大幅下降。在"十一五"时期，鸡西市、双鸭山市、鹤岗市和七台河市年均增长分别为 13.6%、16.8%、13.0% 和 21.2%。但在"十二五"时期，鸡西市、双鸭山市和七台河市年均增速分别是 6.5%、4.0% 和 2.5%。其中，鹤岗市的经济增速在 2013 年和 2014 年出现分别为 -9.5% 和 -9.7% 的大幅下降；七台河市也在 2013 年出现高达 -14.0% 的大幅下降；双鸭山市在 2014 年也出现高达 -11.5% 的大幅下降；只有鸡西市一直保持增长，但 2013 年和 2014 年的增速也仅为 0.9% 和 1.0%。黑龙江省四煤城如此的经济增长数据，可以追溯到 20 世纪 90 年代。

问题还不仅如此，四煤城的经济总量也出现了大幅度减少，至今仍未恢复。从四煤城的经济总量上看，其峰值除了七台河市以 308.1 亿元出现在 2011 年外，鸡西市、双鸭山市和鹤岗市的经济总量峰值均出现在 2012 年，分别为 582.3 亿元、565.4 亿元和 358.2 亿元。随后，四煤城经济总量出现持续下跌，除了鸡西市波动较小，并逐渐恢复外，其余三个煤炭城市表现更糟糕。比如，2013—2018 年鸡西市的经济总量分别为：546.3 亿元、516.0 亿元、514.7 亿元、518.4 亿元、530.1 亿元、535.2 亿元。2013—2018 年双鸭山市的经济总量分别为：510.1 亿元、432.7 亿元、433.3 亿元、437.4 亿元、462.9 亿元、507.0 亿元，也就是说，从 2014 年跌破 500 亿元后，直至 2018 年才恢复到 500 亿元以上。2013—2018 年鹤岗市的经济总量分别是：304.0 亿元、259.5 亿元、265.6 亿元、264.1 亿元、282.9 亿元、289.6 亿元，其经济总量则是从 2014 年跌破 300 亿元后，直至 2018 年仍未恢复。同样还有七台河市的经济总量，2013—2018 年分别为：228.6 亿元、214.3 亿元、212.7 亿元、216.6 亿元、231.5 亿元、250.3 亿元，也就是说，从 2011 年突破 300 亿元后，至今未恢复到这个经济总量上，甚至长期在 220 亿元徘徊了 5 年之久。按照经济学的指标衡量，四煤城已经陷入了经济衰退。

（三）两个"林城"[①] 经济发展上大幅波动

黑龙江省的伊春市和大兴安岭地区作为最早进入我国资源枯竭型城市名单中的两个城市，至今仍然发展缓慢而且经常出现大幅波动。尤其

---

[①] 林城指林业城市和地区，即伊春市和大兴安岭地区。

是伊春市。伊春市在2014年出现经济增速-9.4%的大幅下滑,并在2015年经济增速仍然是-2.7%的回落。在2016—2018年伊春市又经历了大幅波动,由2016年经济增速的1.7%,一下子跳到了2017年的6.3%和2018年的6.0%。大兴安岭地区在统计上,尽管未出现负增长,但也经历了由2013年的8.4%的高速增长,一下子就回落到2014年1.8%的经济增速。尽管从2015—2017年经济增速分别为6.1%、6.3%和6.2%,但是2018年又回落到5.1%,经济的大起大落表现得也非常明显。

需要强调的是,黑龙江省这两个"林城"不仅经济总量规模过小,而且发展非常缓慢。以伊春市为例,2011—2018年的经济总量分别为:229.7亿元、260.0亿元、274.6亿元、256.0亿元、248.2亿元、251.2亿元、266.4亿元和274.2亿元,不难看出,从最低的229.7亿元到最高的274.6亿元,在长达8年之久的时间里,波动的幅度仅有44.9亿元,而且在2013年达到峰值后,至今没有恢复。2013年,伊春市的第一、第二、第三产业增加值占全市生产总值比重为35.0∶32.6∶32.4。2018年第一、第二、第三产业增加值占全市生产总值的比重分别为37.8∶21.6∶40.5。同样表现为,第二产业急剧下降、第一产业持续上升和第三产业远低于全省水平的局面。大兴安岭第二产业下降的幅度就更为严重,已经低于10%。2017年大兴安岭全区实现地区生产总值149.67亿元,按可比价格计算比上年增长6.2%。其中,第一产业增加值71.6亿元,增长6.2%;第二产业增长最快,增加值为14.67亿元,达到了10.1%;第三产业增加值增长最慢,为63.4亿元,仅为5.4%。三次产业结构比重为47.8∶9.8∶42.4,第一产业快接近50%的比重。

## 二 "三偏"尚待破局,发展缺乏新动能

党的十八大以来,特别是习近平总书记两次来黑龙江考察时的重要讲话,都要求黑龙江省要坚持把转方式调结构作为振兴发展的重中之重。习近平总书记强调,只有横下一条心,扎扎实实推进供给侧结构性改革,我国产业结构层次才能出现一个大的跃升,社会生产力水平才能出现一个大的跃升。如果在政策上左顾右盼,在工作上浅尝辄止,就会贻误时机。总的来看,当前制约黑龙江发展的主要因素有"三偏",这就是产业结构偏重、民营经济偏弱、创新人才偏少。希望黑龙江省抢抓

机遇、奋发有为，把政策转化为行动，打好转方式调结构攻坚战、翻身仗，走出一条质量更高、效益更好、结构更优、优势充分释放的振兴发展之路。然而，黑龙江省资源型城市在"十二五""十三五"时期的经济发展表现却令人担忧，依旧面临经济总量不大、发展速度不快、发展质量不优、内生动力不足等发展不充分不平衡问题。当前，制约黑龙江省资源型城市振兴发展的突出因素依旧是发展方式和经济结构问题。从发展方式看，主要依靠要素投入推动经济发展的比较优势大大减弱，资源环境的承载能力大大收紧，传统发展模式已经很难适应新时代要求。从产业结构看，第二产业占GDP的比重出现大幅度的下降趋势，全省规模以上工业企业现在仅有3212家。从所有制结构看，尽管非公经济占全省的半壁江山，但总量较小，民营企业占规模以上企业比重还不高，实力还是不强。

党的十九大以来，习近平总书记多次就高质量发展发表重要讲话，"解决我国社会的主要矛盾，必须推动高质量发展""推动高质量发展，是当前和今后一个时期确定发展思路、制定经济政策、实施宏观调控的基本要求"。经济高质量发展要求实施创新驱动发展战略，实现经济增长新动能的转换，实现质量变革、效率变革、动力变革，提高全要素生产率。

但是以四煤城和两个"林城"的战略性新兴产业无论是单体的企业数量，还是新兴产业增加值及其占比均很少，转型需要的新生动力严重不足。2012年四煤城六大战略性新兴产业企业数量46户，增加值总计26.7亿元；两个"林城"的战略性新兴产业企业数量只有13户，增加值总计3.4亿元，6个地市总计59户企业，增加值总计30.1亿元，与大庆市167户企业，增加值142.9亿元相比，经济转型的压力巨大、任务严峻（见表1-4）。

表1-4　　　　2012年黑龙江省市地六大战略性新兴产业情况

| 项目<br>地区 | 企业单位数<br>（个） | 占规模以上工业<br>企业个数（%） | 新兴产业<br>增加值（亿元） | 占规模以上工业<br>增加值（%） |
|---|---|---|---|---|
| 全省 | 721 | 20.5 | 455.7 | 9.6 |
| 哈尔滨 | 201 | 21.8 | 85.5 | 14.9 |

续表

| 项目<br>地区 | 企业单位数（个） | 占规模以上工业企业个数（%） | 新兴产业增加值（亿元） | 占规模以上工业增加值（%） |
|---|---|---|---|---|
| 齐齐哈尔 | 71 | 24.7 | 86.0 | 34.0 |
| 鸡西 | 18 | 15.9 | 6.4 | 5.3 |
| 鹤岗 | 7 | 6.2 | 4.2 | 3.8 |
| 双鸭山 | 14 | 8.2 | 15.1 | 7.2 |
| 七台河 | 7 | 6.0 | 1.0 | 0.7 |
| 伊春 | 10 | 9.2 | 2.2 | 5.0 |
| 大兴安岭 | 3 | 10.7 | 1.2 | 7.1 |
| 大庆 | 167 | 38.9 | 142.9 | 5.6 |
| 牡丹江 | 122 | 28.4 | 58.6 | 28.7 |
| 佳木斯 | 43 | 14.7 | 23.0 | 21.8 |
| 绥化 | 34 | 14.0 | 15.9 | 8.6 |
| 农垦总局 | 20 | 11.2 | 12.9 | 14.0 |
| 黑河 | 4 | 4.9 | 0.8 | 2.6 |

资料来源：根据黑龙江省工业与信息化厅资料整理。

### 三 资源环境、人口和民生等短板明显

黑龙江省借助大森林、大湿地、大平原、大界江等整体化生态优势，形成了绿色发展的独特优势和发展条件。随着这些年实施天保工程，两个"林城"全面禁伐以来，黑龙江省森林覆盖率显著提高。据第九次森林资源清查，黑龙江省森林面积2.98亿亩，森林覆盖率43.78%（黑龙江省统计为46.74%）。

随着党中央、国务院提出要深入实施大气、水、土壤污染防治行动计划，黑龙江省的蓝天保卫战、碧水保卫战、净土保卫战，以及乡村保卫战和原生态保卫战的任务日趋艰巨。2018年，中央第三环境保护督察组专项督察发现，黑龙江省对农业农村污染治理力度不大，农村环境污染问题突出，与人民群众的期盼还有很大差距。黑龙江省现有8697个行政村中，截至2017年年底仅408个达到国家生活垃圾治理要求，"垃圾围村"问题十分突出，生活垃圾随意倾倒、堆放、掩埋和露天焚

烧现象严重。①

表1-5　　　黑龙江省资源型城市人口及其比重　　　单位：万人，%

| 地区\年份 | 2011 | 2012 | 2013 | 2014 | 2015 | 2016 | 2017 | 2018 |
|---|---|---|---|---|---|---|---|---|
| 大庆 | 281.6 | 281.7 | 282.6 | 278.0 | 277.5 | 277.8 | 273.1 | 272.8 |
| 伊春 | 126.3 | 124.1 | 123.2 | 122.9 | 121.2 | 117.6 | 115.9 | 114.1 |
| 大兴安岭 | 51.6 | 51.1 | 50.8 | 49.9 | 47.2 | 45.1 | 43.9 | 43.9 |
| 鸡西 | 188.9 | 185.9 | 186.6 | 183.6 | 181.2 | 180.7 | 175.0 | 172.7 |
| 双鸭山 | 151.2 | 150.4 | 149.8 | 149.0 | 147.4 | 144.6 | 142.3 | 140.9 |
| 鹤岗 | 108.8 | 108.5 | 107.6 | 107.0 | 105.6 | 103.6 | 100.9 | 100.9 |
| 七台河 | 92.7 | 92.4 | 92.0 | 88.2 | 83.1 | 80.1 | 78.6 | 77.7 |
| 总量 | 1001.1 | 994.1 | 992.8 | 978.6 | 963.2 | 949.5 | 929.7 | 923 |
| 全省人口 | 3834 | 3834 | 3835 | 3833 | 3812 | 3799 | 3788 | 3773 |
| 全省比重 | 26.1 | 25.9 | 25.9 | 25.5 | 25.3 | 24.9 | 24.5 | 24.5 |

资料来源：历年《黑龙江统计年鉴》。

2000—2010年，黑龙江省净迁出人口322.5万人，年均净迁出29万人②。通过表1-5不难看出，黑龙江省四煤城的人口状况十分堪忧。2011—2018年，黑龙江省资源型城市人口总体从1001.1万人，减少到923万人，总体上人口减少了78.1万人之多。③从表1-6中粗略统计，鸡西市约29.9万人，占该市人口比重15.8%；鹤岗市约17.3万人，占该市人口比重16.1%；双鸭山市约22.9万人，占该市人口比重15.6%。四煤城累计有近87万人外出半年以上，几乎走了一个七台河市的人口总量。④

---

① 《中央第三环境保护督察组向黑龙江省反馈"回头看"及专项督察情况》，龙视新闻联播，https://mp.weixin.qq.com/s? src = 11&timestamp = 1575689510&ver = 2019&signature = KLpyN-lWuZF0qNPcYTJ8F14fBPvcFbwAlE * UBJnQL4 - q6w8zhXeWUTb9od3oooMh8 * thD565pgCX1NwJztJJy51aTrQY-0z3k3fc4waHagimkcTgP7Vns5TT8xjnUQ1wt&new = 1，2018年10月23日。
② 李德滨：国家再发展研究院课题组，《黑龙江省人口迁移与人口流动研究报告》。
③ 李德滨：国家再发展研究院课题组，《黑龙江省人口迁移与人口流动研究报告》。
④ 刘志超：《黑龙江省煤炭资源型城市脱困发展对策》，《知与行》2017年第10期。

表1-6　　　　　黑龙江省外出半年以上人口　　　　　单位：人，%

| 地区 | 户籍人口 合计 | 户籍人口 男 | 户籍人口 女 | 外出半年以上人口 合计 | 外出半年以上人口 男 | 外出半年以上人口 女 | 外出半年以上人口占总人口比重 合计 | 外出半年以上人口占总人口比重 男 | 外出半年以上人口占总人口比重 女 |
|---|---|---|---|---|---|---|---|---|---|
| 哈尔滨 | 9964761 | 5059391 | 4905370 | 1366562 | 675632 | 690930 | 13.7 | 13.4 | 14.1 |
| 齐齐哈尔 | 5692710 | 2889482 | 2803228 | 817794 | 419928 | 397866 | 14.4 | 14.5 | 14.2 |
| 鸡西 | 1892636 | 961480 | 931156 | 299835 | 147860 | 151975 | 15.8 | 15.4 | 16.3 |
| 鹤岗 | 1073585 | 544210 | 529375 | 173075 | 86456 | 86619 | 16.1 | 15.9 | 16.4 |
| 双鸭山 | 1476353 | 747435 | 728918 | 229961 | 112913 | 117048 | 15.6 | 15.1 | 16.1 |
| 大庆 | 2803822 | 1407110 | 1396712 | 453167 | 226256 | 226911 | 16.2 | 16.1 | 16.3 |
| 伊春 | 1288574 | 650696 | 637878 | 242680 | 125223 | 117457 | 18.8 | 19.2 | 18.4 |
| 佳木斯 | 2494497 | 1274400 | 1220097 | 333960 | 165063 | 168897 | 13.4 | 13 | 13.8 |
| 七台河 | 861838 | 441159 | 420679 | 175673 | 88281 | 87392 | 20.4 | 20 | 20.8 |
| 牡丹江 | 2716098 | 1371447 | 1344651 | 331482 | 165175 | 166307 | 12.2 | 12 | 12.4 |
| 黑河 | 1716359 | 872439 | 843920 | 301627 | 153597 | 148030 | 17.8 | 17.6 | 17.5 |
| 绥化 | 5744698 | 2937785 | 2806913 | 593172 | 322089 | 271083 | 10.3 | 11 | 9.7 |
| 大兴安岭 | 511972 | 263419 | 248553 | 80611 | 41218 | 39393 | 15.8 | 15.7 | 15.9 |
| 总计 | 38237903 | 19420453 | 18817450 | 5399599 | 2729691 | 2669908 | 14.1 | 14.1 | 14.2 |

资料来源：黑龙江省统计局、黑龙江第六次人口普查办公室编：《黑龙江省2010年人口普查资料》，中国统计出版社2012年版。

按照国际上通用的人口老龄化判定标准，60岁及以上老年人口达到总人口的10%或65岁及以上老年人口达到总人口的7%，就认定进入人口老龄化社会，2000年中国已经进入人口老龄化国家。尽管黑龙江省人口进入老龄化时间比全国推迟了5年，但近几年在人口低生育模式和迁移流动的叠加作用和影响下，黑龙江省人口老龄化进程明显加快，老龄化问题更加突出。[1] 黑龙江全省企业退休人员由2010年的268.8万人增加到2016年的457万人。企业退休人员养老金水平排名由全国第32位上升至第24位。[2]

---

[1] 《新形势下我省人口老龄化问题分析研究》，黑龙江省统计局网站，http://www.hlj.stats.gov.cn/tjsj/tjfx/sjtjfx/201712/t20171212_62044.html，2017年12月12日。
[2] 宁南山：《从黑龙江看老龄化的中国是什么样》，知乎网，https://www.sogou.com/link?url=hedJjaC291OfPyaFZYFLI4KQWvqt63NB8f6PYYps_5xjmyGmmqdfyA，2017年11月11日。

对比黑龙江省资源型城市人才外流的问题，更突出的是人口的外流，即收缩性城市发展带来的经济生产要素的持续流出。从民生角度看，黑龙江省资源型城市这些年在国家转移支付的调解下，确实取得了相当大的成绩。但是就业和收入问题在城市经济中表现得日益突出。从表1-7中可以看出，黑龙江省资源型城市除了大庆市外，其余四煤城和两个"林城"的城镇居民可支配收入均低于全省平均水平，这就使全省四个煤城与两个"林城"的城镇居民生活状况比较艰难。

表1-7　　　　2018年黑龙江省及"四煤"城人均收入　　　　单位：万元

| 地区 \ 项目 | 城镇居民人均可支配收入 | 农村居民人均可支配收入 |
| --- | --- | --- |
| 全省 | 2.9 | 1.3 |
| 鸡西 | 2.3 | 1.8 |
| 双鸭山 | 2.5 | 1.5 |
| 鹤岗 | 2.2 | 1.5 |
| 七台河 | 2.5 | 1.3 |
| 大庆市 | 4.1 | 1.6 |
| 伊春市 | 2.5 | 1.5 |
| 大兴安岭[①] | 2.3 | 1.2 |

资料来源：《黑龙江统计年鉴》和各地市政府网站。①大兴安岭地区采用的是2017年的数据，来源是大兴安岭地区的政府网站，http：//www.dxal.gov.cn/zwgk/tjsj/content_69460。

# 第二章

# 我国资源型城市经济转型的研究框架

## 第一节 资源型城市经济转型理论与实践评述

### 一 资源型城市转型理论术语界定

(一) 资源型城市的概念

资源型城市是指以本地区矿产、森林等自然资源开采、加工为主导产业的城市（包括地级市、地区等地级行政区和县级市、县等县级行政区）。资源型城市作为我国重要的能源资源战略保障基地，是国民经济持续健康发展的重要支撑。[1]

早在2002年，国家计委宏观经济研究院重点课题《我国资源型城市经济结构转型研究》中就提出了一个判断指标：10%和5%的临界值，实际上就是取平均数一倍以上的政策含义。[2] ①采掘业产值占工业总产值的比重在10%以上；②采掘业产值规模县级市超过1亿元，地级市超过2亿元；③采掘业从业人员占全部从业人员的比重超过5%；④采掘业从业人员规模县级市超过1万人，地级市超过2万人。

首先，从全国采掘业产值占工业总产值的比重来看，一般为6%—7%。我国城市的某一产业产值占总产值的比重平均是4%—5%，而

---

[1] 《全国资源型城市可持续发展规划（2013—2020年）》。
[2] 周勇：《我国资源型城市产业转型模式研究》，硕士学位论文，首都经济贸易大学，2007年。

1996年的数值就是4.3%。一般而言，一个地区的支柱产业的产值占比大多是其总产值的5%以上。其次，从就业人员占比来看，我国城市某一产业就业人口占比的平均数是2%—3%，而1996年的这一比值是2.9%。如果就业人口占比大于5%，则说明这个产业的就业对整个城市的就业将会产生较大影响。原则上，要求这四个指标要同时满足才可以将其确定为资源型城市。按照这个标准确定我国资源型城市共计118个。黑龙江省符合标准的有13个城市，全国最多；而山西省符合标准的有11个城市；吉林、内蒙古、山东、河南、辽宁等省区符合标准的大概有7—10个城市。东北三省合计符合标准的资源型城市共有30个，大概占到全国城市总数的25%。[1] 在118个资源型城市中，其中煤炭城市有63个，占53%，森工城市有21个，占18%，有色冶金城市有12个，石油城市有9个，黑色冶金城市有8个，其他城市5个，分别占10%、8%、7%和4%。课题组又按照以下四个指标：该城市中的采掘业产值占工业总产值的比重超过20%；采掘业产值（县级市超过1亿元，地级市超过2亿元）；采掘业从业人员占全部从业人员的比重超过15%以上；采掘业的就业人数（县级市超过1万人，地级市超过2万人）；进一步界定出60个典型资源型城市。

《全国资源型城市可持续发展规划（2013—2020年）》中对资源型城市的范围确定，遵循的是定量界定为主、定性判断为辅的原则，由此界定出262个资源型城市。从产业角度来看，这262个城市普遍存在资源型产业"一业独大"的问题，即矿产资源开发增加值约占全部工业增加值的25%，高出全国平均水平的一倍左右；第三产业增加值比重低于全国平均水平的12%。这样的产业结构难以发展其他接续替代产业，一旦资源枯竭，必然出现"矿竭城衰"。①产业结构、就业结构、资源市场占有率三项指标，满足其一为矿业城市；②森林资源潜力、资源开发能力两项指标，同时满足为森工城市；③综合考虑资源开发历史和布局有国家重点资源型企业的城市。

《全国资源型城市可持续发展规划（2013—2020年）》依据资源

---

[1] 王小明：《我国资源型城市转型发展的战略研究》，《财经问题研究》2011年第1期。

保障能力和经济社会可持续发展能力，把我国现有262个资源型城市[①]划分为成长型、成熟型、衰退型和再生型四种类型，实际上也确定了我国资源型城市存在的四种历史形态。当然，我国在政策选择上删除了由于资源开发殆尽、人去城空而形成的"鬼城"，这一可能存在的形态。《全国资源型城市可持续发展规划（2013—2020年）》强调，要明确不同类型城市的发展方向和重点任务，引导各类城市探索各具特色的发展模式。

具体来说，就是资源开发处于上升期的叫成长型城市（31个），是我国能源资源的供给和后备基地。资源开发处于稳定阶段的叫成熟型城市（141个），是我国能源资源安全保障的核心区。基本摆脱了资源依赖的叫再生型城市（23个），是资源型城市转变经济发展方式的先行区。由于自然资源趋于枯竭，经济发展滞后、民生问题突出、生态环境压力大，被列为衰退型城市。目前我国有67个衰退型城市（地级市）。黑龙江省列入《全国资源型城市可持续发展规划（2013—2020年）》范围内的资源型城市有11个，5个为资源成熟型城市，其中4个地级市分别是黑河市、大庆市、鸡西市、牡丹江市；1个县级市是尚志市。另外，6个为资源衰退型城市，其中5个地级市区分别是伊春市、鹤岗市、双鸭山市、七台河市、大兴安岭地区；1个县级市是五大连池市。

黑龙江省的四个煤炭城市（双鸭山市、鹤岗市和七台河市列入衰退型，鸡西市列入成熟型），在经历了21世纪初的一轮高速增长，尤其是我国经济进入新常态以来，同时面临较为严峻的发展困境，已经显现出衰退型城市的阶段性特征。虽然四个煤城的衰退程度存在较大差异，但面临困境的相似度却极高。比如，资源趋于枯竭、经济发展滞后、民生问题突出、生态环境压力大，是加快转变经济发展方式的重点难点地区。转型发展的重点在于，着力破除城市内部二元结构，化解历史遗留问题，大力扶持接续替代产业发展，逐步增强可持续发展能力。[②]

---

[①] 规划范围包括262个资源型城市，其中地级行政区（包括地级市、地区、自治州、盟等）126个，县级市62个，县（包括自治县、林区等）58个，市辖区（开发区、管理区）16个。

[②] 《全国资源型城市可持续发展规划（2013—2020年）》。

(二) 资源型城市经济转型的内涵

资源型城市转型问题的研究，国内外的文献资料比较多。经过认真梳理之后发现，这里面有两个问题一直被人们所忽视。一是大部分人在讨论资源型城市转型时都集中在经济结构或产业的转型上，忽视了资源型城市自身的城市转型问题研究，[①] 而城市自身的转型恰恰是当前亟待在理论和实践上有所突破的重要内容；二是大部分人都在谈资源型城市的产业如何选择和转型，或者直接讨论选择哪些接续产业，忽视了产业和经济结构的提升必须由企业来完成，它是企业自生能力发展的结果，这是任何政府的政策和战略都无法替代的。[②] 因此，如何使企业真正具有自生能力，并通过市场竞争不断提升自身竞争力才是问题的关键。为此，黑龙江省资源型城市经济转型应包括产业转型和城市功能转型。

流行的观点认为，产业转型是资源型城市转型的核心，没有产业的转型，资源型城市转型就缺少了载体；而城市功能转型是产业转型的前提，没有城市功能的转型，产业转型就会缺少基础，难以成功。因此，资源型城市经济转型要在产业转型和城市功能转型协同互动中，通过产业延伸与产业替代的途径，明确资源型城市转型的思路。对此，我们认为，既然城市功能转型是产业转型的基础和前提，没有了这个基础和前提产业转型就根本无法实现。再加上黑龙江省城市化水平和质量又相对不高的事实，做好城市功能转型显得尤为紧迫和重要。

城市化和工业化都是分工演进的结果，并且只有当工业内部分工加深时，社区中才会出现城市。分工和专业化水平又取决于与交易条件有关的交易效率的改进，交易效率的改进又与交易费用的高低密切相关。因此，交易费用对分工演进和经济发展有着决定性的影响。其中内生交易费用的高低对分工水平的高低具有决定性作用。内生交易费用产生的根源在于，不同的参与者争夺分工好处的份额时的机会主义行为，而这其中最难以控制和解决的就是国家机会主义行为，这又可以看作，城市提供的制度环境。

从实践来看，在城市改革的过程中，尽管国有企业改革的深入使我

---

① 徐旭：《黑龙江省东部资源型城市转型的策略》，《当代经济》2009 年第 7 期。
② 徐旭：《黑龙江省东部资源型城市转型的策略》，《当代经济》2009 年第 7 期。

国原有的城市体制有所松动,但是随着地方政府的区域分权及中央财政的建立,在某种程度上反而加大了地方政府对资源的控制权,阻碍了我国资源型城市经济转型的进程,而作为落后地区的资源型城市的城市经济转型就几乎处于停滞状态。随着财政和经济状况的不断恶化,政府的控制力却在不断上升。这一状况已经表现出即将形成负反馈的危险。也就是说,目前黑龙江省资源型城市在试图实现产业转型的过程中,正面临着严重的现有城市制度安排的束缚和桎梏。我们强调,黑龙江省资源型城市的城市功能转型较产业转型更为重要。基本逻辑是:通过城市功能转型能够为其产业转型提供有效的制度安排,而有效的制度安排又是降低市场内生交易费用的关键。只有率先展开城市功能转型,才可以真正发挥城市原有的功能,使企业真正成为市场的主体,具有自生能力,通过市场竞争实现技术升级和产业升级,最终实现资源型城市的经济转型。城市转型是城市功能的逐渐改善和有序提高,主要体现在"以人为本、适宜人居"城市化发展的模式转变上。

在对资源型城市的界定中,提到了主导产业。有人将产业的生命周期依次分为,处于初创期的先导产业、处于成长期的主导产业、处于成熟期的支柱产业和处于衰退期的衰退产业。一个城市中的产业周期性变化必然导致这个城市出现生命周期性特征,因此,我们认为,应该增加一个层面的转型,即城市功能转型。城市功能转型是一个综合性的概念,涉及方方面面。

《全国资源型城市可持续发展规划(2013—2020年)》中提出了对资源型城市转型的目标:到2020年,资源型城市历史遗留问题基本解决,转型任务基本完成;资源富集地区资源开发与经济发展、生态环境保护相协调的格局基本形成;建立健全促进资源型城市可持续发展的长效机制。[1]

(三)资源型城市经济转型模式与优化

模式大多指主体行为的一般方式,具有一般性、简单性、重复性、结构性、稳定性、可操作性的特征。[2] 因此,尽管我们研究的是资源型

---

[1] 《全国资源型城市可持续发展规划(2013—2020年)》。
[2] 陈世清:《对称经济学术语表(二十)》,中国改革论坛网,http://www.finance-people.com.cn/news/1584926227,2017年2月14日。

城市经济转型模式,但绝不能说这些转型模式就必然是资源型城市转型必须遵守的经济规律,一定要因地制宜和因势利导,只要是符合自身发展特点,摆脱原有对自然资源的依赖,不一定非得具有某种模式。从这个意义上说,我们这里说的模式其实就是为了方便研究,人为划分出来的一种分析方法,绝不能孤立地、片面地、静态地认为存在某一种或几种模式,很可能就是一种不同策略整合的结果,甚至都构不成某种模式。问题是为什么众多资源型城市经济转型成功的案例并不多呢?关键在于对转型方式的理解,对自身问题、未来发展判断以及解决问题的能力上存在较大差距。因此说经济转型模式就是对原有经济发展方式的转变。

所谓优化问题是指资源型城市通过转型,从原来的对矿产或森林资源高度依赖的经济结构中摆脱出来,向产业结构合理、要素结构持续升级转变;从原有的资源资本密集型、粗放型发展方式中摆脱出来,向技术密集型、集约型发展方式转变。从我国经济高质量发展的要求看,就是坚持质量效益优先,供给侧结构性改革,推动经济发展实现质量、效率和动力变革,提高全要素生产率,加快形成实体经济、科技创新、现代金融、人力资源协同发展的产业体系,不断增强资源型城市的创新力和竞争力。

大多数学者认为,资源型城市一般要实现经济转型、社会转型、环境转型和制度转型等。我们认为,经济转型是关键与核心。从马克思的经济基础决定上层建筑的角度来认识,经济转型决定社会、环境和制度转型。当然,反过来社会、制度和环境的转型必然会反作用和影响经济转型。

一般来说,资源型城市的经济转型多指产业转型,即从原来的单一资源型产业转型成多元化的产业支撑。然而,资源型城市产业转型应该以促进要素禀赋的结构升级为目标,而不是以产业结构的升级为目标。因为企业关心的是产品的价格和生产的成本,只有产品的价格反映市场的价格,投入要素的价格反映要素禀赋结构中各种投入要素的相对稀缺性,企业才会自动地按比较优势来选择其产业、产品和技术。同时,当要素禀赋结构提升时,利润动机和竞争压力就会驱使有自生能力的企业自发地进行技术和产业结构升级以维持其自生能力。这样就会有最大可能的经济剩余和最高的储蓄倾向,从而最大可能地进行要素禀赋结构升级,于是就形成了良性的自发演进结构。这就要求政府的基本经济职能必须是维持经济的开放和市场的充分竞争。

## 二 资源型城市经济转型模式研究评述

### (一) 国外资源型城市以产业转型为主

国外对于资源型城市的研究分为三个阶段,即问题区域、"荷兰病"和资源的"诅咒假说"。各国解决资源型城市问题的做法也不尽相同。美国、加拿大、澳大利亚三国在产业转型上,主要由企业自主决定。一种最终变为"鬼城",另一种就像美国休斯敦一般的综合型城市,都是市场选择的结果。日本对煤炭产业经历了由产业政策保护到支持产煤地区大力发展替代产业,探索煤炭区域经济结构调整。欧盟主要是采取各种措施保护各成员国现有的资源型产业,包括采取政府补贴、进口配额等措施,但都未能从根本上解决产业和地区衰退的问题。于是,欧盟各国政府成立了专门委员会进行产业转型,制定了以高技术改造传统资源型产业,积极发展战略性新兴产业来替代传统产业等政策,通过政府的职业培训、积极鼓励个人创业等优惠政策,积极帮助失业人员再就业等各类措施,经过30多年的努力,日本和欧盟的产业转型取得了明显成效。

### (二) 国内资源型城市以"转型"为主

20世纪80年代后期,我国一批采矿历史悠久的矿业城市(镇)(特别是煤炭城市)相继出现了,矿业经济和城市财政下滑,下岗人员增多,矿工生活困难,矿山闭坑或即将闭坑等经济现象出现的同时,因采矿而引发的地质灾害和"四废"(废坑、废渣、废水、废气)等问题对城市生态环境和居民安全生产生活等造成严重影响。[①] 随着可持续发展理念的提出和深入人心,尤其是1994年制定和实施了把可持续发展战略纳入我国经济和社会发展的长远规划。1997年党的十五大报告中,把可持续发展战略确定为我国"现代化建设中必须实施"的战略。2001年,我国开始对资源枯竭型城市转型开展试点工作,出台了一些针对资源型城市的转型政策,我国的资源型城市转型与城市可持续发展

---

① 李平:《从国外模式看我国资源型城市产业转型问题》,《山东科技大学学报》(社会科学版) 2007年第6期。

之间就建立起了内在的必然联系。

杨建国和赵海东认为，资源型城市经济转型模式是资源型城市按照产业发展的客观规律，结合产业所处的发展阶段，对产业现有状态进行调整所提出的一种范式创新①，经济转型的关键是产业转型。我国资源型城市经济转型模式及优化问题的研究，主要集中在以下三个方面。

第一，资源型城市经济转型模式的选择问题。黄溶冰和王跃堂在考虑了不同类别资源型城市的比较优势、产业、地域与环境因素之后，概括出我国资源型城市经济转型的四种模式。② 一是优势延伸模式，包括传统产业链向后延伸的高加工度型和传统产业链向前延伸的"绿色农业"型。其中，高加工度型的主导产业选择又可分为从资源采掘到轻工业或重化工业两种。二是优势组合模式，这要求资源型城市除具备资源优势外，还应具有适度的产业优势或区位优势。该种模式包括高起点创新型和多增长点共融型两种。三是优势互补模式，是指虽然资源型城市自身条件不理想，但可纳入周边区域经济发展形成经济互补优势。该模式包括点轴开发型、城矿联动型和整体迁移型。四是优势再造型，与此类似的就是国内很多学者针对资源型城市的主导产业问题，提出的产业延伸模式、产业替代模式和复合模式等。③

第二，资源型城市经济转型模式的评价分析。一些学者对我国资源型城市经济转型模式的评价指标体系也进行了研究。对转型的经济结构转变、转型能力提升和转型效果等内容进行了科学评价和衡量。其评价指标体系涉及经济、社会、资源和环境四个子系统。④

第三，资源型城市经济转型模式的影响因素及优化。杨建国和赵海东分析了影响资源型城市经济转型的六大因素，分别是资源型城市生命周期、资源型产业的可持续发展能力、制度因素、区位因素、技术进步和人力资本以及资源和生态环境因素等。针对转型模式优化的问题，主要集中在优化的思路和措施上。思路强调要转变经济发展方式，走可持

---

① 杨建国、赵海东：《资源型城市经济转型模式及优化研究》，《财经理论研究》2013年第1期。
② 黄溶冰、王跃堂：《我国资源型城市经济转型模式的选择》，《经济纵横》2008年第2期。
③ 张米尔：《西部资源型城市的产业转型研究》，《中国软科学》2001年第8期。
④ 于光：《矿业城市经济转型理论与评价方法研究》，博士学位论文，中国地质大学，2007年。

## 第二章 我国资源型城市经济转型的研究框架

续发展道路。措施包括：一是强化循环经济，实现主导产业多元化；二是加强技术研发和人力资本投资，通过"软资源"带动"硬资源"；三是充分发挥政府的积极作用；四是开展非正式制度建设。

国内外的研究和实践，大多以主导产业的转型模式为线索，强调由单一资源型产业向产业多元化转变，由单一资源型城市向综合性城市转变，由原料生产基地向地区经济增长极转变。国内学者大多主张，依托市场机制形成多元化产业格局，更好地发挥政府作用支持新型城市化发展。不过，现有研究从产业集聚角度讨论的很少，而从空间经济学的视角关注资源型城市产业转型模式的几乎没有。同时，从城市转型的角度涉猎的也不多，关注城市功能深化与完善则更显不足。

### 三 黑龙江省资源型城市经济转型实践

黑龙江省资源型城市转型模式有两大类：一类是成熟型，另一类是衰退型。二者的转型模式存在较大差异。同时，煤炭城市与林业城市也存在差异，于是，黑龙江省资源型城市转型模式应当分成三大类。

#### （一）大庆市经济转型的利弊得失

有关方面总结了大庆市的转型具有四大特征，即超前思维谋划转型、战略思维指导转型、长线思维产业转型、专业思维实施转型。[①] 所谓超前思维谋划转型，是指大庆市经济转型起步比较早，20世纪90年代，大庆市就提出要实现由单一产业向多元产业转变、由高度指令性产品经济向计划经济与市场调节相结合的经济转变、由半封闭式的内向型经济向开放式的内外向相结合经济转变，建设石油、石化、高新技术产业三足鼎立的区域性中心城市。在1995年完成了联合国开发计划署援华项目《大庆区域经济调整规划》。[②] 为此，大庆市在1992年就争取到了国家批准的唯一一个以"资源型城市转型"为申请理由的大庆市高新区，并于当年4月10日启动奠基仪式，开始了大庆人的"二次创业"。

然而由于各种原因，到1997年8月19日，大庆市才通过了《大庆市委市政府关于进一步加快大庆高新技术开发区发展的决定》，直至

---

① 李慧敏：《大庆资源转型赢在思维转型》，《中国经营报》2014年3月8日第54版。
② 李慧敏：《大庆资源转型赢在思维转型》，《中国经营报》2014年3月8日第54版。

2010年大庆又出台了《关于支持大庆高新技术产业开发区转型升级跨越发展的决定》。2012年，大庆市提出要建设现代化国际化城市的超前构想。最终将大庆高新区的产业发展方向确定为"三主三高"：重点发展石油化工产业、汽车制造产业、新材料产业三个超1000亿元的主导产业，培育发展以高端装备制造、高端新兴、高端服务为主的超500亿元的高端产业。不难看出，大庆市的经济转型起步很早，但是行动却相对迟缓，主要因为对自身定位的模糊和转型压力，在前些年日子好过的时候表现得并不大，等靠要思想还是比较严重的。

说到长线思维产业转型，理念是比较新的，在替代性接续性产业选择上，盯住的项目都是"高大上"。但由于错失了21世纪初的发展机遇，包括忠旺、沃尔沃、联想、"新华08"等企业效益并不十分理想，市场竞争力也没有实现预期的目标。与此同时，提出的产城融合，发展园区与城市融合到一起，学习新加坡，优先发展先进制造业，定位优质、无污染的新兴产业，这些都是没错的，但是真正落地的产业项目却并不尽如人意，究其原因，我们认为，主要在于大庆市忽视了产业发展的生产要素的条件要求，尤其是大庆市长期实行的计划经济管理体制对营商环境的深度影响。2016年开始，在全国全面推进国企职工家属"三供一业"分离移交工作，大庆油田要将其移交给市政或第三方社会力量，这场涉及众多职工、居民以及110亿元资产的大移交，2018年年底前基本完成。2019年国有企业将不再以任何方式为职工家属区"三供一业"承担任何费用。对于大庆油田而言，社会职能也属于"包袱"，因为需要依靠关联交易支付高价，维持其高成本的运营。

2014年，大庆市委市政府，对外宣布"大庆市已基本实现成功转型"。最重要的标志就是，"油城"大庆的非油经济比重由20年前的10%上升到2013年的57.2%。我们认为，从统计数字上看大庆市的转型基本成功完成。然而，我们必须清醒地认识到，作为大庆市在相当长的历史时期是离不开石油和天然气的，这就需要我们必须以城市可持续发展、高质量发展的要求来衡量和评价大庆市的经济转型，从近几年的大幅下降来看，大庆市的经济转型仍在路上。

(二)"四煤城"多元化发展之路

总的来说，黑龙江省四煤城都选择了以多元化的发展模式作为实现自身经济转型的重要路径和发展战略。比如，鸡西市围绕"两张名片""一都五基地"，全力做大重点产业。重点是以打造鸡西市转型发展升级版为主线，叫响中国石墨之都、生态旅游名城"两张名片"，构建"一都五基地"产业格局：中国石墨之都，"新型能源化工、绿色食品生产加工、生物医药制造、生态旅游度假和对俄进出口加工"五个基地。与此同时，围绕动能转化、环境转优，为实体经济保驾护航，打造转型升级、振兴发展好环境。①

双鸭山市提出，要做实"四头四尾"、做强"七大新增长领域"和做深"五大产业链条"，把发展壮大接续替代产业作为核心任务。全市把培育现代煤化工、粮食和绿色食品深加工、石墨及新材料、旅游、电商、畜牧、特色种植七个新增长领域作为重要抓手，重点围绕现代煤电化、粮食和绿色食品深加工、石墨及新材料、生态旅游、特色种植"五大产业链条"，着力打造新型煤电化基地、钢铁产业基地、新材料基地、绿色食品加工基地，构建多点支撑、多业并举、多元发展新格局。②

鹤岗市以实施"四大战略"，培育发展"五大产业"，大力推进"9+1战略"，重点打造"三地一区"。所谓"五大产业"是大力培育和发展"绿色矿业、生态农业、文化旅游、外贸物流、战略新兴"五大产业，"三地一区"即"煤头化尾"示范基地、"两江一岭"绿色食品加工基地、"龙江三峡"中俄犹文化旅游集合区。③

七台河市则通过完善"六基地、两中心"产业布局，大力发展煤炭精深加工、新材料新能源、先进制造、绿色特色食品、生物医药、现代服务业六大产业，大力发展新型的"碳"产业；做强石墨和石墨烯新材料产业，推进负极材料、石墨烯应用、高端石墨三大产业集群，打造"中国石墨烯小镇"；做大制造和再制造产业，围绕再生资源集聚和综合利用，加快发展生物和医药产业，积极发展商贸物流业，大力发展

---

① 《鸡西市2019年政府工作报告》，鸡西市政府网，http：//www.jixi.gov.cn/syzwyw_2778/201901/t20190116_105128.html。
② 《双鸭山市2019年政府工作报告》，双鸭山市政府网，http：//www.shuangyashan.gov.cn/NewCMS/index/html/newsHtmlPage/20190121/13425327.html。
③ 《鹤岗市2018年政府工作报告》，鹤岗市政府网，http：//www.hegang.gov.cn/szf/szf_zfgzbg/2018/01/14076.htm。

文化旅游产业。①

从四煤城的设想和实践操作上看，基本上符合资源型城市经济转型的目标和任务要求。然而，为何效果体现并不明显，甚至在我国经济新常态下出现了经济总量和经济增速的大幅下滑，值得我们深思其背后的运行机理，找到关键症结。

（三）两"林城"绿色发展的转型探索

事实上，森工城市的转型问题关键是要处理好"生态保护与经济发展"的关系。为此，伊春市强调要牢固树立"生态就是资源，生态就是生产力"的发展理念，坚持保护优先，严守生态保护红线，确保森林总量不逆转、生态环境不破坏。坚持"林业经济林中发展、林区工业林外发展"，做大第一产业、做优第二产业、做活第三产业。着力建设"一都一城三乡"，即中国森林食品之都、国际森林生态旅游名城、中国林都北药之乡、中国实木家具之乡、中国木艺之乡；加快发展森林食品、北药、生态旅游、木材精深加工、绿色矿产及冶金建材"五大重点产业"。②

大兴安岭地区则提出，要大力改造传统产业、倾力打造特色产业、着力培育接续产业。突出马铃薯、棚室种植、特色养殖三大主导产业，开辟"互联网+农业"、冷链物流等新途径，念好山水经和冰雪经，发展冰雪游、避暑游、森林游、乡村游、文化游等旅游产业，推动文化体育、绿色生态、特色农业与旅游融合发展，全力打造全域旅游示范区。发展文体休闲、健康养老等生活性服务业，形成新的经济增长点和市场消费点。重点做大做强众享林产科技园，建立省级林下资源研发和检测实验室。③

然而，国有林区的改革才刚刚拉开大幕，2019年2月26日，伊春市13个"政企合一"林业局公司挂牌成立。伊春国有林区延续半个世

---

① 《七台河市2018年政府工作报告》，七台河市政府网，http：//www.qth.gov.cn/xxgk_12340/zfgzbg/201901/t20190123_220497.htm。
② 《伊春市2017年政府工作报告》，伊春市政府网，http：//www.yc.gov.cn/xxgk/gzbg/2017/01/79496.html。
③ 《加格达奇2017年政府工作报告》，加格达奇区政府网，http：//www.dxal.gov.cn/zwgk/zfgzbg/content_65962。

纪的"政企合一"体制彻底破冰。伊春森工在长达半个多世纪的"政企合一"体制中,"政企不分、管办不分、权责不清、动力不足"的弊端在市场经济的环境下日益凸显。另外,我们认为,森工城市经济转型的模式选择还是比较模糊和存在误区的,这也体现为两个林业城市发展缓慢并大幅波动上。我们要深入研究习近平总书记提出的"绿水青山是金山银山""冰天雪地也是金山银山"的发展理念,深入实践如何突出体现绿色生态、"森林是我家"的绿色生态发展模式。

## 第二节 我国资源型城市经济转型的理论辨析

### 一 转型阶段与增长模式选择

从时间上看,工业化和现代化进程的发展阶段及其增长模式客观上要求,我国经济社会发展必然是要经历一个长期的转型过程,在这一过程中转型又表现为不同的阶段性特征、发展模式和政策措施。中华民族的伟大复兴必然会经历从站起来到富起来,再到强起来的历史性转变;必然要经历从农业社会向工业化社会,从传统农业国向现代化强国转变。这是西欧工业革命以来所反映出的经济增长与人类发展的基本规律。

一些经济学家把最先工业化国家的经济发展划分为四个阶段,对应不同发展阶段,存在不同的增长模式。这四个发展阶段和增长模式分别是:首先,第一次产业革命之前阶段。这一时期的经济增长缓慢,经济增长主要依靠增加土地和其他自然资源投入得以实现。波特称其为"生产要素驱动阶段"。其次,第一次产业革命到第二次产业革命开始之前的"早期经济增长"阶段。在这一阶段中,经济增长开始加速,主要原因在于工业革命用机器代替手工劳动,打破了过去自然资源对经济增长的限制,劳动生产率得到大幅度提高。此时的经济增长主要依靠投资驱动,波特称其为"投资驱动阶段"。再次,第二次产业革命以后的"现代经济增长"。这一阶段的经济增长主要靠技术进步和效率提高实现,波特称其为"创新驱动阶段"。最后,20世纪50年代以后,信息化成为经济增长的重要特征,波特称其为"财富驱动阶段",即追求人的个性的全面发展和高质量的生活成为主要驱动力。①

第二次现代化理论认为，18—21世纪末期，世界现代化进程可以分为两大阶段。其中，第一次现代化是经典现代化，是从农业经济向工业经济、农业社会向工业社会的转变，主要表现为工业化、城市化、民主化、社会福利和重视经济增长等。18世纪60年代到20世纪60年代，国家现代化的基本路径是第一次现代化，但不同国家的现代化类型和模式有很大差异。②

第二次现代化是新型现代化，是从工业经济向知识经济、工业社会向知识社会的转变。主要表现为知识化、信息化、生态化、全球化、创新驱动和提高生活质量等。③ 1970年以后发达国家先后进入第二次现代化，21世纪进入第二次现代化的国家将越来越多。

那些没有完成第一次现代化的国家，必然受到第二次现代化的强烈吸引，不断加速转型到第二次现代化。这些国家可以通过两次现代化的协调发展，从半工业经济向知识经济、从半工业社会向知识社会转变，这种发展模式一般叫作"综合现代化"，大多表现为工业化、城市化、民主化、知识化、信息化和绿色化等协调发展。

上述两个发展规律，必然要求资源型城市转型也是一个长期的过程，也会有不同的阶段性特征、完成阶段性目标要求和重点任务。这里我们必须注意两个问题。

第一，跨过"中等收入陷阱"。"中等收入陷阱"一般指发展中国家追赶发达国家的进程中，从低收入经济体进入中等偏上收入经济体时，经济增长容易出现大幅波动或陷入停滞的经济现象。结果是大部分经济体长期在中等收入阶段徘徊，迟迟不能进入高收入国家行列。根本原因在于增长方式的转变（发展模式的转型）难以实现。这些后发经济体经过快速发展积累后，原有的增长机制和发展模式不能有效缓解之前形成的系统性风险，它们既不能重复又难以摆脱以往由低收入进入中等收入的发展模式。

---

① 吴敬琏：《中国增长模式抉择（增订版）》，上海远东出版社2011年版，第19—20页。
② 何传启：《国家现代化的三条道路》，《科学与现代化》2016年第3期。
③ 何传启：《国家现代化的三条道路》，《科学与现代化》2016年第3期。

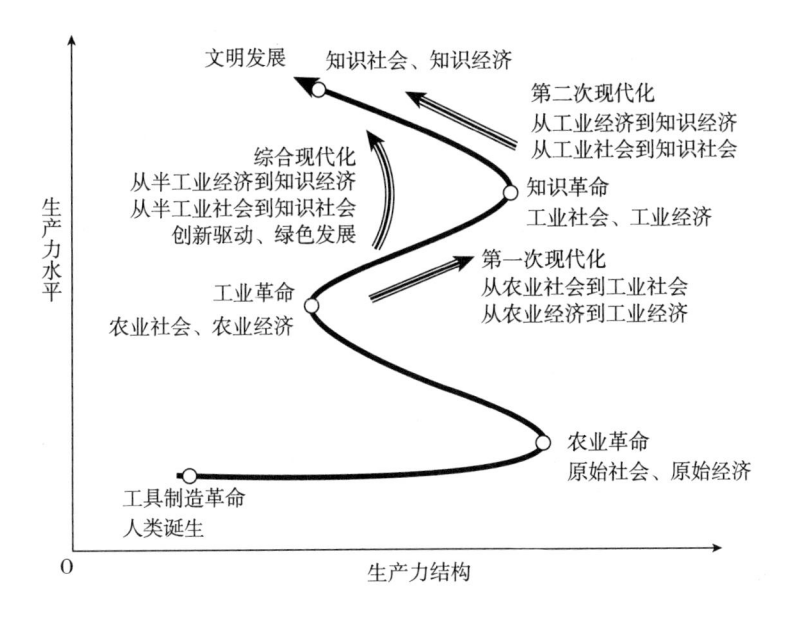

**图 2-1 国家现代化的三条路径**

资料来源：何传启（2003，2010）。

第二，抓住转型机遇期的时间窗口。党的十九大报告指出，中国特色社会主义进入新时代，我国社会主要矛盾已经转化为人民日益增长的美好生活需要和不平衡不充分的发展之间的矛盾。[①] 这也是我国进入高质量发展阶段的内在要求。与此同时，我们更要清醒地认识到，我国进入高质量发展阶段实现伟大中国梦同样是有时间窗口的，中华民族必须准备付出更为艰巨、更为艰苦的努力。因为，实现伟大梦想，必须进行伟大斗争、必须建设伟大工程、必须推进伟大事业。

按照党的十九大要求，在时间上要分成两个阶段：从全面建成小康社会到基本实现现代化（2020—2035 年），再到全面建成社会主义现代化强国（2035 年至 21 世纪中叶）。总之，要充分认识资源型城市转型的长期性和复杂性、紧迫性和严峻性、多样性和同一性。

## 二 经济转型的内容与关键障碍

厉以宁认为，"改革开放以来，中国经济走出了体制转型和发展转

---

[①] 《决胜全面建成小康社会，夺取新时代中国特色社会主义伟大胜利》，习近平在中国共产党第十九次全国代表大会上的报告。

型叠加的双重转型之路","中国经济正在逐步实现双重转型"。我国从1979年起,一方面,通过摆脱计划经济体制的束缚,以市场经济体制代替计划经济体制,开展体制转型;另一方面,从传统农业社会向现代工业社会转变,开始了实现现代化强国的发展转型。"这两种转型的叠加在世界上没有先例。因此,30多年来中国经济的双重转型构成了独特的改革开放之路,也为发展经济学增添了新的内容。"[1]

李虹等(2018)引入城市经济的概念后,将资源型城市转型分为狭义和广义两种。狭义资源型城市转型是指随着原有自然资源的逐步枯竭,资源型城市通过调整产业结构、实现产业升级,进而推动城市经济持续发展的过程。广义的转型是指转变资源型城市的经济发展模式,从而推动其可持续发展,这涉及城市的整个生命周期和经济社会发展的各个方面。[2]

如果从资源枯竭(不可再生资源)的角度看,资源型城市转型就是原有的资源型城市要逐步摆脱对于过去矿产资源的过度依赖,有效解决不可再生资源对城市发展的约束。而资源型城市经济转型是指那些以矿产资源开采为支柱产业的城市,在降低对矿产资源依赖程度的同时,其支柱产业向资源深加工或其他新兴产业过渡,使经济增长的动能最终实现从自然资源消耗向科技进步的转换。

我们知道,资源型城市转型主要包括产业结构和体制机制转型。产业结构转型是指,通过生产要素的改善提升,实现产业结构的优化升级,形成新的产业持续发展能力。产业结构的优化升级必须根据每个城市的自身优势,逐渐培育多种产业共同发展的多元化产业结构。体制机制转型一般是指,从计划经济体制过渡到市场经济体制,包括市场竞争机制、财政金融制度等。于是,经济转型的关键内容就是产业结构的优化。经济转型的目标被概括为四点:一是发展壮大接续替代产业;二是形成具有融合性、创新性、可持续性的产业新体系;三是产业自主创新能力普遍增强,以科技进步促进创新驱动发展;四是优化经济机制体

---

[1] 厉以宁:《中国经济双重转型之路》,中国人民大学出版社2013年版,第2页。
[2] 李虹等:《资源型城市转型新动能——基于内生增长理论的经济发展模式与政策》,商务印书馆2018年版,第13页。

制，创立和完善资源使用机制。① 资源型城市转型的内容就被确定为经济转型、社会转型、环境转型和制度转型四方面，有人将转型内容扩展开来。②

上述理解均有其合理之处，但缺乏对城市经济的深入认知。城市作为人口集聚的主要区域，也是经济增长的发源地、信息交流的中心地。大量的生产要素在城市集聚，产生了知识的报酬递增、服务业的规模经济等正面效应的同时，也造成贫困、环境污染等负面效应，这种城市的复杂性客观上要求我们必须遵循城市发展规律，坚持新发展理念推动资源型城市转型发展。

由于专业制造者和专业农民，以及不同制造业之间出现的高水平分工，就出现了城市，以及城乡的分离状况。③ 在分工和城市发展的过程中，由于工业品生产中的分工可以集中在城市以节省交易费用，所以城市工业品生产者的专业化水平、生产率以及来自市场交易的收入会高于农村居民。所以，从自给自足向高水平分工发展时，不平衡的分工结构就会出现，这一过程被称为分工演进过程中自然的过渡性二元经济结构，这也是经济发展中必然经历的一个自然中间状态。但是只要有城乡之间的自由迁居，城乡之间的真实收入就会实现均等化，而且农村从市场得到的收入、商品化程度以及生产率也会趋于均等化。结论是：在分工及城市发展的演进过程中，城乡之间的自由迁居、人民的择业自由、自由价格以及市场化等都是加速经济发展、消除城乡二元经济状况的条件。当交易效率持续提高时，经济发展到完全分工的状态。此时，二元结构将消失，农村和城市之间的生产力水平、商业化程度，以及商业化的收入将趋于一致。④

但是，资源型城市在相当长时期内，"实行户籍制度、重要商品

---

① 李虹等：《资源型城市转型新动能——基于内生增长理论的经济发展模式与政策》，商务印书馆2018年版，第24页。
② 思想转型、体制机制转型、文化转型、产业转型、生态转型、民生转型、城市转型等。
③ 1994年，杨小凯和赖斯建立了第一个新型古典城市化的一般均衡模型，它能显示城市的起源、城乡的分离是分工演进的结果。参见杨小凯、张永生《新兴古典经济学和超边际分析》，中国人民大学出版社2000年版，第121—122页。
④ 杨小凯、张永生：《新兴古典经济学和超边际分析》，中国人民大学出版社2000年版，第124页。

（尤其住房）配给制、工农产品价格剪刀差，以及政府的职业分配制度，上述城乡真实收入均等化的条件并不存在"①。最为重要的是，在资源型城市内部，长期存在一种二元经济结构造成的体制机制障碍，至今仍在严重制约着资源型城市的转型发展。这种城市内部的二元经济结构既体现在产业部门上，也体现在空间分布上。这里我们重点讨论空间分布问题。

中华人民共和国成立以来，在原本荒凉偏僻、人烟稀少的地区一大批矿业城市拔地而起。2005年，据中国矿业联合会矿业城市工作委员会的初步研究，在426座矿业城（镇）吸纳有3.1亿人口，近1000万职工从事矿业生产，年生产总值约占全国的1/3，全国主要矿产品中93%的煤炭、90%的石油、80%的铁矿石、70%的天然气均由矿业城市（镇）提供②。黑龙江省东部四煤城更是"先矿后城"，先开矿山后建城市。黑龙江省四煤城的国有矿区开发历史悠久。其中，鹤岗市1945年建企（1949年建市）、双鸭山市1947年建企（1956年建市）、鸡西市1948年建企（1957年建市）、七台河市1958年建企（1970年设县级市，1983年晋升为省辖市）。这样的历史条件，再加之国家对东北的工业管理最早实行了计划体制，演变的结果是四煤城的矿区成为一个"独立王国"。尽管经历了改革开放的不同时期，"独立王国"却以不同的形式长期存在，至今仍在发挥着影响资源型城市二元结构格局的关键性作用。

第一，资源型城市沉陷区、棚户区、民生等历史问题突出，就是这一体制演进的恶果。囿于当时的历史条件和国家需要，四煤城只能采用持续增加煤炭开采数量为主的粗放型发展模式，为了扩大再生产，围绕矿区建设了一大批低水平的基础设施和社会保障，本是临时性政策措施，但由于长期矿城分离，所以这些临时性设施成为长期性生活环境。不但矿工的生活质量长期得不到提高，反而随着时间推移日益成为严重隐患，不得不用更大的成本进行改造和生态恢复。

第二，"等靠要"思想严重，市场化观念长期难以建立。在长期接

---

① 杨小凯、张永生：《新兴古典经济学和超边际分析》，中国人民大学出版社2000年版，第124页。
② 朱训：《矿业城市转型研究》，中国大地出版社2005年版，第1页。

受政府向企业下达指令性指标的过程中，煤炭企业习惯了政府下生产命令，财政上统收统支，物资供应和产品销售实行计划调拨和计划收购。事实上，改革开放之初，黑龙江省国家定价比重由1984年的73.5%下降到1988年的41%，但石油、煤炭、木材、食糖等产品，指令性调拨的比重仍高达70%以上。2004年，组建龙煤集团后，四煤城国有企业的自主能力在一定程度上还得到了削弱，这也造成了煤炭城市包括它的国有企业缺乏"闯市场"观念的客观基础。

第三，"矿政"分离体制影响深远，产城融合长期举步维艰。先建设矿区，后建设城区的历史经历，使得最初是矿区好于城区，从而造成各类要素向矿区集聚的扭曲现象，客观上加剧了矿区与城区的不平衡。同时，还让矿区在心理上产生一种微妙的优越感。这种客观上的要素集聚和心理上的优越感使城区与矿区发展不平衡的同时，更是形成了城区对矿区难以摆脱的依赖性。20世纪90年代开始，矿区的"资源危机+市场竞争"开始日益严峻，而城市建设进入加速期。通过发展民营经济，全面培育市场主体，通过经营城市，全面提升城市功能深入人心。[①] 城区与矿区出现一种新的不平衡，一边是矿区艰难的客观现实与心理的失落感；另一边是城区基础设施和功能保障的不断提高。尽管二者依旧是较强的依赖关系，但城区已然将矿区视为城市发展的负担而非动力源泉了。这样的心理和客观的转换，进一步加剧了二者融合发展的障碍和困难。事实上，黑龙江省四煤城矿区与城区分裂隔离的状态并未消除，在某些领域的相互掣肘还比较严重。

我们始终认为，对于资源型城市而言，"城市转型才是经济转型的关键。必须率先开展城市转型，真正发挥城市功能，以城市转型带动产业转型"。[②]

### 三 资源型经济的自强机制

资源型经济在国家、区域以及城市层面均普遍存在，主要是指以矿产资源开发为动力所形成的以煤、石油、天然气等能源产业及铁、铜等

---

① 1993年七台河市委市政府提出，效法"温州模式"搞市场经济。核心是给企业下放权力和发展民营经济，全面培育市场主体，壮大"演员"队伍；关键是转变政府职能，当好"导演"。

② 徐旭：《黑龙江省东部资源型城市转型的策略》，《当代经济》2009年第7期。

矿产部门为主导的经济体系。① 丰富的矿产资源被认为是工业化起步和经济发展的重要基础。依据比较优势理论，资源丰裕国家和地区应当选择资源开采和加工业作为主导产业。但是，事实上很多国家和地区都落入了"资源陷阱"。

进入20世纪中后期，资源型经济问题日益突出：60年代，以德国鲁尔、法国洛林地区、美国休斯敦等欧美部分老工业基地沦为"问题区域"；70年代，又出现荷兰、尼日利亚为代表的"荷兰病"；1993年，Auty用"资源诅咒"概括资源丰裕与经济增长之间的反向变化关系；② 1995年，Sachs和Warner用数据证明了，资源部门的繁荣使生产要素从规模报酬递增的制造业部门转移出来，最终导致资源丰裕国家或地区经济增长速度缓慢，甚至停滞。③

20世纪80年代末，随着我国部分地区的煤炭资源出现枯竭和开采成本上升，阜新市最先陷入"矿竭城衰"困境，2001年12月28日被国务院正式认定为全国第一个资源枯竭型城市。黑龙江省四大煤城在极其困难的条件下，探索城市转型突围之路，大力发展接续产业。但由于长期存在的体制性和结构性矛盾，转型突围仍然处在"小打小闹"的阶段，面临煤城负担重、煤产业难做大、非煤产业难做强三个现实难题，接续发展受阻。④

张复明、景普秋描述了资源型经济的自强机制：在资源高收益的强力刺激下，生产要素不断向资源部门流入，推动资源部门持续扩张，促

---

① 判断依据主要有四个方面：一是资源产业属于支柱产业；二是资源产品是区际或国际贸易的主体；三是经济活动对资源的依赖性较强；四是资源部门对工业化进程，尤其是对贸易条件具有重大影响。其中，最后一个依据至关重要。参见张复明、景普秋《资源型经济的形成：自强机制与个案研究》，《中国社会科学》2008年第5期，详见阮慧主持，张复明执笔《中西部资源型区域经济转型模式研究》。

② Richard M., and Auty, *Sustaining Development in Mineral Economies*: *The Resource Curse Thesis*, London: Routledge, 1993.

③ Jeffrey D. Sachs and Andrew M. Warner, "Natural Resource Abundance and Economic Growth", *NBER Working Paper*, 1995, Cambridge, MA; J. D. Sachs, A. M. Warner, "Sources of Slow Growth in African Economies", *Journal of African Economies*, Vol. 6, No. 3, 1997, pp. 335-380; J. D. Sachs, A. M. Warner, "The Big Push, Natural Resource Booms and Growth", *Journal of Development Economics*, Vol. 59, No. 1, 1999, pp. 43-76.

④ 《黑龙江四大煤城调查：资源城市转型有"三难"》，《经济参考报》2003年8月5日，https://business.sohu.com/73/33/article211833373.shtml。

进资源加工产业及相关的服务产业、辅助产业快速发展,进而形成资源产业的主导性和依赖性同步增强的过程。资源部门发展的自强机制包括资源部门对经济要素特殊的吸纳效应、资源产业形成的黏滞效应、沉淀成本与路径形成的锁定效应。[①]

如图2-2所示,资源部门的自我强化将资源区域锁定在以资源部门为主体的资源产业体系中,全力支配着"资源繁荣现象",决定了资源地区的经济发展路径,阻止了资源部门向以制造业为代表的报酬递增且生产率较高的部门的转化和递进。

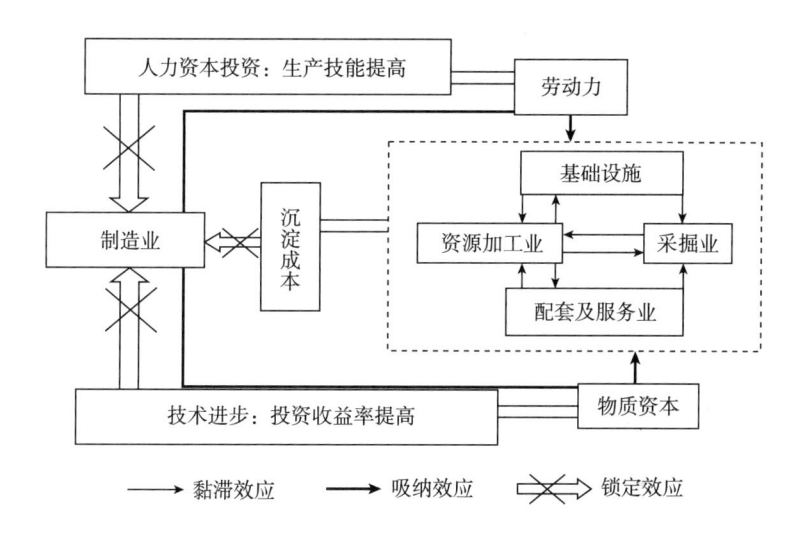

**图 2-2 资源部门发展的自强机制**

结论是:正是资源部门发展的自强机制,强化了资源型地区对资源部门自我发展的依赖,从而使其陷入"资源陷阱"。长期看,资源部门的自我强化,对区域经济中的人力资本与创新具有明显挤出效应;反过来,人力资本与创新的缺乏,制约了区域经济的长期增长,导致资源型经济现象。[②] 依据这一假说必然会得出另一个结论:资源部门或资源型

---

[①] 张复明、景普秋:《资源型经济的形成:自强机制与个案研究》,《中国社会科学》2008年第5期。

[②] 张复明、景普秋:《资源型经济的形成:自强机制与个案研究》,《中国社会科学》2008年第5期。

经济，仅仅依靠自身能力或所谓市场的力量进行内部的效益提升或结构调整，是难以摆脱资源陷阱、实现向生产率较高的部门的转化和递进的，这也是国内外大量资源型地区长期难以摆脱困境的重要原因之一，只有借助于强大的外部因素冲击或体制机制变革才有可能打破这种均衡状态。

2013年，四煤城的煤炭产业与非煤产业的比重情况分别为：鹤岗市为7.3∶2.7、七台河市为6.7∶3.3、鸡西市为6.4∶3.6、双鸭山为3∶7。"一煤独大"仍是四煤城最突出的矛盾，煤炭及相关产业占GDP的25%左右，煤炭工业占规模以上工业增加值的70%以上，煤炭税收占公共财政收入的40%—50%，有的区甚至高达90%。以鹤岗为例，2013年，规模以上煤炭开采及洗选企业达63户，占全市规模以上企业总数的41%；煤炭工业增加值占全市工业的73%，实现地方税收占市级税收的34%。

### 四 "企业自生能力"假说

"自生能力"是林毅夫提出的，是指"在一个开放、竞争的市场中，只要有着正常的管理，就可以预期这个企业可以在没有政府或其他外力的扶持或保护的情况下，获得市场上可以接受的正常利润率"。[①] 如果一个企业通过正常的经营管理预期能够在自由、开放和竞争的市场中赚取社会可接受的正常利润，那么这个企业就是有自生能力的，否则，这个企业就是没有自生能力的。很显然，如果一个企业预期不能获取社会可接受的正常利润，那么就没有人愿意投资，这样的企业除非政府提供支持，否则就不会存在。[②]

但是，在转型的发展中国家经济中，很多企业并不具备自生能力，也就是说在市场竞争中无法获得预期利润率。发展中国家的政府为了尽快赶上发达国家的产业、技术水平而违反其比较优势建立起来很多国有

---

① "自生能力"一词是林毅夫在1999年美国经济学年会上在和谭国富一起发表的讨论预算软约束的论文中首先提出，但这个概念在1994年林毅夫和蔡昉、李周合著的《中国的奇迹：发展战略和经济改革》的第1版，尤其是1999年出的增订版中已广泛作为分析传统经济体系形成的基础。对这个概念的最系统论述则于2001年5月应芝加哥大学之邀去作"Annual D. Gale Johnson Lecture"的第一讲"Development Strategy, Viability, and Economic Convergence，"此文的中文译稿刊登于《经济学（季刊）》第1卷第2期，第269—301页。

② 林毅夫：《发展战略、自生能力和经济收敛》，《经济学（季刊）》2002年第2期。

企业，尤其是以重工业中的大型国有企业为甚。① 为了保证稀缺资源能够被配置在要优先发展的产业和项目上，国家必须用行政的方式按照计划配置资金、外汇、原材料等，而形成了传统的计划配置体系。② 在这样的计划体制中，一个企业所在的如果是政府所要优先发展的最终产品部门，其产品市场是垄断的，价格会很高，而且可以享受各种廉价的投入，必然有很高的盈利；反之，如果其所在的是生活必需品或重工业的投入品的部门，其产品价格被人为压低，很可能经营再好也有亏损。因此，一个企业盈利或亏损，很大程度上不取决于经营的好坏，而取决于这个企业在整个产业链当中处于什么地位。③ 四煤城在这一点上得到了集中体现，长期无法摆脱"原字号"的初级产品和粗加工的原始定位。

这样企业缺乏自生能力、计划经济体制和经济发展战略三者之间就构建了一种内在联系。如果企业自生能力问题得不到解决，同时政府又不愿意或不能让这些企业破产，那么这些扭曲和干预就无法消除。④ 这就要求，必须把企业是否具有自生能力作为任何发展和转型问题的理论分析和政策制定时的重要考虑变量。

一个有自生能力的企业的技术选择是由这个经济中的要素禀赋结构来决定的。当要素禀赋结构变化时，其技术选择也必须跟着变化。这样产业或技术结构的升级就取决于资本和劳动相对价格的下降。只有提高了要素禀赋的结构水平，产业和技术结构的水平才可以提高。只要提高要素禀赋结构的水平，这个经济体的产业和技术结构的水平自然会随着企业的自主决策而提高。我们知道，产业、产品、技术的升级需要企业充分掌握各种信息，但是这些信息并不完全且可以免费获得。此时，政府就可以先收集关于新产业、市场和技术方面的信息，然后以产业政策的形式免费提供给所有的企业。

总之，传统计划经济体系的形成，使那些依靠政府优先发展的重工业中的企业在开放、竞争的市场中不具有自生能力。在转型过程中，传统企业不具有自生能力的问题就会由隐性变为显性，企业自生能力问题

---

① 林毅夫：《自生能力、经济转型与新古典经济学的反思》，《经济研究》2002年第12期。
② 林毅夫：《自生能力、经济转型与新古典经济学的反思》，《经济研究》2002年第12期。
③ 林毅夫：《自生能力、经济转型与新古典经济学的反思》，《经济研究》2002年第12期。
④ 林毅夫：《自生能力、经济转型与新古典经济学的反思》，《经济研究》2002年第12期。

成为决定转型能否平稳和成功的关键。① 资源型城市产业转型应该以促进要素禀赋的结构升级为目标，而不是以产业结构的升级为目标。因为企业关心的是产品的价格和生产的成本，只有产品的价格反映市场的价格，投入要素的价格反映要素禀赋结构中各种投入要素的相对稀缺性，企业才会自动地按比较优势来选择其产业、产品和技术。同时，当要素禀赋结构提升时，利润动机和竞争压力就会驱使有自生能力的企业自发地进行技术和产业结构升级以维持其自生能力。这样就会有最大可能的经济剩余和最高的储蓄倾向，从而最大可能地进行要素禀赋结构升级，于是就形成了良性的自发演进结构。

我们从经济增长模式、计划经济体制、资源型经济运行机制和企业自生能力四个维度，对资源型城市经济转型问题进行理论透视的过程中发现：表面上看，资源型城市遇到的困境来自"矿竭城衰"，实际上有其内生性的决定因素。②

从宏观视角看，自2008年国际金融危机以来，全球经济进入深刻调整周期，引发了经济大幅度的周期性波动和各国宏观经济政策的重大调整。全球经济结构深度调整导致的增长动力减弱和需求收缩，对各国经济产生重大影响。2012年以来，中国经济进入新常态。我国经济进入中高速增长的同时，经济增长的模式与动力同样发生深刻转型和重大调整。面对国内外双重转型的宏观背景下，资源型经济内在的脆弱性被再度放大，而资源型城市出现的发展困境既有周期性因素的重要影响，更是资源型经济自强机制内生决定的。从这个意义上说，资源型城市的转型必将是一场较长时期的严峻考验，绝非一朝一夕就可以完成的。

从中观层面看，资源型城市都有一个由小到大、由弱变强的增长过程。最初的发展战略和增长机制使其从低收入经济体成长为中等收入经济体，但难以再依靠这套战略和机制继续从中等收入跨向高收入。再加上，我国的资源型城市在建设过程中内生地选择了矿城分离和计划经济体制，市场经济体制机制并未随着改革开放得以全面建立和完善，反倒

---

① 林毅夫：《自生能力、经济转型与新古典经济学的反思》，《经济研究》2002年第12期。
② 实际上，资源型城市的发展困境或者说转型艰难，并非源于资源的枯竭，有些资源还比较丰裕的城市同样遇到经济增长的瓶颈，甚至还出现经济增长的大幅波动。

成为计划经济体制机制进入最早、退出较晚的地区。这就导致许多资源型城市,难以自主选择发展战略和增长机制,无法依靠自身推动自我转型升级。我们称其为,深受计划体制束缚落入"中等收入陷阱"的一种均衡状态。

从微观层面看,资源型城市的微观主体(企业)大多缺乏自生能力。而国有化就成为政府直接掌握这些剩余支配权的一个制度安排。于是,一个企业盈利或亏损,在很大的程度上不是取决于经营的好坏,而是取决于这个企业在整个产业链当中处于什么地位。这样资源型城市的微观主体(企业),尤其是国有企业没有自生能力、计划经济体制和经济发展战略三者之间就构建了一种内在联系。因此,企业是否具有自生能力必须作为任何发展和转型问题的理论分析和政策制定时的重要考虑变量。我们可称其为,受计划经济体制与经济发展战略双重影响下的"企业自生能力陷阱"。

这三个层面的分析,都与原有的计划经济体制有关。我们进一步推论:资源型城市转型进程中将会同时遭遇四大"陷阱"[①],它们分别是"资源陷阱""中等收入陷阱""制度陷阱"和"企业自生能力陷阱"。不仅如此,这"四大陷阱"还会相互交织产生多重叠加效应,导致资源型城市极易陷入一种超稳定均衡的经济状态(经济处于超乎比较静态),一般的短期外力不足以改变的均衡。需要我们以更大的决心勇气、责任担当和创新精神来打破这种多重叠加效应。

## 第三节 黑龙江省资源型城市经济转型的困境假说

通过观察分析我们提出困境(四大"陷阱")假说:黑龙江省资源型城市正处于四大发展陷阱,即资源陷阱、收入陷阱、技术陷阱和制度陷阱。在经济学语境中,陷阱通常表示处于一种超稳定均衡的经济状态,一般的短期外力难以改变。因此也需要我们以更大的决心勇气、责任担当和创新精神来打破这种叠加效应。

---

[①] "陷阱"一词,通常表示处于一种超稳定均衡的经济状态,一般的短期外力难以改变。

## 一 资源陷阱

资源陷阱源自"资源诅咒"假说。20世纪60年代,发达国家老工业基地出现经济衰退,表现为资源型产业竞争力下降、增长停滞、失业压力增大、投资引力下降以及其他社会问题,这被称为"问题区域"。与此相关的一个概念叫"荷兰病",1977年首次在《经济学家》提出,它描述了20世纪60年代荷兰发现天然气后,制造业部门衰落的情形。人们意识到因采掘业部门的急剧膨胀,传统的制造业部门会发生萎缩,出现非工业化。而"资源诅咒"假说是由奥蒂在1993年提出,泛指自然资源对经济增长的不利影响。现已成为资源开发引起的一系列社会问题的统称,如资源大量开发造成本国收入不平等、教育投资不足、物质资本积累率下降、体制不健全、寻租、腐败、内乱等问题都已纳入它的研究范围。

张复明等从资源型经济的视角提出,由于煤炭矿产资源开发的五个特殊性,即矿产资源的稀缺性与可耗竭性、负外部性、高风险性、价格高波动性、低产业关联性与强资产专用性,极易形成煤炭(资源)部门发展的自我强化,使大量的生产要素和社会资源吸附在煤炭部门中成为沉淀成本。一方面,因短期的高收益,导致劳动和资本迅速转移至资源型部门,不断强化煤炭城市对煤炭开采和加工产业的发展依赖;另一方面,由于对相应制造业产品的需求通过进口来满足,完成了对本地制造业的致命打击,最终难以形成新的替代产业。个别煤炭城市制造业的急剧下降,一定程度上就是资源部门自我强化机制的结果。张复明、景普秋将这一现象概括为资源部门发展的自强机制。这一机制包括资源部门对经济要素特殊的吸纳效应、资源产业家族形成的黏滞效应,以及由沉淀成本与路径依赖形成的锁定效应。[①]

以四煤城为例,2018年鹤岗市涉煤行业增加值占规模以上工业的89.3%,其中原煤开采和洗选业占73.6%。非煤行业比重依然偏小,仅占规模以上工业的10.7%。鸡西市2018年煤炭开采和洗选业占规模以上工业比重仍达57.5%。双鸭山市2018年煤炭开采和洗选业占规模以

---

[①] 张复明、景普秋:《资源型经济的形成:自强机制与个案研究》,《中国社会科学》2008年第5期。

上工业增加值的比重是53.6%。

表2-1　　　　1996—2017年黑龙江省煤炭生产量　　　　单位：万吨

| 年份 | 1996 | 1998 | 2000 | 2002 | 2004 | 2005 | 2006 | 2007 | 2008 |
|---|---|---|---|---|---|---|---|---|---|
| 产量 | 8147 | 7090 | 6396 | 6716 | 9369 | 9736 | 10282 | 10065 | 9676 |
| 年份 | 2009 | 2010 | 2011 | 2012 | 2013 | 2014 | 2015 | 2016 | 2017 |
| 产量 | 9735.8 | 9706 | 9820 | 9129 | 7987.9 | 7059.3 | 6551.1 | 5890.5 | 5440 |

事实上，从2012年中期起煤炭行业就进入产量、价格和利润的"寒冬期"。致使四煤城缺乏足够的经济韧性和回旋空间，更缺少应对方案，可以说面对煤炭及其煤化工行业的遇冷没有做好充分准备。2004年龙煤集团成立时，规划2020年产量达到1亿吨，即使在2005—2012年的"黄金期"，原煤产量却始终维持在5200万—5400万吨而无法提升。如今却在"去产能"的压力下，龙煤集团必须从2016年开始用3—5年的时间化解煤炭过剩产能1814万吨（省外45万吨）。[①]

宝泰隆新材料股份有限公司公开资料显示，2016年上半年每股收益仅有1分钱。其中，公司煤焦产品占主营业务71.93%，化工产品占17.99%。其中焦炭（含焦粉、焦粒）占54.5%，粗苯占2.9%，沫煤占16.82%，甲醇占10.20%，燃料油及沥青调和占3.39%。

我们的结论是，黑龙江省煤炭城市产业结构单一、"一煤独大"问题存在较强的客观性。可以看作地方政府和企业针对市场激励所产生的较强市场选择的结果，不能笼统套用体制性、结构性和资源性矛盾来解释和说明。

我们更需思考，黑龙江省资源型城市为什么不仅一直未能改变"原"字号和粗加工，反而进一步被强化并深陷"资源诅咒"。一方面，因资源开采和粗加工在不必过多投入的基础上，实现短期的高收益，使各种生产要素迅速被资源部门吸纳，形成了资源转移效应，导致制造业成本因缺少生产要素而成本上升，出现俗称的"荷兰病"，造成本地要素不愿投入到制造业中。长期下来，造成当地制造业供给严重不足。另

---

[①] 刘志超：《黑龙江省煤炭资源型城市脱困发展对策》，《知与行》2017年第10期。

一方面，由于资源部门的短期高收益，使资源部门的收入水平迅速提高，吸引更多的资源进入资源部门。长此以往，由于当地制造业供给严重不足，于是只有通过大量进口本地日益缺少的制造业产品来满足需求，最终本地制造业彻底消失。黑龙江省作为我国重点投资建设的老工业基地，很早就形成了比较完备的现代工业体系，在20世纪80年代，黑龙江省工业排在全国前列。然而，由于此时国家对黑龙江省重要工业资源的巨大需求，开始了对黑龙江省资源的集中开发开采。当时黑龙江省的煤炭达到8000万吨以上的历史最高水平，石油产量攀升至5500万吨，木材产量更是创造了1800多万立方米的峰值。① 于是，黑龙江省从一个工业门类最齐全的工业省份，迅速转变为以"原字号"产品大量外调的资源型经济大省。本来可以发生在20世纪90年代的第一次"东北现象"为契机，加快转型，然而，遗憾的是，就在黑龙江省下定决心在20世纪末开展一次主动转型的进程中，被国家整体"十五"时期开始的大规模"重化工业化"热潮牵引，被以石油和煤炭为主的能源和资源类产业的加速发展所替代了。

如果我们将黑龙江省煤炭生产量与煤炭城市经济增长做一个叠加会发现，二者具有高度相关性。也就是说，黑龙江省煤炭资源型城市的经济增长与黑龙江省煤炭资源的生产情况密切相关。四煤城在其经济高速增长时期，第二产业的贡献度大部分时间均在50%以上，比如七台河市，2008—2012年，煤焦电化占工业经济总量均超过70%以上，五年间，七台河市的煤经济年均增长高达14.1%。同理可证，两个林城伊春市和大兴安岭，一个油城大庆市，都存在各自资源部门的自强机制作用。

### 二　收入陷阱

收入陷阱源自"中等收入陷阱"假设。中等收入陷阱的概念最早是由世界银行2007年发表的两份报告提出的②。报告指出，"历史表明，许多经济体常常都能迅速地达到中等收入的发展阶段，但只有很少的国家能够跨越这个阶段，因为实现这一跨越所必需的那些政策和制度

---

① 刘志超：《黑龙江省煤炭资源型城市脱困发展对策》，《知与行》2017年第10期。
② 《东亚复兴：关于经济增长的观点》和《东亚与太平洋地区报告：危机10年后的状况》。

变化，在技术、政治和社会方面更复杂、更具挑战性"，"许多拉美和中东经济体数十年都停留在中等收入水平"①。该报告还指出，一个国家或地区能够打破最初的贫困陷阱，实现起飞，但落入中等收入陷阱的根本原因在于，"一国从中等收入向高收入迈进的发展机制，与实现起飞的机制有着根本的区别"，也就是说，"一个国家可以遵循最初的发展战略和增长机制从低收入经济体成长为中等高收入经济体，但却难以再依靠这套战略和机制继续从中等收入跨向高收入"。②

以四煤城为例，我们发现四煤城表现出较为明显的中等收入困境。2001年四煤城进入经济起飞阶段，人均GDP在1000美元左右。2012年前后进入中等偏上收入，人均GDP在5000美元左右。至此四煤城的人均GDP开始停滞不前，有些年份还出现回落。四煤城城镇常住居民人均可支配收入与全省2.9万元相比还存在较大的差距，而农村居民人均可支配收入较高，反过来严重制约了"三农"领域的生产要素形成集聚效应，不断提高农业劳动生产率的重要原因，这也能部分解释三个煤城农业占比居高不下的扭曲现象。事实上，农业比重过高在经济发展过程中的负面效应是显而易见的。一方面反映了该地区农业劳动生产率相对较低。比如，2018年鸡西市农业劳动生产率为1.64万元/人，全省2018年农业劳动生产率为2.05万元/人③，全国2017年农业劳动生产率为3.13万元/人。另一方面也反映了该地区制造能力较差，产业结构失衡状态突出，经济增长动力不足。主要是对土地和矿产资源、资本等要素的过度依赖，导致经济增长中制造能力持续下降，更是难以向提高全要素生产率的创新驱动转变。

---

① 刘世锦等：《陷阱还是高墙？中国经济面临的真实挑战和战略选择》，中信出版社2011年版，第105页。
② 刘世锦等：《陷阱还是高墙？中国经济面临的真实挑战和战略选择》，中信出版社2011年版，第6—7页。
③ 这个计算是：鸡西市的农业劳动生产率=农业增加值/农业人口，与全国除以农业劳动力存在一定出入。

表 2-2　　黑龙江省四煤城 2001—2019 年地区生产总值　　单位：亿元

| 年份<br>地区 | 2001 | 2002 | 2003 | 2005 | 2006 | 2007 | 2008 | 2009 | 2010 |
|---|---|---|---|---|---|---|---|---|---|
| 鸡西市 | 136.0 | 151.4 | 169.1 | 204.0 | 236.2 | 275.5 | 315.9 | 353.8 | 419.5 |
| 双鸭山市 | 91.9 | 100.5 | 114.9 | 146.6 | 169.2 | 206.4 | 260.1 | 298.5 | 376.7 |
| 鹤岗市 | 69.7 | 76.9 | 88.0 | 113.7 | 202.4 | 157.0 | 184.7 | 202.3 | 251.0 |
| 七台河市 | 61.4 | 69.7 | 79.7 | 100.2 | 114.2 | 138.0 | 187.2 | 233.5 | 305.2 |

| 年份<br>地区 | 2011 | 2012 | 2013 | 2014 | 2015 | 2016 | 2017 | 2018 | 2019 |
|---|---|---|---|---|---|---|---|---|---|
| 鸡西市 | 507.8 | 582.3 | 546.3 | 516.0 | 514.7 | 518.4 | 530.1 | 535.2 | 552 |
| 双鸭山市 | 502.9 | 565.4 | 510.1 | 432.7 | 433.3 | 437.4 | 462.9 | 507.0 | 476 |
| 鹤岗市 | 313.1 | 358.2 | 304.0 | 259.5 | 265.6 | 264.1 | 282.9 | 289.6 | 336 |
| 七台河市 | 308.1 | 298.9 | 228.6 | 214.3 | 212.7 | 216.6 | 231.5 | 250.3 | 231 |

### 三　技术陷阱

经济增长理论认为，为了保持长期增长，必须有以新产品、新市场或新工艺为形式的技术知识方面的持续进步[①]。如果不存在技术进步，边际收益递减将最终使经济增长停滞。因此，黑龙江省煤炭城市经济转型的困境，就是技术进步不足的直接后果。一般来说，技术进步的影响因素和形成机制是这样的，在竞争的压力下，企业为了降低生产成本和提高竞争力，会依据资本、劳动生产要素的相对价格变化，适时调整产业结构，实现技术升级。在经济快速增长中，资本的积累速度会大大快于劳动力和自然资源的增长速度，这就使资本变得相对丰裕，资本的价格也会变得相对便宜，于是会刺激企业加大资本的投入和技术的研发活动，这会带动企业从资源和劳动密集型产业向技术资本密集型产业转移，于是经济体的产业和技术结构就会实现升级。然而，这一因生产要素结构升级形成相关产业和技术结构升级的变化在黑龙江省的煤炭城市经济转型的过程中并未出现，究其原因，主要存在三大障碍。[②]

第一，在市场竞争的压力下，黑龙江省煤炭城市的企业大多不愿意

---

① ［美］菲利普·阿吉翁、彼得·霍伊特：《内生增长理论》，北京大学出版社 2004 年版，第 11 页。
② 刘志超：《黑龙江省煤炭资源型城市脱困发展对策》，《知与行》2017 年第 10 期。

推动技术升级，实现产业结构的调整。这其中的关键在于，黑龙江省煤炭城市中国有企业所占比重大，这些国有企业普遍存在预算"软约束"，无法建立一种与企业盈利相一致的激励机制，对于企业管理者来说，不断提升资源类国有企业的效益和市场竞争力，并不总是与自己的利益追求相一致。于是，资源类国有企业经营和竞争力的好坏无人关心，从中谋取自身利益反倒成为一种有效的激励，企业效益好的时候，各方都来分一杯羹，企业效益不好的时候，又都唯恐避之不及，龙煤集团于铁义受贿3亿元的大案就是例证。

第二，新技术的采用并不一定会带来更大的经济回报。一般来说，选择采用新技术不仅需要承担一定的风险，也会遭到被损害人群的反对。因为，采用新技术并不会必然带来经济收益，还要不断增加投入，对于资源开采的原字号企业来说，这并不比依靠劳动和资源获得的回报高，甚至还不如？这就会强化很多国有企业和民营企业，不愿意在技术进步和人力资本方面进行大规模的投入，它们宁愿沉浸在"原字号"和粗加工领域，采用低水平的扩大产能的方式，追求短期收益以获得资源原材料价格上涨的无风险收益。

第三，技术和知识进步在资源型城市经济转型的过程中无法产生良性循环。我们知道，一项技术进步所带来的破坏作用会遭到既得利益集团的强烈反对。因为，新的技术会替代相应的劳动人群。这也就可以理解，四煤城不愿采用新的先进的机械设备，反而大量使用廉价劳动力的原因了。同时，技术与知识进步是需要互补的。一般而言，具有相同技术水平和教育背景的人能够形成集聚。黑龙江省煤炭城市经济转型中拒绝新技术的结果是大量科技人员外流。这其实就是由于资源型城市中技术的互补性不足，所以拥有知识技术的人才被驱逐，或自主选择离开，最终资源型城市的技术进步难以实现。

#### 四 制度陷阱

黑龙江省进入计划经济较早、退出计划经济较晚，市场化程度不高、体制机制不活是制约振兴发展的症结。一定意义上说，四煤城长期受计划经济体制管理所形成的心理文化和行为方式，固化为一种路径依赖，形成了难以摆脱的制度困境。从根本上说，这是长期从事自然资源开采加工，长期采取粗放式生产方式所形成的生产力与生产关系的集中

| 第一篇　理论篇 |

体现。要想突破必须从解放生产力与生产关系入手,从根本上改变现有的生产方式和生产模式。

以四煤城为例,四个煤炭城市最大的制度困境表现为,国有工业占绝对比重,且国有企业改革长期迟缓滞后、不彻底不坚决。2004年创办、2008年组建的龙煤集团,在完善国有资产管理体制、现代企业制度和市场化经营机制这三方面的国企改革任务上,至今仍存在诸多问题亟待解决。比如,在利益调整面前下定决心真改革,坚决落实三项制度改革,做到干部能上能下、员工能进能出、收入能增能减,实现人力资源的市场化改革,从而激发企业内生动力和活力。

比如,在黑龙江省资源型城市中流行一种俗称"官场病"的现象:行政机构像金字塔一样不断增多,行政人员不断膨胀,每个人都很忙,但组织效率反而日益下降。

媒体曾报道:2011年,龙煤集团20多万职工中井下工人只有4万多人。多座煤矿的负责人告诉记者,他们所在的煤矿一线工人紧缺,但近两年都没有新人入矿。对年轻人来说,收入微薄,同时工作环境危险、恶劣的煤矿并非工作的合适选择[①]。2016年年初,黑龙江省省长回答记者提问时说,"龙煤下属各个煤矿企业人员结构基本是井下采掘工、井下辅助工、地面工各1/3。龙煤井下有8万职工,井上最高配置应该是4万人到5万人,而现在的配置是10万人都不止。"并总结,"龙煤井上职工人数太富余了"。2013年以来,"在职工减少3万人的情况下,龙煤万吨产煤用工人数仍然是48人,这是全国采煤万吨用工数的三倍以上,是相邻省份万吨用工数的两倍左右。龙煤一年的全员工资就是100亿元"。[②]

这四大困境相互促进、相互影响、相互制约共同作用是造成黑龙江省煤炭城市难以实现转型发展的关键症结。要以此为抓手和突破口,解放思想、大胆探索。

---

[①]《龙煤集团10万人分流改革调查:一个在职养2个退休》,《21世纪经济导报》2015年10月10日,http://news.hexun.com/2015-10-10/179703276.html。

[②]《黑龙江省长:龙煤井上职工人数太多了》,《工人日报》2016年3月14日,https://www.sogou.com/link?url=hedJjaC291PX9rpPW8tvYkYQ-UaknPhGDJQBlYOLdFsHqf-pUlM7e3mXcV-K5ENzn。

# 第三章

# 黑龙江省资源型城市经济转型的效果评价

对资源型城市转型效果的评价,既是对前期工作的总结,更是对转型目标、任务和路径的重新确定,都具有十分重要的借鉴和指导意义。黑龙江省资源型城市经济转型效果的评价,本章从两方面入手。一方面,根据我国资源型城市转型指数、转型预警指数和创新指数的评价结果来观察。另一方面,从国家发改委等部门对资源枯竭型城市绩效考核的视角来观察。

## 第一节 黑龙江省资源型城市转型指数评价

如何更好地实现资源型城市的转型和可持续发展,已成为我国转变经济发展方式、调整产业结构的重点领域。一些学者尝试,通过构建指标体系对资源型城市的可持续发展能力和状态进行测度和评价。这些测度和评价主要有两大类型:一是对资源型城市可持续发展进行的评价,二是对资源型城市转型效果进行的评价。李虹教授课题组选取的我国115个资源型地级市[①],对其转型效果进行综合评价,发布了《中国资源型城市转型指数:各地级市转型评价(2016)》,其中对黑龙江省六个资源型城市转型分别做出了评价。现将其数据和评价整理如下。

---

① 根据《全国资源型城市可持续发展规划(2013—2020年)》,资源型城市中地级市总数为126个,由于部分城市数据缺失较多,所以未纳入评价。这是《中国资源型城市转型指数:各地级市转型评价(2016)》书中的解释。

需要说明的是，李虹教授课题组构建的我国资源型城市转型综合评价指标体系，由经济转型、社会转型、环境转型和制度转型四部分构成。①

表 3-1　　　　　　黑龙江省资源型城市转型指数及全国排名

| 城市 | 综合转型指数 | 经济转型指数 | 社会转型指数 | 环境转型指数 | 制度转型指数 |
| --- | --- | --- | --- | --- | --- |
| 大庆市 | 11（0.63） | 65（0.565） | 5（0.636） | 10（0.822） | 61（0.254） |
| 伊春市 | 26（0.588） | 105（0.407） | 41（0.398） | 107（0.611） | 1（0.707） |
| 鸡西市 | 107（0.424） | 113（0.339） | 65（0.331） | 34（0.761） | 90（0.188） |
| 双鸭山市 | 110（0.417） | 112（0.343） | 84（0.289） | 49（0.743） | 72（0.223） |
| 鹤岗市 | 113（0.387） | 114（0.287） | 57（0.353） | 37（0.760） | 109（0.106） |
| 七台河市 | 115（0.339） | 115（0.174） | 75（0.316） | 72（0.711） | 99（0.156） |

资料来源：根据《中国资源型城市转型指数：各地级市转型评价（2016）》整理。

**一　大庆已基本实现成功转型**

无论是政府还是学界，都认为大庆市在整体转型上基本成功。从李虹教授的分析中，大庆市的城市转型总体评分在全国排名第 11 位，也能证明大庆市基本实现成功转型的事实。在一级评价指标中，大庆市的社会转型全国排名第 5 位，环境转型全国排名第 10 位。具体来看，大庆市的经济转型，在全国排名 65 位，说明大庆市的经济转型上并未最终完成，还要继续努力。而且，在经济转型中，得分最高的是经济增长和产业结构，技术创新却排在最后，说明大庆市在科技创新方面还存在较大的差距。另外，值得注意的是，大庆市的制度转型上，全国排名第 61 位，相比较其他转型表现较差，说明大庆市的市场化程度、体制机制还存在较大进步的空间。

**二　伊春市经济转型效果不显著**

从城市转型的总体评分来看，伊春市在全国评分中排在第 26 位，说明伊春市转型过程中取得了不错的效果。具体到经济转型方面，伊春市的全国排名就退后到第 105 位，效果不佳。社会转型，全国排名第

---

① 李虹等：《中国资源型城市转型指数：各地级市转型评价（2016）》，商务印书馆 2016 年版，这些数据是依据此书的数据整理。

41位；环境转型的结果在全国被排在第107位，效果最差。李虹教授评价的结果是，伊春市在制度转型上，排名全国第一位。但我们认为，这一测算结果从客观观察上并未得到体现，伊春市的经济转型总体上并不理想。从前面的经济总量上看，伊春市的经济增长十分缓慢，"林衰城衰"的严峻局面并未得到真正扭转，原因是枯竭的林业经济缺少新兴产业的弥补。

**三　四煤城转型发展状况不容乐观**

从数据上看，尽管四煤城的分项指标存在比较大的差异，但四煤城的综合指数和经济转型指数在115个城市中的排名均在后十位，已经说明四煤城不是转型成功与否的问题，而是经济转型再度陷入困境。可以说，黑龙江省资源型城市经济转型的压力就属这四个煤炭城市最大。城市转型总体评价，鹤岗市在全国的排名是第113位；双鸭山市在全国排名第110位；七台河市在全国排名第115位；鸡西市在全国被排在第107位。四煤城的综合表现是转型发展再度陷入困境。从鹤岗市和双鸭山市经济转型的指标来看，经济增长的得分都是最低的。七台河市在产业结构和经济增长上的得分也不高。鸡西市经济转型，得分最低的是技术进步。究其原因，"一煤独大"的产业结构仍未发生根本改变，随着煤炭市场低迷，经济增长依旧低迷。制度转型显示，四煤炭城市均已被动陷入"资源诅咒"中，未能充分发挥市场化的机制来推动城市转型。

## 第二节　黑龙江省资源型城市转型预警指数评价

从理论上说，当资源型城市转型压力较大，其自身的转型能力较弱时，城市转型会出现严重问题，可以通过压力指数与能力指数的交互作用，来构建资源型城市的预警指数，这就是资源型城市转型预警指数的基本思路。

2017年，李虹教授团队发布了《中国资源型城市转型预警指数：基于转型能力、压力的各地级市转型预警评价》的研究成果。该成果将资源型城市转型的动力分为压力和能力两部分，然后分别建立指标体系。在转型压力指标体系中，建立了资源压力、环境压力、经济压力、社会压力4个一级指标大类，并细化为13个二级指标分类，共选取28

个统计指标。在转型能力指标体系中，建立经济发展能力、创新驱动能力、资源利用能力、环境治理能力、民生保障能力5个一级指标大类，18个二级指标分类，共选取67个统计指标。并选取《全国资源型城市可持续发展规划（2013—2020年）》中定义的116个资源型城市地级市，对其2015年的转型压力和能力进行综合评价，并给出了最终的预警指数排名。[①]

资源型城市转型压力指标按其领域分为资源、环境、经济、社会四个子系统，建立三级指标层，其中资源压力子系统分为主体资源压力和其他资源压力两个二级指标，分别反映资源型城市主要开采的矿产资源的压力以及其他资源如土地资源、水资源、能源的压力；环境压力子系统则分为大气环境压力、水资源压力、居住环境压力和矿山环境压力二级指标，以期全面衡量资源型城市环境压力的特点；经济压力子系统分为经济增长压力、经济结构压力、经济区位压力和财政压力4个二级指标；社会压力子系统则分为就业压力、社会保障压力和社会安全压力3个二级指标。综合相关研究成果，选取反映面临转型客观困难的30个指标，形成资源型城市转型压力指标体系。这里区分了正向和逆向指标，比如，GDP增长率（逆向）、资源产业占GDP比重（正向）、交通区位条件（逆向）、税收增长率（逆向）、人均税负（正向）、财政自给率（逆向）、城市资产负债比（正向）。

城市转型能力分为城市的经济发展能力、创新驱动能力、资源利用能力、环境能力以及民生保障能力5个子系统，其经济发展能力子系统分为经济增长、经济规模、经济结构转换能力和经济效率4个二级指标，具体包括：GDP增长率、人均GDP、人均消费支出、人均社会总投资、人均储蓄额、人均财政收入、人均固定资产投资、非资源产业财政收入占比、接替产业GDP占比、服务业GDP占比、企业利润率、劳动生产率、单位总投资效益、单位固定资产投资效益、进出口占GDP比重。创新驱动能力子系统分为创新支撑条件、创新成果产出和创新产业化能力3个二级指标，环境能力子系统分为环境治理能力、环境保护

---

① 李虹等：《中国资源型城市转型预警指数：基于转型能力、压力的各地级市转型预警评价（2017）》，商务印书馆2017年版，第35页。

能力2个二级指标，分别是科技支出GDP占比、专业技术人员比例、互联网普及率、人均科研机构数量、大专以上学历人口比例、人均专利授权数、人均论文数、人均技术市场成交额、战略性新兴产业GDP占比、战略新兴产业利润率、有研发机构的企业比例、技术创新贡献率。资源利用能力子系统分为主体资源利用能力和其他资源利用能力2个二级指标，民生保障能力子系统则分为居民收入保障能力、住房与基础设施保障能力、医疗卫生保障能力、基础教育保障能力、文化体育服务保障能力等7个二级指标。总体来看，资源型城市转型能力指标体系共选取反映城市转型能力的指标67个，建立三级指标体系对城市转型的总体能力进行综合度量。①

表3-2　黑龙江省资源型城市预警指数、转型压力指数及其排名

| 城市 | 预警指数 | 转型压力指数 | 资源压力 | 环境压力 | 经济压力 | 社会压力 |
|---|---|---|---|---|---|---|
| 双鸭山市 | 1（0.611） | 8 | 76 | 25 | 2 | 16 |
| 七台河市 | 2（0.597） | 2 | 36 | 43 | 1 | 22 |
| 鸡西市 | 3（0.594） | 15 | 77 | 40 | 6 | 13 |
| 鹤岗市 | 4（0.565） | 7 | 64 | 30 | 3 | 18 |
| 伊春市 | 6（0.546） | 18 | 107 | 28 | 11 | 2 |
| 大庆市 | 108（0.36） | 81 | 20 | 116 | 69 | 31 |

表3-3　黑龙江省资源型城市转型能力指数排名

| 城市 | 转型能力指数 | 经济发展能力 | 创新驱动能力 | 环境治理能力 | 资源利用能力 | 民生保障能力 |
|---|---|---|---|---|---|---|
| 双鸭山市 | 115 | 113 | 89 | 112 | 110 | 82 |
| 七台河市 | 111 | 110 | 105 | 36 | 112 | 92 |
| 鸡西市 | 116 | 112 | 68 | 114 | 111 | 106 |
| 鹤岗市 | 101 | 114 | 42 | 103 | 35 | 81 |
| 伊春市 | 106 | 111 | 109 | 55 | 97 | 50 |
| 大庆市 | 9 | 8 | 79 | 52 | 39 | 2 |

资料来源：根据《中国资源型城市转型预警指数：基于转型能力、压力的各地级市转型预警评价（2017）》整理。

① 李虹等：《中国资源型城市转型预警指数：基于转型能力、压力的各地级市转型预警评价（2017）》，商务印书馆2017年版，第36页。

## 一 "四煤城"经济转型压力凸显

双鸭山市、七台河市、鸡西市和鹤岗市"四煤城"分别位列全国资源型城市转型预警指数前四位。比如，双鸭山市经济增长压力和财政压力均处于全国排名第1位，经济压力全国排名第2位。而双鸭山市的各项转型能力都比较弱，最差的是经济发展能力，全国排名第113位，转型能力指数在全国116个资源型城市中排名第115位，总体双鸭山市转型预警指数在全部116个资源型城市中排名第1位。七台河市的创新驱动能力和资源利用能力最差，反映出其生产方式依然严重落后，资源利用效率比较低下的现实。尽管鹤岗市和鸡西市的情况同双鸭山市和七台河市的情况相比略有好转，但总体上依然是经济增长压力最大，经济发展能力与创新驱动能力最差，这一点几乎同时存在，并表现最为突出。因此，加速"四煤城"经济转型已然迫在眉睫，亟待破题。

## 二 伊春市经济转型陷入发展困境

伊春市转型压力大、能力弱问题突出。伊春市转型压力全国116个资源型城市中排名第18位，其中社会压力最为突出，尤其是生活质量、解决就业和社会负担方面非常沉重。同时，它的经济压力也较大，排名全国第11位，经济体量小、没有形成规模经济、经济效率低下、增长速度有限问题突出。伊春市的转型能力全国排名第106位，但其创新发展能力全国排名第109位；伊春市最弱的还是经济发展能力，全国排名第111位，主要是经济增长、经济规模、经济效率的劣势明显。综合来看，伊春市经济转型发展业已陷入困境，亟待破题。

## 三 大庆市可持续发展能力亟待提高

综合来看，虽然大庆市面临的转型压力较小，并具备突出的转型能力，但是目前其经济结构不完善、经济增长不足问题突出，并在资源利用、创新驱动和社会保障等方面仍需进一步加强。大庆市转型压力指数全国排名第81位，在63个成熟型资源型城市中排名第44位。从分项看，大庆市资源压力相对突出，同时在资源利用效率方面存在一定问题。此外，社会保障压力也比较突出，就业压力紧随其后。大庆市的转型能力指数，在全国排名第9位，可以看出大庆市具备较强的转型能力。其中大庆市经济效率和经济发展水平都较为突出，分别排在全国资源型城市的第1位和第4位，经济结构转换能力和经济增长的排名却相对靠后，分别是全国第94位和第103位。这说明大庆市目前遇到的是传统经济发展到了成熟阶段后在高质量高水平上的发展出了问题，经济结构和增长动力问题仍面临很大的提升优化空间。

## 第三节　黑龙江省资源型城市创新能力评价

2017年，李虹教授团队再次发布的《中国资源型城市创新指数：各地级市创新能力评价》认为，城市创新能力是指城市创新体系中所有要素和行为主体有机组合的总体能力，主要表现为城市创新体系的配套协调、综合整合能力。[①]并进一步对资源型城市转型的创新驱动能力进行了评价和分析。这个指标体系是以创新评价为切入点对资源型城市创新问题进行了理论探索，构建了我国首套资源型城市创新指数体系。创新指数有创新环境、创新投入、创新产出、创新绩效4个一级指标。其中，创新环境共设立4个二级指标和26个三级指标。宏观经济环境主要反映一国或地区的经济整体发展状况，包括5个三级指标：GDP、人均GDP、贸易开放度、实际利用外资额、资源储采比。创新市场环境主要反映地区创新驱动发展相关的市场环境、创新主体所在地区企业的发展状况，包括8个三级指标。人才引领创新，人才是创新的根基，是创新的核心要素。创新人才环境可以反映地区人才和人力资源状况。包括4个三级指标。一个地区的创新能力除了受人才和研发投入的影响外，还受到地区创新基础设施总体水平的影响，具体来看，基础设施环境包括9个三级指标。

创新投入是通过创新的人力和财力投入来反映城市创新体系中各主体的作用和关系的指标体系，共设立2个二级指标和9个三级指标。人才投入包括3个三级指标。创新产出领域是根据论文、专利、商标、技术成果成交额分析创新中间产出结果和战略性新兴产业、第三产业、资源循环利用产业和资源型产业的发展状况，共设立2个二级指标和12个三级指标。科技产出情况具体包括7个三级指标。产业产出情况具体

---

[①] 李虹：《中国资源型城市创新指数：各地级市创新能力评价（2017）》，商务印书馆2017年版，第40页。

包括5个三级指标。

创新绩效具体包括3个二级指标和9个三级指标。资源利用效率包括5个三级指标。科技创新绩效包括2个三级指标。产品结构优化包括2个三级指标。

李虹教授对《全国资源型城市可持续发展规划（2013—2020年）》中将116个资源型地级城市的创新能力进行了评价，从评价结果来看，2014年116个资源型地级城市创新指数的均值为0.417，其中创新环境指数、创新投入指数、创新产出指数、创新绩效指数的均值分别为0.335、0.410、0.338和0.588。

表3-4　黑龙江省资源型城市的创新指数及一级指标排名

| 城市 | 创新指数 | 创新环境 | 创新投入 | 创新产出 | 创新绩效 |
|---|---|---|---|---|---|
| 大庆市 | 9（0.596） | 6（0.536） | 18（0.599） | 45（0.337） | 1（0.911） |
| 伊春市 | 112（0.226） | 112（0.176） | 116（0.052） | 89（0.229） | 93（0.448） |
| 双鸭山市 | 113（0.202） | 113（0.164） | 112（0.102） | 102（0.178） | 103（0.365） |
| 鸡西市 | 114（0.202） | 114（0.143） | 111（0.113） | 93（0.219） | 109（0.332） |
| 七台河市 | 115（0.185） | 116（0.093） | 115（0.062） | 99（0.190） | 98（0.399） |
| 鹤岗市 | 116（0.184） | 115（0.091） | 114（0.091） | 50（0.323） | 115（0.227） |

资料来源：根据《中国资源型城市创新指数：各地级市创新能力评价（2017）》整理。

### 一　大庆市的创新能力名列前茅

作为116个资源型城市中创新指数排名第9位的城市，大庆市在创新绩效方面的成效表现非常突出，排名第1位，创新环境次之，排名第6位。在这两方面比许多城市有更大优势。相比之下，创新投入和创新产出的排名在一定程度上拉低了大庆的总体排名。从指标评价结果来看，大庆市的主要问题在于创新产出和创新投入方面。

在创新投入方面，大庆市得分为0.599，排名第18位。分项指标中，人才投入情况得分0.796，排名第18位；资金投入情况得分为0.402，排名第35位。相对比较薄弱的是财政科技支出占财政支出的比重排名第100位，成为制约大庆市创新投入排名的主要因素。

在创新产出方面，大庆市的得分和排名都比较差，创新产出得分

0.337，排名第 45 位，拉低了总体创新指数排名。从分项指标来看，科技产出情况包含的两项三级指标，专利申请授权量和企业商标拥有量得分分别为 0.404 和 0.314，排名第 20 位和第 42 位。产业产出中包含的三项三级指标中，矿产资源开发综合利用产值占 GDP 比重排名第 35 位；第三产业增加值占 GDP 比重排名第 111 位，非常落后；矿产资源开发税金占财政收入的比重排名第 2 位。另外，2014 年大庆市的第一、第二、第三产业所占比重分别为 4.70∶57.53∶19.76，第三产业占比非常低。

**二 伊春市创新指数排名比较落后**

在 116 个资源型城市中创新指数排名第 112 位，比较落后。伊春市在创新环境、创新投入、创新产出和创新绩效方面表现均非常差。得分分别为 0.176、0.052、0.229 和 0.448，分别位于第 112 位、第 116 位、第 89 位和第 93 位。

从创新环境的各项分项指标评分结果来看，宏观经济环境、创新市场环境、创新人才环境和基础设施环境得分分别为 0.097、0.239、0.224 和 0.144，排名分别位于所有资源型城市的第 111 名、第 87 名、第 89 名和第 112 名。

在创新投入方面，伊春市得分为 0.052，排名倒数第一位。分项指标中，人才投入情况得分 0.092，排名第 104 位；资金投入为 0.012，排名第 116 位，为所有样本城市最低位置。

在创新产出方面，伊春市得分 0.229，排名第 89 位。从分项指标看，专利申请授权量和企业商标拥有量得分 0.018 和 0.189，排名第 96 位和第 86 位。

在创新绩效方面位于第 93 位，其中分项指标中，2014 年全员劳动生产率得分 0.000，位于第 112 位；能源消费弹性系数排名第 83 位；单位 GDP 能耗排名第 76 位；单位 GDP 矿石开采量排名第 77 位。

**三 四煤城创新指数排名垫底**

总体来说，四煤城在创新指数排名上占据后四位。双鸭山市在 116 个资源型城市中排名第 113 位，倒数第 4 位。在创新环境、创新投入、创新产出和创新绩效四方面的成效均不理想，得分为 0.164、0.102、0.178 和 0.365，排名分别为第 113 位、第 112 位、第 102 位和第 103

位。相比较而言，双鸭山市创新环境最差。

鸡西市在116个城市中创新指数排名第114位，倒数第3位。只有创新产出与其他3个指标相比相对较好，得分为0.219，排名第93位。而创新环境、创新投入和创新绩效得分为0.143、0.113、0.332，分别排名第114位、第111位和第109位。

七台河市创新指数排名第115位，倒数第2位。4项一级指标中，创新绩效得分为0.399，排名第98位；创新产出次之，得分为0.190，排名第99位。创新环境和创新投入得分分别为0.093和0.062，排名分别为第116位和第115位。

鹤岗市位于创新指数的第116位，倒数第1位。但是，鹤岗市的创新产出得分0.323，排名第50位，该指标对创新指数的贡献率最大。从分项指标看，科技产出情况中的专利申请授权量和企业商标拥有量得分为0.003和0.039，排名第108位和第101位。产业产出情况中的三项指标中，矿产资源开采综合利用产值占GDP的比重得分为0.816，排名第7位；第三产业增加值占GDP的比重得分为0.337，排名为第78位；矿产资源开发年税金占财政收入的比重得分为0.690，排名第85位。

综上所述，黑龙江省资源型城市转型的模式与效果差异较大，基本上可分为三个层次。第一梯队以油城大庆市为代表的成熟型资源型城市，正在稳步走向良性发展。第二梯队以伊春、大兴安岭地区的林城为代表的资源衰退型城市各项指标表现比较落后，发展缓慢滞后，但相对稳定。第三梯队就是四煤城正面临巨大挑战和发展困境，已经严重影响了四煤城的经济稳定，更是成为制约黑龙江省全面振兴、全方位振兴的突出短板和主要障碍。对此，全省上下必须达成共识，找准资源型城市（尤其是四煤城）转型艰难的症结，下更大力气坚决破解黑龙江省资源型城市经济转型的困局。

## 第四节　客观看待资源型城市转型效果评价

根据国家发改委、财政部、自然资源部和国家统计局联合通报的我国资源枯竭型城市转型绩效考核结果来看，黑龙江省资源型城市的考核结果与北京大学李虹教授团队的研究存在一定的差距。

2017年度我国资源枯竭型城市转型绩效考核结果中，黑龙江省资源枯竭型城市中大兴安岭地区、七台河市进入良好的27个城市梯队中，双鸭山市和鹤岗市列入达标的26个城市中，只有五大连池市和伊春市被列入较差的7个城市当中。2018年的考评结果是，大兴安岭地区和七台河市继续保持在良好的27个城市梯队中，伊春市、五大连池市上升为达标的26个城市中，双鸭山市继续保持在达标城市中，而鹤岗市则下降为较差的7个城市中。黑龙江省如何构建一个客观科学的资源型城市评价指标体系显得尤为重要。

我国资源枯竭型城市转型绩效定量考核评价指标体系，主要是以国家发改委建立的资源枯竭型城市转型年度绩效考核评估办法为主。这个官方的评价体系，首先是指标类型分为共同指标和特征指标，并赋予共同指标75%的权重，特征指标25%的权重。并分别选取了经济发展指标、民生改善指标和环境治理指标三个共同指标权重均为25%。其中，经济发展指标包括：煤炭采掘（伐）业总产值占比、第三产业增加值、R&D投入占GDP的比重、规模以上企业万元工业增加值能耗、地方财政收入占GDP比重；民生改善指标包括：城镇就业人员、城镇居民人均可支配收入、城镇居民最低生活保障覆盖率、城镇基本养老保险参保人数、城镇居民基本医疗保险参保率、棚户区改造面积及任务完成率、财政民生支出比重；环境治理指标包括：主要污染物排放总量、化学需氧量、氮氧化物、氨氮、城市污水处理率、空气质量优良天数比例、一般工业固体废弃物综合利用率、历史遗留矿山地质环境恢复治理面积、历史遗留毁损土地复垦面积、环境污染治理本年完成投资总额。而把反映城市资源特点的，如煤炭、金属、油气、森工等作为特殊指标进行评价。它分为煤炭及非金属类和森工类。具体是，煤炭及非金属类包括：煤炭采掘业总产值比重、历史遗留采空区土地复垦面积；森工类包括：森林覆盖率和活立木蓄积量。

2017年度资源枯竭型城市转型绩效考核结果。优秀（7个）：潜江市、淄博市淄川区、阿尔山市、重庆市万盛经济技术开发区、徐州市贾汪区、泸州市、乌海市。良好（27个）：辽阳市弓长岭区、张家口市下花园区、昆明市东川区、资兴市、铜陵市、敦化市、大兴安岭地区、铜仁市万山区、冷水江市、新泰市、常宁市、萍乡市、大冶市、铜川市、华蓥市、合山市、个旧市、白山市、玉门市、七台河市、淮北市、长春市九台区、韶关市、景德镇市、贺州市平桂区、新余市、枣庄市。达标（26个）：阜新市、舒兰市、抚顺市、涟源市、葫芦岛市南票区、钟祥市、焦作市、北票市、包头市石拐区、灵宝市、大余县、重庆市南川区、黄石市、易门县、辽源市、昌江黎族自治县、通化市二道江区、白银市、汪清县、兰州市红古区、濮阳市、松滋市、双鸭山市、潼关县、鹤岗市、石家庄井陉矿区。较差（7个）：耒阳市、承德市鹰手营子矿区、五大连池市、葫芦岛市杨家杖子开发区、石嘴山市、伊春市、霍州市。

当然，我们也要客观看待政府和第三方机构发布的这些评价。经过分析，我们认为：黑龙江省资源型城市在该评价指标体系中表现欠佳的主要原因有五个，即评价指标结构设计上高度相关、评价指标选取上凸显黑龙江省弱项、截取数据时间节点上正处困境、评价转型理念认识上存在差异和评价对象转型发展上问题突出。

## 一 评价指标结构的设计上高度相关

李虹教授团队提出的对我国资源型城市的转型系列指数包括转型指数、预警指数（压力指数和能力指数）和创新指数这三方面的指标评价体系。系列指数的评价设计，一方面，可以让我们从不同角度观察同一资源型城市转型的发展状态和突出问题，以得到更为全面系统、客观准确的转型阶段刻画，并为下一步转型的重点方向、确定"拐点""阈值"和可操作的政策建议等提供理论依据，以提高研究和政策的科学化水平。另一方面，如果这个系列指数在结构设计上存在高度相关性，很容易会出现"一荣俱荣，一损俱损"的"马太效应"。用它来评价的话，在全面客观、科学准确和针对适用等方面也会打折扣。因为看似多侧面多角度的系列指数其实不过是一个视角的拆分。

以转型指数和预警指数为例。《中国资源型城市转型预警指数（2017）》接近于《中国资源型城市转型指数（2016）》的扩展版。从指标评分的结果看，对黑龙江省四煤城综合转型指数排名影响最大的是经济转型指数，四煤城经济转型指数均值比全国平均值低0.275（见表3-5）。其中技术进步、经济增长和劳动力结构的负向拉动作用最大。而黑龙江省四煤城转型预警指数排名靠前则是由转型压力指数分值高、转型能力指数分值低带来的。转型压力指数得分高贡献最大的又是经济压力,四煤城经济压力的均值比全国均值高 0.426,比东北地区均值高 0.306(见表 3-7)。转型能力指数分值低贡献最大的同样是经济发展能力,四煤城经济发展能力的均值比全国均值低 0.252,比东北地区均值低 0.208(见表 3-8)。这必然产生与经济增长密切相关的其他指标得分都较低的一致性结果。比如,由经济压力高带来的社会压力大,由经济发展能力弱引发的环境治理能力、资源利用能力和民生保障能力均表现堪忧。

表 3-5　　　黑龙江省四煤城与全国平均 4 个一级指标评分结果

| 地区 | 综合转型指数 | 经济转型指数 | 社会转型指数 | 环境转型指数 | 制度转型指数 |
| --- | --- | --- | --- | --- | --- |
| 鸡西市 | 0.424 | 0.339 | 0.331 | 0.761 | 0.188 |
| 双鸭山市 | 0.417 | 0.343 | 0.289 | 0.743 | 0.223 |
| 鹤岗市 | 0.387 | 0.287 | 0.353 | 0.76 | 0.106 |
| 七台河市 | 0.339 | 0.174 | 0.316 | 0.711 | 0.156 |
| 全国平均 | 0.537 | 0.561 | 0.371 | 0.729 | 0.304 |
| 与全国均差 | -0.145 | -0.275 | -0.048 | 0.015 | -0.136 |

表 3-6　　　黑龙江省四煤城 6 个二级指标评分结果

| 地区 | 产业结构 | 经济增长 | 劳动力结构 | 技术进步 | 环境友好 | 环境治理 |
| --- | --- | --- | --- | --- | --- | --- |
| 双鸭山市 | 0.628 | 0.071 | 0.326 | 0.149 | 0.713 | 0.749 |
| 鸡西市 | 0.519 | 0.223 | 0.309 | 0.112 | 0.77 | 0.725 |
| 七台河市 | 0.27 | 0.252 | 0.076 | 0.099 | 0.624 | 0.777 |
| 鹤岗市 | 0.511 | 0.097 | 0.289 | 0.118 | 0.698 | 0.795 |
| 均值 | 0.482 | 0.161 | 0.25 | 0.119 | 0.701 | 0.762 |

资料来源:李虹等著:《中国资源型城市转型指数:各地级市转型评价(2016)》,商务印书馆 2016 年版。

表 3-7　　黑龙江省、东北和全国四煤城转型预警指数、压力指数
及其一级指标得分

| 地区 | 预警指数 | 转型压力指数 | 资源压力 | 环境压力 | 经济压力 | 社会压力 |
| --- | --- | --- | --- | --- | --- | --- |
| 双鸭山市 | 0.611 | 0.477 | 0.147 | 0.515 | 0.784 | 0.461 |

续表

| 地区 | 预警指数 | 转型压力指数 | 资源压力 | 环境压力 | 经济压力 | 社会压力 |
|---|---|---|---|---|---|---|
| 鸡西市 | 0.594 | 0.439 | 0.144 | 0.449 | 0.686 | 0.478 |
| 七台河市 | 0.597 | 0.512 | 0.358 | 0.465 | 0.79 | 0.437 |
| 鹤岗市 | 0.565 | 0.482 | 0.18 | 0.505 | 0.783 | 0.46 |
| 东北 | 0.488 | 0.383 | 0.337 | 0.361 | 0.455 | 0.379 |
| 全国 | 0.441 | 0.335 | 0.276 | 0.418 | 0.335 | 0.311 |
| 均值差 | 0.151 | 0.143 | -0.069 | 0.066 | 0.426 | 0.148 |

表 3-8　黑龙江省、东北和全国四煤城转型能力指数及其一级指标得分

| 地区 | 转型能力指数 | 经济发展能力 | 创新驱动能力 | 环境治理能力 | 资源利用能力 | 民生保障能力 |
|---|---|---|---|---|---|---|
| 双鸭山市 | 0.255 | 0.236 | 0.23 | 0.258 | 0.282 | 0.27 |
| 鸡西市 | 0.252 | 0.239 | 0.297 | 0.242 | 0.282 | 0.199 |
| 七台河市 | 0.318 | 0.257 | 0.166 | 0.662 | 0.267 | 0.246 |
| 鹤岗市 | 0.352 | 0.207 | 0.383 | 0.347 | 0.554 | 0.271 |
| 东北 | 0.406 | 0.443 | 0.305 | 0.466 | 0.458 | 0.36 |
| 全国 | 0.453 | 0.487 | 0.348 | 0.567 | 0.499 | 0.365 |
| 均值差 | -0.159 | -0.252 | -0.079 | -0.190 | -0.153 | -0.119 |

资料来源：李虹等著：《中国资源型城市转型预警指数：基于转型能力、压力的各地级市转型预警评价（2017）》，商务印书馆 2017 年版。

## 二　评价指标选取上凸显黑龙江省弱项

与经济增长密切相关的指标选取上，使黑龙江省四煤城的弱项更显突出。比如，在二级指标经济压力中选择了"交通区位条件"（到省会城市铁路时间距离）作为经济区位压力的参考指标。很显然，黑龙江省四煤城因其历史和地理原因这一指标的劣势在全国都属少见。从劳动力结构和技术进步这两个对经济增长具有重大影响的指标来看，差距就更明显了。

据不完全统计，黑龙江省四煤城 60 岁及以上老年人至少超过 82 万人，占比已经超过 2018 年年底全省（748 万人）60 岁及以上老年人的 11%，已经接近四煤城 2018 年人口总数（495.9 万人）占全省（3600

万人）人口总数比重的13%。未富先老、规模更大、速度更快、赡养负担更重，面临着人口老龄化危机的巨大挑战，"银发潮"对黑龙江省四煤城经济增长的负面拉动尤为明显和突出。

黑龙江省四煤城R&D经费支出及其占GDP的比重都很低。据不完全统计，黑龙江省四煤城2014—2017年R&D经费支出，最多的是2016年七台河市2.55亿元，占GDP比重达到1.1%；最少的是2016年的鸡西市0.17亿元，占比仅为0.03%。比如，对黑龙江省四煤城等资源型城市的经济指标赋予了较高的权重，而对于环境、民生的指标权重较低，这样的权重安排就使黑龙江省四煤城和伊春等林城在全国资源型城市排名中比较吃亏。

表3-9　　　　　　黑龙江省四煤城科技工作主要数据

| 鸡西市 | 2014年 | 2015年 | 2016年 | 2017年 |
| --- | --- | --- | --- | --- |
| R&D经费支出（亿元） | 1.1 | 1.6 | 0.17 | 0.27 |
| R&D/GDP（%） | 0.2 | 0.31 | 0.03 | 0.05 |
| R&D人员（万人年） | 0.1 | 0.1 | 0.07 | 0.003 |
| 双鸭山市 | 2014年 | 2015年 | 2016年 | 2017年 |
| R&D经费支出（亿元） | 0.5 | 0.8 | 0.8 | 2.2 |
| R&D/GDP（%） | 0.11 | 0.12 | 0.18 | 0.47 |
| R&D人员（万人年） | 0.05 | 0.03 | 0.02 | 0.02 |
| 鹤岗市 | 2014年 | 2015年 | 2016年 | 2017年 |
| R&D经费支出（亿元） | 0.6 | 0.5 | 0.32 | 0.4 |
| R&D/GDP（%） | 0.23 | 0.19 | 0.11 | 0.14 |
| R&D人员（万人年） | 0.03 | 0.02 | 0.02 | 0.01 |
| 七台河市 | 2014年 | 2015年 | 2016年 | 2017年 |
| R&D经费支出（亿元） | 1 | 0.7 | 2.55 | 0.71 |
| R&D/GDP（%） | 0.45 | 0.33 | 1.1 | 0.31 |
| R&D人员（万人年） | 0.04 | 0.03 | 0.02 | 0.03 |

资料来源：省科技厅历年科技统计手册。

### 三　截取数据的时间正处于最低点

李虹教授团队对我国资源型城市综合转型指数排名的数据截取的时

间是2014年。而该年，黑龙江省四煤城的GDP总量和GDP增速均为历史最低点。

表3-10　综合转型指数排名前10位和后5位的城市
2014年经济总量及增长情况

| 城市 | 综合指数排名 | GDP（亿元） | 增长速度 | 经济转型指数 |
| --- | --- | --- | --- | --- |
| 包头 | （1）0.773 | 3636 | 8.5 | （2）0.759 |
| 三明 | （2）0.696 | 1621.21 | 9.6 | （4）0.749 |
| 铜陵 | （3）0.694 | 716.3 | 10 | （9）0.709 |
| 湖州 | （4）0.675 | 1956 | 8.4 | （8）0.714 |
| 池州 | （5）0.667 | 503.7 | 9.2 | （32）0.623 |
| 乌海 | （6）0.667 | 600.18 | 8.8 | （83）0.529 |
| 龙岩 | （7）0.666 | 1621.21 | 9.7 | （5）0.737 |
| 南平 | （8）0.648 | 1232.56 | 9.6 | （10）0.698 |
| 韶关 | （9）0.642 | 1111.54 | 9.5 | （3）0.749 |
| 广元 | （10）0.639 | 566.19 | 9.2 | （72）0.556 |
| 吕梁 | （102）0.436 | 1101.3 | −2 | （106）0.407 |
| 鸡西 | （107）0.424 | 516 | 1 | （113）0.339 |
| 双鸭山 | （110）0.417 | 450.3 | −11.5 | （112）0.343 |
| 鹤岗 | （113）0.387 | 259 | −9.7 | （114）0.287 |
| 七台河 | （115）0.339 | 214.26 | 2.4 | （115）0.174 |

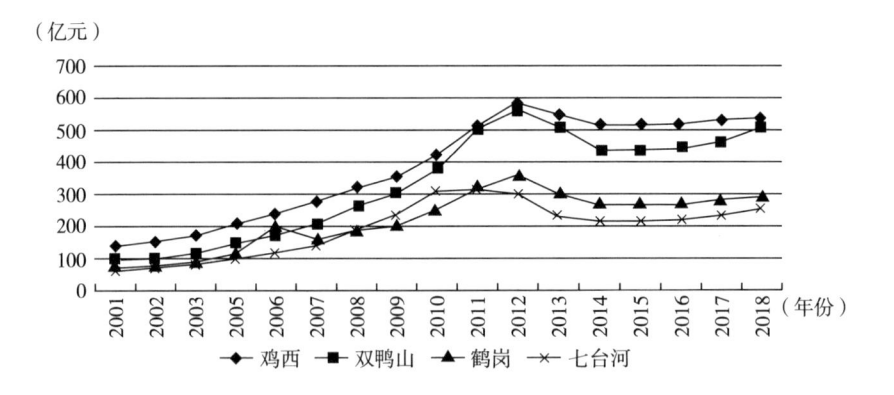

图3-1　2001—2018年黑龙江省四煤城GDP总量

从时间上看，2013年黑龙江省四煤城结束了超过10年的高增长，GDP总量与增速均出现大幅下降，直到2016年才开始逐步走出低谷。而李虹教授团队截取的数据全部来源于《中国城市统计年鉴（2015）》《中国区域经济统计年鉴（2015）》、各省市2015年统计公报以及各省市能源局、森林局数据。其间，刚好是黑龙江省四煤城各种经济指标及其相关数据下降幅度最大的一年，选取这一特殊时间节点上的数据，是难以客观真实、科学准确地反映黑龙江省四煤城一直以来转型发展的基本情况的。

特别需要强调的是，2016年以来，黑龙江省深入学习、切实贯彻习近平总书记对黑龙江省全面振兴发表的一系列重要讲话的精神，尤其是黑龙江省十二届党代会确定"奋力走出黑龙江全面振兴发展新路子"以来，全省四煤城在转型中的一些重点难点问题得到了一定程度的化解和突破，已经形成了较好的发展势头。其中，在制度转型中的政府效率和市场效率的发挥上，出现了明显的改善和提高。在社会转型方面的公共服务和居民生活也有了较大的改善和提高。

### 四　评价转型的理念认识上存在差异

总体来说，国内学者更多关注资源枯竭地区经济转型的路径问题，针对资源型地区经济转型评价指标体系的研究相对很少，有关转型进程的定量实证研究仍处于探索阶段。因此，不同研究主体得出的结论存在较大差异也实属正常。

比如，赵洋（2019）利用2007—2016年我国102个地级资源型城市面板数据，对我国资源型城市产业绿色转型效率进行了实证分析。选取了2007—2016年产业绿色转型效率平均值最高、居中和最低的五个城市。尽管没有黑龙江省四煤城的效率值和排名，但也没有落入后五位。

最大的差异就是，根据国家发改委、财政部、自然资源部、统计局联合印发的《关于2017年度资源枯竭型城市转型绩效考核评价结果的通报》和《关于2018年度资源枯竭型城市转型绩效考核评价结果的通报》[①]指出，国家发展改革委等部门通过定量考核、定性考核、社会评

---

① 2017年度和2018年度，被列入我国资源枯竭型城市转型绩效考核的共有67个地级市和城区，这67个资源枯竭型城市就是《国务院关于印发全国资源型城市可持续发展规划（2013—2020年）》中确定的67个衰退型城市。

价等方式，综合得出：2017年度黑龙江省大兴安岭地区、七台河市为良好，双鸭山市、鹤岗市为达标，伊春市、五大连池市为较差。2018年度黑龙江省大兴安岭地区、七台河市为良好，伊春市、五大连池市、双鸭山市为达标，鹤岗市为较差。连续两个年度的67个考核城区中均为7个优秀、27个良好、26个达标和7个较差。尽管鸡西市未被列入考核范围，但从实际情况推测至少应属于达标。我们的解释是，李虹教授团队对资源型城市转型的理解认识上与国家发改委的考核评价存在差异。借此谈谈对资源型城市转型的两点认识。

（一）资源型城市转型的重点在经济转型，但不能一概而论

李虹教授团队将我国资源型城市转型发展设定为经济转型、社会转型、环境转型与制度转型四个方面的综合结果，并以此为理论基础设计出一系列评价指标体系。如果从发展中国家和地区的经济发展和转型角度看，这样的转型设定无疑是很有说服力的。因为经济发展就是"一个技术不断创新、产业不断升级以及硬的基础设施与软的制度环境不断完善的结构变迁过程"①。

但我们应当注意到：处于不同发展阶段的资源型城市，由于禀赋结构不同，相应会有不同的经济结构。黑龙江省四煤城（尽管鸡西市被划入成熟型）实属衰退型城市，依据《全国资源型城市可持续发展规划（2013—2020年）》提出的"分类引导，特色发展"的基本原则，其可持续发展的目标设定也要适时调整，不能一概而论。《全国资源型城市可持续发展规划（2013—2020年）》中提出的全国资源型城市可持续发展主要指标就涵盖了经济发展、民生改善、资源保障和生态环境保护四个层面的14个指标，其中经济发展的指标只有GDP总值、采矿业增加值占GDP比重和服务业增加值占GDP比重三个指标。因此，国家发改委等部门对资源枯竭型城市转型绩效考核指标中18个一级指标中，选取5个二级指标，且经济发展指标与民生改善指标和环境整治指标所占比重均为25%。

经济转型指数很低是直接导致黑龙江省四煤城综合转型指数排名落后的最大影响因素。因此，我们认为：从可持续发展角度说，强调产业

---

① 林毅夫等：《吉林省经济结构转型升级研究报告（征求意见稿）》，2017年。

升级和经济转型无疑是正确的，但这需要一定时期的积累和沉淀。从近期破解转型困境的角度看，在加大招商引资、加快产业结构调整的基础上，应当把民生改善和环境治理摆在首位，而不应过度强调经济增长在衰退型城市转型中的重要性。

（二）资源型城市转型的关键是制度转型，如何量化需深入探讨

从我国改革开放的实践经验出发，积极推动"有为市场"和"有为政府"是经济持续发展的前提保障。我国资源型城市遇到的转型困境，更多源于落入"发展陷阱"和"制度陷阱"。因此，李虹教授团队增设"制度转型指标"具有很强的理论基础和现实需求。这主要来自两个方面，一是我国资源型城市在设立并建设之初就存在体制机制上的巨大缺陷和扭曲，面对"使市场在资源配置中起决定性作用、更好发挥政府作用"的今天，深化改革、全面开放是题中应有之义。二是从中等收入迈入高收入的阶段过程来看，体制机制的不适应是制约转型发展的关键要件。而增长方式向全要素生产率提高转变的关键，更在于科技创新和资源配置效率的提高，而这些更需要体制机制的创新发展来支撑和保障。

问题是，如何量化衡量资源型城市的政府效率和市场效率体现出来的制度转型目标？李虹教授团队将生产安全事故死亡率纳入政府效率，从逻辑上说得通，但是否更恰当却值得讨论。黑龙江省煤炭产业生产安全事故死亡率较高与大量小煤窑的存在密切相关，但事故死亡率低与较高政府效率之间的相关性并不显著。这也包括行政审批事项和社会安全指数，政府审批数量的减少和社会安全较高，在一定程度上反映政府的效率，但二者的相关性多强仍需要实证研究的深入论证。黑龙江省四煤城的制度转型得分最低，成为最大短板的逻辑是成立的，但如何量化需要认真开展深入的实证研究。

**五　评价对象在转型发展上瓶颈突出**

李虹教授团队的研究在很大程度上反映了黑龙江省四煤城长期积累并集中体现出的转型困境，以及相当多的薄弱环节和现实发展中的突出差距，这些差距集中表现在转型压力和转型能力两个方面。

（一）转型的经济压力和社会压力表现突出

第一，GDP总量和增速尽管正在恢复中，但与四煤城的潜在经济增长率仍存在较大差距，这需要科学测算与正确政策的规划设计和有力

执行。

第二，三次产业结构尤其是服务业比重偏低问题比较突出。四煤城中的三个城市农业比重和贡献度偏大，第二产业和第三产发展严重不足。即使是第三产业占比最高的七台河市，也低于全省57.1%的第三产业占比近13个百分点。

表3-11　　　2018年黑龙江省四煤城三次产业构成与贡献率

| 地区 | 三次产业构成 | 三次产业对经济增长贡献率 |
| --- | --- | --- |
| 鸡西市 | 35.4∶24.1∶40.5 | 47.8%、27.8%、23.5% |
| 双鸭山市 | 38.4∶20.5∶41.1 | 43.2%、17.5%、39.3% |
| 鹤岗市 | 30.0∶32.5∶37.5 | 40.4%、35.9%、23.7% |
| 七台河市 | 14.3∶41.3∶44.4 | 服务业的贡献率78% |

资料来源：《黑龙江统计年鉴》和统计公报，七台河市为2019年数据。

第三，资源产业从事人员比重过高问题突出，对资源产业的依赖度过高，就业和收入风险以及社会保障风险较高。比如，2018年鹤岗市从事采矿业的就业人数为3.76万人，占全市从业人员（16.39万人）的22.9%，看似不高。但如果我们减掉从事农林牧渔业的5.19万人后，发现采矿业就业占比就会高达33.7%。2018年双鸭山市全市城镇非私营单位从事采矿业的从业人数为2.54万人，占全市12.12万就业人员的20.9%，如果按照市区从业人员统计，2.4万人的采矿业从业人员占市区7.7万人就业的比重就会上升到31.2%。

第四，四煤城的财政压力问题比较突出，尤其是在公共财政支出日益增加的情况下，财政收入尤其是税收收入的缺口日益增大。伴随着老龄化，社会保障等一系列民生压力与日俱增。

表3-12　　　　2015—2018年鹤岗市财政收支情况　　　　单位：亿元

| 年份 | 全口径财政收入 | 公共财政收入 | 税收收入 | 全口径财政支出 |
| --- | --- | --- | --- | --- |
| 2015 | 28.7 | 15.6 | 9.7 | 109.9和89.8 |
| 2016 | 33.5 | 18.9 | 10.8 | 124.1和106.3 |
| 2017 | 44.2 | 23.1 | 14.5 | 114.7 |

续表

| 年份 | 全口径财政收入 | 公共财政收入 | 税收收入 | 全口径财政支出 |
|---|---|---|---|---|
| 2018 | 45.6 | 25.2 | 16.5 | 135.4 |
| 2019 | 43.2 | 24.9 | 15.1 | — |

资料来源：《黑龙江统计年鉴》，2015年和2016年为全部财政支出和公共财政支出。

（二）转型能力上均存在明显的短板和不足

第一，经济发展能力上表现最弱，是最大的短板。四煤城经济发展能力全国排名为七台河市第110位、鸡西市第112位、双鸭山市第113位、鹤岗市第114位，说明四煤城的经济发展遇到了全方面的问题，突出反映在经济规模、产业结构的转换能力和经济效率上。同时，我们也看到有些指标已经表现出逐步好转的发展趋势。

比如，2015年以来鹤岗市工业利润总额由负转正，并逐年提高的趋势明显。双鸭山市2017年规模以上工业企业利润全市10.5亿元，市区8.9亿元；2018年规模以上工业企业利润全市7.2亿元，市区9.56亿元，表现并不稳定。另从鹤岗市的进出口占GDP比重的变化观察到，其经济效率偏低和波动较大。

表3-13　　　鹤岗市2015—2018年工业企业利润总额　　　单位：亿元

| 地区 \ 年份 | 2015 | 2016 | 2017 | 2018 |
|---|---|---|---|---|
| 工业企业利润总额 | 11.25 | 0.818 | 6.1 | 15.52 |

表3-14　　　鹤岗市2015—2018年进出口总额　　　单位：亿美元，%

| 地区 \ 年份 | 2015 | 2016 | 2017 | 2018 |
|---|---|---|---|---|
| 进出口总额 | 2.21 | 0.797 | 1.54 | 1.16 |
| 占GDP比重（%） | 5.17 | 2.0 | 3.69 | 2.64 |

资料来源：《鹤岗统计年鉴》，2018年为7.65亿元，按照2018年全年人民币平均汇率为1美元兑6.6174元人民币折算而成。2016年是按照2016年平均汇率1∶6.6423折算成5.29亿元。2015年按照2015年平均汇率1∶6.2284折算成13.76亿元。

第二，创新驱动能力是众多指标中与全国差距最小的，但从分值上看情况却不容乐观。对比黑龙江省四煤城与全国创新指数得分和一级指标来看，黑龙江省四煤城在创新投入、创新绩效和创新环境上的差距最大。

表3-15　　　　　　黑龙江省四煤城创新指数综合得分情况

| 地区 | 创新综合指数 | 创新环境指数 | 创新投入指数 | 创新产出指数 | 创新绩效指数 |
| --- | --- | --- | --- | --- | --- |
| 鸡西市 | 0.202 | 0.143 | 0.113 | 0.219 | 0.332 |
| 双鸭山市 | 0.202 | 0.164 | 0.102 | 0.178 | 0.365 |
| 鹤岗市 | 0.184 | 0.093 | 0.091 | 0.323 | 0.227 |
| 七台河市 | 0.185 | 0.091 | 0.062 | 0.190 | 0.399 |
| 全国平均 | 0.417 | 0.335 | 0.410 | 0.338 | 0.588 |
| 与全国均差 | -0.224 | -0.212 | -0.318 | -0.111 | -0.257 |

表3-16　　　　　　黑龙江省四煤城创新二级指标得分情况

| 指标＼地区 | 鸡西市 | 双鸭山市 | 鹤岗市 | 七台河市 |
| --- | --- | --- | --- | --- |
| 宏观经济环境 | 0.218 | 0.228 | 0.083 | 0.118 |
| 创新市场环境 | 0.127 | 0.229 | 0.152 | 0.098 |
| 创新人才环境 | 0.076 | 0.024 | 0.008 | 0.025 |
| 基础设施环境 | 0.151 | 0.177 | 0.13 | 0.121 |
| 人才投入情况 | 0 | 0 | 0 | 0.049 |
| 资金投入情况 | 0.226 | 0.205 | 0.181 | 0.0767 |
| 科技产出情况 | 0.086 | 0.047 | 0.022 | 0.007 |
| 产业产出情况 | 0.352 | 0.308 | 0.625 | 0.373 |
| 资源利用效率 | 0.332 | 0.365 | 0.227 | 0.399 |

从二级指标的得分可以看出，黑龙江省四煤城在人才投入、创新人才环境、科技产出、基础设施环境和创新市场环境等能力上的表现是很低的，其中人才问题是最为紧迫的。

第三，环境治理能力数据为第二大弱项，仍需要仔细分析数据才能得出具体的结论。鸡西市的环境治理能力劣势明显，全国排名第114

位。双鸭山市的环境治理能力全国排名第 110 位。鹤岗市环境治理能力全国排名第 103 位。

第四,资源利用能力同样存在较大差距。鸡西市资源利用能力指标全国排名第 111 位,表明其面临资源利用效率低的困境。

第五,民生保障能力的指标最多,但黑龙江省四煤城的能力表现同样欠佳。鸡西市的民生保障能力在全国排名第 106 位,其中居民收入保障能力问题尤为突出。鹤岗市的居民收入保障能力全国排名第 112 位。双鸭山市的居民收入保障能力全国排名第 113 位。

由此,我们可以得出两点结论:

第一,李虹教授团队的指标体系具有很强的参考和借鉴作用,其中的转型预警指数与创新指数,对加快黑龙江省四煤城转型发展具有重要的指导意义。通过比较,反映出黑龙江省四煤城在转型中的突出问题是切实中肯的,有的指标具有极强的指向性,可以作为今后转型工作的深入开展的重要政策依据和方向性指引。

第二,对该系列指标体系反映出来的问题,我们也提出相应的改进办法。

首先,如何量化反映资源型城市制度转型的指标评价问题。我们赞成该研究中对政府效率和市场效率二级指标的设定,但具体的三级指标需要调整。一是我们将营商环境作为评价政府效率的重要参考,良好的营商环境是一个国家或地区经济软实力的重要体现,是一个国家或地区提高综合竞争力的重要方面。为此,政府效率指标我们借鉴世界银行的《营商环境便利度》指标体系和科尔尼《全球城市营商环境指数》。同时,可以通过对比全国城市和企业营商环境指数综合排名发现问题、找准差距。二是我们将城市综合竞争力作为评价市场效率的重要指标,资源型城市转型的核心是城市竞争力的持续提升。因此,我们借鉴科尔尼《全球城市综合排名》五个维度(商业活动、人力资本、信息交流、文化体验、政治事务)的 27 个指标体系及其他城市竞争力的研究成果,同样也可与全国排名进行比较。

其次,如何平衡经济发展与环境治理保护和保障改善民生的关系问题。一方面,在科学测量黑龙江省四煤城经济潜在增长水平的基础上,将经济增长设定为预期性指标,划定一个合理浮动区间。另一方面,将环境治理保护和保障、改善民生根据国家相关红线和底线标准,划定相关范围的基础上,设定为约束性指标。

同时,从东北地区(包括黑龙江省)被赋予维护国家国防安全、粮食安全、生态安全、能源安全、产业安全的战略地位角度看,应当适度淡化经济发展指标的比重,更加注重以五大安全为核心的综合评价指标体系的建设。再有五大安全相应的指标体系,也应当有所侧重,针对黑龙江省资源枯竭型城市而言,更应当适度降低对经济发展指标的比重和考核。

# 第二篇
## 绿色篇

新发展理念是习近平新时代中国特色社会主义经济思想的核心内容，是新时代推动高质量发展的战略指引和重要遵循。绿色发展着眼于发展的永续性，是新时代中国特色社会主义建设新发展理念的重要组成部分。习近平总书记在党的十九大报告中明确指出，我们要建设的现代化是人与自然和谐共生的现代化，既要创造更多物质财富和精神财富以满足人民日益增长的美好生活需要，也要提供更多优质生态产品以满足人民日益增长的优美生态环境需要。

当前，中国经济仍未从根本上减轻对资源环境的依赖。资源消耗多、环境污染重、生态损失大，依旧是开启全面建设社会主义现代化国家新征程中的突出短板。要让人民从发展中获得幸福感，绝不能以资源环境和生态为代价。树立和践行"绿水青山就是金山银山"的理念，形成绿色发展方式和生活方式，着力解决突出环境问题，打好污染防治攻坚战，加强生态保护和修复，加快建设美丽中国，才能推动中国经济进入高质量发展轨道。我国现已确定的262个资源型城市，历史性地承担着资源节约集约利用、环境综合治理、生态保护修复、发展绿色环保产业、健全生态安全保障、应对全球气候变化的主体责任。能否从过去的"黑色经济"转型为"绿色经济"必然成为资源型城市转型的题中应有之义，也是增设此篇的目的所在。

# 第四章

# 我国资源型城市实现绿色发展的客观要求

## 第一节 国际社会对各国绿色发展的约束日益增强

### 一 应对全球气候变化

2013年9月27日,联合国政府间气候变化专门委员会(IPCC)在斯德哥尔摩发布了一份名为《气候变化(2013):自然科学基础》的工作报告,这是该组织发布的第五次气候变化评估报告。这份报告当时被认为是"迄今人类了解地球变暖机制最全面的文件",被一些科学家称为"具有划时代意义"的报告。因为,在这份报告中最为重要的一点就是再次强调,观测事实表明气候系统变暖毋庸置疑。

20世纪50年代以来,观测到的大气和海洋温度升高、冰雪覆盖面积减少、海平面上升以及大气中二氧化碳浓度增加等地球气候系统的一系列变化可以说是史无前例的。该报告的结论是:二氧化碳浓度已经比工业革命前水平上升了40%,并且二氧化碳浓度上升的主要来源就是由于大量燃烧化石燃料和土地利用变化导致的碳排放造成的。从这个组织发布的第四次评估报告以来,由于人类活动影响到二氧化碳浓度上升的证据不断增加,这些证据表明,人类活动"极其可能"是50年代以来,观测到的全球气候变暖的主要原因。由于温室气体的持续排放是导致气候进一步变暖以及气候系统所有组成部分发生变化的主要原因,限制气候变化就必须大规模地、持续地减少温室气体排放。

2009年，中国政府提出到2020年，单位生产总值二氧化碳排放比2005年下降40%—45%的控制温室气体排放行动目标；在2015年，中国进一步提出，到2030年左右，二氧化碳排放达到峰值。中国国家主席习近平在2020年9月22日联合国大会发言中，宣布增加对《巴黎协定》的义务，到2060年实现碳中和。[①] 2060年实现碳中和的目标，意味着中国能源体系乃至整体经济运行方式的深刻转型。中国目前的碳排放占到全球碳排放的28%，约为美国的两倍，欧盟全体成员国总和的三倍，印度的4.5倍。目前植树造林在中国仅能吸收10%左右的碳排放量，而碳捕集封存技术还未实现规模化商业应用，因此所谓"碳中和"，将主要通过大幅减少二氧化碳排放，直至实现近零排放达成。这就意味着在2060年以前，中国需要关停几乎所有的燃煤电厂，燃油车辆将在路面交通绝迹而全面代之以电动汽车或氢燃料汽车，航空和海运将主要依靠生物燃料、氢能等非化石能源驱动，城市供暖需要全面改为依靠电或生物质能源，钢铁、水泥、化工等高耗能产业将大幅削减产量并全面使用清洁电力或氢气作为能源。同时，可再生能源和核能发电不仅需要全面替代目前的燃煤发电，而且由于交通、工业部门的全面电气化，这些技术的使用规模和发展速度还需要进一步提升。

## 二　未来能源的挑战

2003年，《B模式：拯救地球延续文明》（莱斯特·布朗）一书出版。书中提出了两种发展模式，即"A模式"，也就是以化石燃料为基础、以破坏环境为代价、以经济为绝对中心的传统发展模式；而"B模式"，就是坚持以人为本，通过以风能、太阳能、地热资源、小型水电、生物质能等可再生能源为基础发展生态经济的新模式。另外，布朗教授在书中还呼吁，全世界应当立即行动起来，用"B模式"取代"A模式"，用以拯救地球，延续人类文明。[②]

无独有偶，2003年英国也发布了能源白皮书——《我们能源的未

---

[①] 碳中和是指经济活动产生的二氧化碳排放和通过植树等吸收的二氧化碳相抵，达到净排放为零。2060年实现碳中和的目标，意味着中国能源体系乃至整体经济运行方式的深刻转型。《中国2060碳中和博弈》，https://www.sohu.com/a/422151607_719828，2020年10月1日。

[②] 陈柳钦：《低碳经济发展的国家动向》，《价格与市场》2010年第3期。

来：创建一个低碳经济体》。在该白皮书中，英国总结了其在能源上面临的三大挑战：①环境挑战。气候变化是真切而严重的，必须重视气候变化的威胁。②英国本土能源供应量的下降。油、气、核能和燃煤皆如此。10年之内，英国有经济开采价值的大量深井煤田可能会采空。2006年左右英国将成为天然气净进口国，2010年左右还将成为石油净进口国。到了2020年，英国的主要能源需求将有3/4可能都要依赖进口。③需要在未来20年内更新英国大量现有的能源基础设施。欧盟关于限制碳排放量以及改善空气质量的举措可能会强力关闭大多数陈旧的燃煤电厂。

为了迎接挑战，该白皮书制定了英国能源政策的四个目标：①在2050年之前，将英国的二氧化碳排放量减少60%左右，并在2020年之前，取得切实的进展。②保证能源供应的稳定性和可靠性。③提高英国的可持续发展的经济增长率并提高劳动生产率。④确保每个家庭以合理的价格获得充分的能源服务。① 总之，要从根本上把英国变成一个低碳经济体；发展、应用及探索前沿科技、营造新的商机和就业机会；在发展有助于全球各地经济增长的环保型可持续发展、可靠、有竞争力的能源市场方面，成为欧洲乃至国际上的领路人。

### 三 "气候变化经济学"的确立

2006年10月，《斯特恩回顾：气候变化经济学》（以下简称《斯特恩报告》）问世，引起国际社会的高度关注和广泛反响。这份报告是由前世界银行首席经济学家尼古拉斯·斯特恩爵士领导，受英国政府委托编写。2008年4月，他领导的小组又推出另一份报告《气候变化全球协定的关键要素》。该报告主要是从经济学角度论证了欧盟倡导的全球升温不超过2°C的长期目标的科学性、可行性、紧迫性。同时，该研究报告详述了气候变化造成影响的经济代价和相关温室气体减排的花费和收益。这份报告有三点认识非常重要：①概括一下，就是两句话：如果现在就采取强有力的行动，我们还有时间避免气候变化的最坏影响；稳定气候的代价很可观但是可以控制，而延误会非常危险且代价

---

① 陈柳钦：《低碳经济：国外发展动向及中国的选择》，《甘肃行政学院学报》2009年第6期。

高昂。报告采用正式经济模式计算获得的结果做出估计,如果不采取行动,"气候变化的总代价和风险将相当于每年至少损失全球 GDP 的 5%,而且年年如此"。如果考虑到更广泛的风险和影响的话,"损失估计将上升到 GDP 的 20% 或更多"。相比之下,采取行动的代价(也就是减少温室气体排放以避免遭受气候变化最恶劣影响的行动)"可以控制在每年全球 GDP 的 1% 左右"。②抑制气候变化行动需要全世界的参与,但没有必要限制无论富国或穷国的发展愿望。"世界无须在避免气候变化和促进增长和发展之间做出选择,能源科技和经济结构的变化已经创造了一个既减少温室气体排放,又获得经济增长的机会。而忽略气候变化最终将损害经济增长。"有利经济增长的长期策略就是应对气候变化,它的进行可以不影响到任何国家的发展愿望。③也是最重要的一点,从经济学的角度去理解气候变化问题的实质和制定相关的政策。

**四 危机之后经济复苏的引擎**

每个国家都想在应对金融危机的同时,在这个日益增长的诱人蛋糕里分得一块,并抢占新一轮世界经济增长的制高点。

美国众议院能源委员会在 2009 年 3 月,向国会提出了"2009 年美国绿色能源与安全保障法案"。这是一部由绿色能源、能源效率、温室气体减排、向低碳经济转型等一系列法案组成的综合法案。在该法案的"向低碳经济转型"部分中提出四个方面内容:为了确保美国产业的国际竞争力、绿色就业机会和劳动者转型、出口低碳技术、应对气候变化,该法案构成了美国向低碳经济转型的法律框架。2009 年 6 月 26 日,美国众议院表决通过涉及 30 多个领域、美国历史上首个限制温室气体排放的法案——《美国清洁能源安全法案》(简称 ACES)。① 这是一部综合性的能源立法,它将通过创造数百万新的就业机会来推动美国的经济复苏,通过减少对国外石油依存度来提升美国的国家安全,通过减少温室气体排放来减缓全球变暖。这项法案将转变美国生产和利用能源的方式,而在创造清洁能源经济方面领先的国家也必将领导 21 世纪的全球经济。

---

① 陈柳钦:《新世纪低碳经济发展的国际动向》,《重庆工商大学学报》(社会科学版) 2010 年第 2 期。

2009年7月，英国政府正式发布名为《英国低碳转换计划》为纲领的三个配套文件，标志着英国将从国家战略的高度推行"低碳经济"。目标是要到2020年在1990年的基础上减排温室气体34%。具体内容包括以下三个方面：一是大力发展新能源；二是推广新的节能生活方式；三是向全球推广低碳经济的新模式。同时，英国政府为了确保英国在碳捕获、清洁煤等新技术领域处于领先地位，提出要从政策和资金方面向低碳产业倾斜，积极支持绿色制造业、研发新的绿色技术等。[①]该计划标志着英国正式确定了将低碳经济作为促进经济复苏突破口的战略，拟通过抢占低碳经济发展先机，从根本上提升英国国家和企业的核心竞争力，实现英国经济在21世纪的可持续发展。

欧盟委员会日前发布欧盟低碳经济路线图。根据路线图，欧盟要想实现到2050年将温室气体排放量减少80%的目标，就必须到2020年实现减排25%，而不是已经确定的减排20%。与此同时，欧盟还提出把节约能源、提高能效和发展可再生新能源作为实现温室气体减排目标和向低碳经济转型的重要举措。

2007年6月，日本政府通过了《21世纪环境立国战略》。在该战略中，日本政府提出为了克服地球变暖等环境危机，实现可持续社会的总体目标，需要国家综合推进低碳社会、循环型社会和与自然和谐共生的社会建设。2008年6月9日，日本首相福田康夫发表了题为《向"低碳社会·日本"努力》的演讲，并以政府的名义提出"福田蓝图"。这使得"福田蓝图"成为日本新的防止全球气候变暖的对策，也成为日本低碳战略正式形成的重要标志。福田首相在"福田蓝图"中确定的日本温室气体减排的长期目标是：到2050年日本的温室气体排放量比目前减少60%—80%。[②] 这其中还包括一系列应对低碳发展的技术创新、制度变革及生活方式的转变等重要内容。"福田蓝图"的提出，表明日本已经完成对构筑"低碳社会"相关问题的研究判断，最终确定

---

① 陈柳钦：《新世纪低碳经济发展的国际动向》，《重庆工商大学学报》（社会科学版）2010年第2期。

② 陈柳钦：《新世纪低碳经济发展的国际动向》，《重庆工商大学学报》（社会科学版）2010年第2期。

把低碳经济作为引领今后经济发展的重要引擎。①

**五　中国在行动**

2009年9月22日，时任中国国家主席胡锦涛在联合国气候变化峰会上发表了题为《携手应对气候变化挑战》的重要讲话。他指出，中国将进一步把应对气候变化纳入经济社会发展规划，争取到2020年单位国内生产总值二氧化碳排放比2005年有显著下降；争取到2020年非化石能源占一次能源消费比重达到15%左右；争取到2020年森林面积比2005年增加4000万公顷，森林蓄积量比2005年增加13亿立方米。2009年12月，哥本哈根联合国气候变化大会上，中国尽管并未被纳入强制减排计划当中去，但是中国政府仍然对外宣布：到2020年，单位碳排放比2005年减少40%—45%。

我国资源型城市转型规划中也提出了一些具体的指标，其中不乏一些硬性指标。比如，2015年起全面停止大小兴安岭、长白山林区的天然林主伐，建设国家木材战略资源后备基地；城市水功能区主要水质达标率不低于所在省份平均指标；力争到2015年基本完成资源型城市成片棚户区改造任务。到2020年，资源枯竭城市历史遗留问题基本解决；实现工业废水排放完全达标；工业固体废弃物（不包括尾矿）综合利用率达到85%以上；矿业用水复用率达到90%以上；接续替代产业成为支柱产业，增加值占地区生产总值比重提高6个百分点等。

我国在"十三五"规划中提出了中国经济绿色发展的七项具体措施，即加快建设主体功能区、推进资源节约集约利用、加大环境综合治理力度、加强生态保护修复、积极应对全球气候变化、健全生态安全保障机制、发展绿色环保产业等。

## 第二节　我国资源型城市的绿色发展面临严峻挑战

**一　实现"由黑转绿"发展模式的客观要求**

（一）中国经济仍未从根本上降低对资源环境的依赖

据世界银行统计，2016年中国经济占全球经济总量的比重为

---

① 陈柳钦：《新世纪低碳经济发展的国际动向》，《重庆工商大学学报》（社会科学版）2010年第2期。

14.84%；据 BP 世界能源统计年鉴，同期中国能源消费量占全球的 23%。我国沿海及中部 18 个省份的化石能源消费量为 27.52 亿吨，是欧洲 18 个国家的两倍。也就是说，我国 18 个省份的单位面积化石能源消费量至少是欧洲 18 个国家的两倍。可见中国经济增长对能源消耗的依赖仍然较强。资源耗费多、环境污染重、生态破坏大，已经成为开启全面建设社会主义现代化国家新征程进程中的突出短板。

（二）中国曾是世界上各类污染最重的国家之一

目前中国有机废水、二氧化硫、各类温室气体等污染物排放量居世界首位（见表 4-1）。1990—2005 年，中国二氧化碳排放量增长了 131.2%，甲烷排放量增长了 11.2%，氮氧化物排放量增长了 24.5%，其他温室气体排放量增长了 12.85 倍，不同程度超过世界平均增长指数（分别为 29.5%、7.0%、14.0%、126.9%），这是典型的"黑色发展模式"[1]，充分反映了中国各类污染物排放量基数大、增长快的两大特点，不仅直接影响中国的可持续发展，也直接影响人类的可持续发展。

表 4-1　　　　四大污染物排放国比较（2005 年）　　　单位：百万吨

| 项目＼国家 | 中国 | 印度 | 俄罗斯 | 美国 |
|---|---|---|---|---|
| 每日有机废水 | 6.089 | 1.520 | 1.426 | 1.960 |
| 二氧化碳 | 5548 | 1402 | 1503 | 5776 |
| 甲烷 | 996 | 712 | 43 | 810 |
| 氮氧化物 | 567 | 301 | 57 | 456 |
| 其他温室气体 | 120 | 9.5 | 2104 | 108 |
| 温室气体总计 | 7231 | 2424.5 | — | 7150 |

资料来源：World Bank，2009 World Development Indicators.

（三）中国十几亿人民曾是各类环境污染的最大受害者之一，他们的健康受到了严重损害

根据国际应用系统分析研究所（International Institute of Applied System Analysis，IIASA）的研究数据，中国由于人为颗粒物污染导致的国

---

[1] 胡鞍钢：《中国绿色发展与"十二五"规划》，《农场经济管理》2011 年第 4 期。

民寿命总损失是全球最高的，2005年达到11.63亿人/年，相当于13亿中国人平均预期寿命下降了0.89岁；从国际比较看，中国国民寿命总损失是印度（4.32亿人/年）的2.69倍。未来各类环境污染将成为中国人民健康和福祉的最大威胁。

表4-2　　　　　由于人为颗粒物污染导致的总寿命损失　单位：百万人/年

| 国家地区 \ 年份 | 基准情景 | | | 450情景[①] | |
|---|---|---|---|---|---|
| | 2005 | 2020 | 2035 | 2020 | 2035 |
| 中国 | 1163 | 1565 | 1573 | 1491 | 1215 |
| 印度 | 432 | 854 | 1466 | 792 | 1085 |
| 俄罗斯 | 53 | 49 | 49 | 47 | 46 |
| 欧盟 | 234 | 146 | 119 | 138 | 108 |

资料来源：IEA：WEO（2010）转引自IIASA（2010）。①温室气体浓度控制在450ppm二氧化碳当量。以实现把全球温度上升限制在2℃的目标。

## 二　黑龙江省资源型城市绿色发展任务艰巨

### （一）采煤沉陷区问题较为突出

黑龙江省有多处采煤沉陷区，沉陷区住户也有上万户，采煤沉陷区问题已经不仅是威胁人民的安全。截至2005年，据有关部门统计，鸡西、鹤岗、七台河、双鸭山四大矿区脚下已形成784平方千米的采空区，425平方千米的塌陷区。塌陷坑的形状多为椭圆形，深度1—10米，最深达30米，长度为20—50米，宽5—10米，面积最大0.5平方千米，沿着煤区分布，形成面积较大的下沉盆地或串珠状积水坑。其中鹤岗煤矿矿区面积108.34平方千米，已形成41.4平方千米采空区、37.72平方千米塌陷区；双鸭山煤矿矿区面积402.93平方千米，已形成116.61平方千米采空区、61.95平方千米塌陷区；鸡西矿区塌陷面积206.28平方千米，七台河矿区塌陷面积119.01平方千米。

### （二）大气污染严重，人居环境恶化

黑龙江省的四个煤城长期以来由于土法炼焦、粉尘排放以及煤炭燃烧导致每年都向城市和周边排放大量的二氧化碳、二氧化硫和烟尘等污染物。以鹤岗市为例，2004年煤炭业的废水排放量占全市废水排放总

量的84%，烟尘排放量占全市烟尘排放总量的80%，煤矸石产生量占全市工业固体废物产生量的85%。[①] 另据鸡西市环境监测中心站的调查和监测，2002—2006年，全市重点煤炭工业污染源共向大气中排入烟尘为14876吨，氮氧化物为74288吨，二氧化硫为53398吨，二氧化碳为5725吨。[②] 这些大气污染物在空气中既能形成酸雾，又能吸附碳氢化合物等有害物质，形成严重的"二次污染"，对人体、动植物及建筑物造成很大危害。[③]

（三）土地资源破坏与污染

黑龙江省的煤炭城市在煤炭开采和城市建设过程中，由于长期挖掘地表、不断堆弃土渣，形成了大片采煤塌陷区，造成局部区域生态环境遭到不同程度的破坏。同时，由于植被的减少改变了地表径流和地表糙度，使该地区的土壤抗蚀指数下降，长此以往加剧了水土流失、土地沙化和干化的灾害发生情况，也为该城市带来相当多的安全隐患。比如，七台河市矿区，从1958年开发算起，经过不到50年的时间，全市下沉了2.5—6.5米；鸡西矿区，经过80多年的煤炭开采，已经形成地表采煤沉陷区193平方千米；鹤岗矿区，也已形成63.73平方千米的沉陷区，最深的地方下沉了30米，而且，在地面上造成6米多的裂缝，目前该地区仍然以每年1.3米的速度下沉。[④]

（四）绿色发展不充分不平衡

从全国整体上看，绿色发展水平还不高。中国经济仍然没有从根本上降低对资源环境的过度依赖。无论是省区市还是城市绿色发展的短板制约都较为突出。

同时，绿色发展不平衡的问题也十分突出。绿色发展不平衡也呈现出地带性特征，东部沿海地区的省区和城市绿色发展优势明显，其他地

---

① 程子君、李志强：《黑龙江省煤炭城市生态环境问题及其防治对策》，《环境科学与管理》2009年第7期。
② 程子君、李志强：《黑龙江省煤炭城市生态环境问题及其防治对策》，《环境科学与管理》2009年第7期。
③ 程子君、李志强：《黑龙江省煤炭城市生态环境问题及其防治对策》，《环境科学与管理》2009年第7期。
④ 程子君、李志强：《黑龙江省煤炭城市生态环境问题及其防治对策》，《环境科学与管理》2009年第7期。

区的经济发展与可持续性之间的不协调现象比较突出，依然存在金山银山和绿水青山之间较为激烈的冲突。目前来看，经济密度和产业结构的差异是影响经济发展与可持续性之间关系的主要因素。那些偏重资源型产业和高耗能产业地区的产业结构，会使该地区经济密度的阈值提前，在集聚经济程度不高的条件下，该地区会提前进入可持续性的下降通道。黑龙江省的四个煤城、两个林城和一个油城，由于其资源型产业偏重问题长期未得到有效缓解，其经济发展与可持续性之间的不协调性就表现得更为突出。黑龙江省的资源型城市还没有做到经济增长与资源环境负荷脱钩，更别说实现"绿水青山就是金山银山"的内在统一了。推动中国经济绿色发展，建设美丽中国，资源型城市任重而道远。

# 第五章

# 我国绿色发展的理论与实证研究评述

绿色发展的理论和实践研究是经历了一个长时期、多角度、多体系和不同国情的发展过程。我们从其理论基础、时代要求和实践应用这三个角度来梳理国内外有关绿色发展理论与实践的总体脉络，为我国尤其是黑龙江省资源型城市绿色发展提供有益的理论依据和实践借鉴。

## 第一节 绿色发展的理论研究评述

经过对相关文献的整理，我们发现有关绿色发展的理论基础，跟这样几个概念密切相关。即可持续发展、生态经济学、循环经济、低碳经济等。我们有必要对上述概念及其内涵进行辨析。

### 一 生态经济学

（一）生态经济学的演进过程

李怀政[1]认为，生态经济学大体经历了三个演进时期。第一个阶段是，20世纪60年代末至70年代末。生态经济学强调生态系统与经济系统之间的矛盾运动，关注的焦点问题是生态平衡以及如何解决人类困境。第二个阶段是，20世纪80—90年代。生态经济学强调生态系统与经济系统的协调发展，关注的焦点问题是环境容量与资源承载力。第三个阶段是，20世纪90年代至今。生态经济学强调可持续发展战略与模

---

[1] 李怀政：《生态经济学变迁及其理论演进述评》，《汉江论坛》2007年第2期。

式，关注的焦点问题是生态经济价值理论。

周立华[①]将国外生态经济学的研究划分为三个阶段。第一个阶段，1850—1969年。生态经济学的概念酝酿和产生阶段，美国经济学家肯尼斯·鲍尔丁正式提出了生态经济学的概念。第二个阶段，1970—1987年。全球生态经济问题的大辩论阶段，最显著的特征就是涌现出大批关于全球资源、环境与发展方面的论著，引起了全球范围内的大辩论。无论是"增长的极限"还是"没有极限的增长"两个看似对立的观点，都认为人类社会正面临着经济发展与生态环境的严重问题。第三个阶段，1988年至今。生态经济学价值理论及研究方法的形成和发展阶段，1988年国际生态经济学会（ISEE）的成立和1989年《生态经济学》刊物的出版发行，成为生态经济学研究的重要里程碑。

（二）生态经济学的主要内涵

沈满洪[②]认为，生态经济学是一门研究和解决生态经济问题、探究生态经济系统运行规律的经济科学，旨在实现经济生态化、生态经济化和生态系统与经济系统之间的协调发展的学科。生态经济学的基本范畴有生态经济系统、生态经济产业、生态经济消费、生态经济效益、生态经济制度等。生态经济学的基本规律有生态经济协调发展规律、生态产业链规律、生态需求递增规律和生态价值增值规律等。

尤飞、王传胜[③]认为，生态经济学的一个核心问题是如何达到生态与经济的平衡，实现生态经济效益。而生态经济效益的概念，是一个多学科、动态的概念。它取决于人类认识的变化（伦理）、自然系统的变化（生态）、经济效率的提高（经济）。生态经济主要涉及三个系统：经济系统、生态系统和社会系统，从这个意义上说，生态经济学是学科的集成，是各学科在人对自然关系上的交叉。同时还列出了各学科为生态经济学研究提供的借鉴，并进一步提出生态经济学使用的方法、理论和模型以及发展趋势的展望。

---

① 周立华：《生态经济与生态经济学》，《自然杂志》2004年第4期。
② 沈满洪：《生态经济学的定义、范畴与规律》，《生态经济》2009年第1期。
③ 尤飞、王传胜：《生态经济学基础理论、研究方法和学科发展趋势探讨》，《中国软科学》2003年第3期。

刘琳、贾根良[①]对当代生态经济研究领域内的一些主要学科及其特征进行了简单归类比较分析后指出，生态经济学与其相邻学科之间的交叉联系错综复杂，对其认识的诸多分歧也集中于此。并进一步指出，对制度因素的忽视使生态经济学家们"作茧自缚"，严重影响了生态经济学发展为一门系统性的分析框架，并提议生态经济学应当重视对制度及其演化性的关注，即加强演化生态经济学的研究。

朱雅丽、陈艳[②]指出，资源环境经济学和生态经济学有不同的理论基础和研究方法，资源环境经济学运用新古典经济学的理论和方法来分析问题，生态经济学则通过多学科相关理论以及多元化方法取得研究进展。二者对于可持续发展也有不同的视角和追求，资源环境经济学强调经济增长，注重规模和效率，追求弱可持续性；而生态经济学强调发展，更重视分配和公平，追求强可持续性。深刻理解这些差异，对于经济学本身的完善和经济发展模式选择都有重要的意义。

（三）我国对生态经济学的研究

周立华[③]在综合考虑各家观点的基础上提出，我国生态经济研究应该划分为三个阶段。第一个阶段，1980—1985年。这是生态经济学的提出、建立和理论探索阶段；第二个阶段，1986—1994年。这是中国生态经济学科体系的形成以及理论和实践的研究阶段；第三个阶段，1995年至今。它是以《中国21世纪议程》的出版为标志，中国开始关注可持续发展问题，并逐步与国际生态经济学的研究方法接轨，即应用西方生态经济价值理论，尝试开展定量研究等。进一步提出，国内研究比国外研究多了三个特点：①政治性和政府行为比较强，富有宣传性；②重视学科理论体系建设，具有系统性；③注重应用领域的研究，具有时间性。

徐志辉、曹馨月[④]指出，我国生态经济学理论研究中存在的主要问

---

① 刘琳、贾根良：《生态经济学的演化特征与演化生态经济学》，《黑龙江社会科学》2013年第1期。
② 朱雅丽、陈艳：《可持续发展：资源环境经济学与生态经济学的视角差异》，《生态经济》2010年第1期。
③ 周立华：《生态经济与生态经济学》，《自然杂志》2004年第4期。
④ 徐志辉、曹馨月：《中国生态经济学理论研究浅析》，《西南林学院学报》2008年第8期。

题包括：①缺少生态经济学理论上的创新；②生态经济学理论研究不完善。并给出相应的学科建设的建议。

严立冬等[①]通过对生态经济学文献的回顾，梳理了生态资本的概念界定、生态资本的价值评估、生态资本运营等问题，认为生态资本的构成要素应该包括使用价值、产权、生态技术和生态市场。在理论上廓清生态资本的范围，有利于在实践中明确生态资本运营的方式和过程，为生态资本运营提供可资借鉴的范式。并强调指出，生态资本是一种新型的未来资本，更是可持续发展的核心资本。生态资本理论研究是全球生态化发展进程中不可回避的基础课题，而明晰生态资本的构成要素不可或缺。

## 二 可持续发展

### （一）可持续发展的思想及其内涵

张坤民[②]认为，可持续发展是人类发展战略的根本变革，可持续发展思想认为发展与环境是一个有机整体。可持续发展理论应当包括：①可持续发展并不否定经济增长（尤其是穷国的经济增长），但需要重新审视如何实现经济增长。②可持续发展以自然资产为基础，要与环境承载能力相协调。③可持续发展以提高生活质量为目标，要同社会进步相适应。④可持续发展承认并要求体现出环境资源的价值。⑤可持续发展的实施要以适宜的政策和法律体系为保障条件，强调"综合决策"和"公众参与"。

罗守贵、曾尊固[③]在引入四种持续性（可持续性分为弱可持续性、中等可持续性、强持续性和绝对强持续性）之说后指出，可持续发展的目标（或标准）应当包括四个方面：①生存，即保证人类的生存；②生态阈限内的生产力，即不破坏生态系统的最大生产力；③社会经济发展，及经济的繁荣和社会秩序的稳定；④区域的长期承载力。

### （二）可持续发展的理论框架

张志强等[④]提出可持续发展的理论基础有地球系统科学（全球变化

---

① 严立冬等：《生态资本构成要素解析——基于生态经济学文献的综述》，《中南财经政法大学学报》2010年第5期。
② 张坤民：《可持续发展与中国》，《中国环境管理》1997年第2期。
③ 罗守贵、曾尊固：《可持续发展研究评述》，《南京大学学报》2002年第2期。
④ 张志强等：《可持续发展研究：进展与趋向》，《地球科学进展》1999年第6期。

科学)、环境资源稀缺论(环境承载力论)、环境价值论(环境成本论)和协同发展论。而区域可持续发展的基本理论有陆地系统科学、现代人地关系协调论、区域PRED(人口、资源、环境、发展)系统论和区域发展控制论。

罗守贵、曾尊固[1]认为,可持续发展的理论研究与应用研究脱节,最突出地表现在从指标体系到评价模型与方法方面。建立的指标过于庞杂且不平衡,指标研究与评价模型研究脱节,造成指标数目膨胀。从已有的成果看,针对具体区域的指标体系不少,但大多数仍停留在理论或技术层次上。这与指标体系可操作性不强有关,与模型的实用性差有关等。

### 三 循环经济

**(一)循环经济的内涵和评价原则**

循环经济的本质是以生态学规律为指导,使不同企业之间形成共享资源和互换副产品的产业共生组合;使上游生产过程产生的废弃物成为下游生产过程的原材料,实现废弃物综合利用,达到产业之间资源的最优化配置;使区域的物质和能源在经济循环中得到永续利用,从而实现产品清洁生产和资源可持续利用的环境和谐型经济模式。[2]

我们可以从循环经济的概念内涵归纳出"3R"原则,即循环经济遵循"减量化"原则,以资源投入最小化为目标;循环经济遵循"资源化"原则,以废弃物利用最大化为目标;循环经济遵循"无害化"原则,以污染排放最小化为目标。

诸大建等强调,要从生态效率的角度深入认识循环经济。生态效率是经济社会发展的价值量(GDP总量)和资源环境消耗的实物量比值,它表示经济增长与环境压力的分离关系,是一国绿色竞争力的重要体现。生态效率(资源生产率)=经济社会发展(价值量)/资源环境消耗(实物量)。并根据这一公式可得,生态效率的指标和资源生产率(资源效率)的指标以及环境生产率(环境效率)的指标密切相关。[3]

---

[1] 罗守贵、曾尊固:《可持续发展研究评述》,《南京大学学报》2002年第2期。

[2] 牛文元:《循环经济:实现可持续发展的理想经济模式》,《中国科学院院刊》2004年第6期。

[3] 诸大建等:《C模式:中国发展循环经济的战略选择》,《中国人口·资源与环境》2005年第6期。

通过这些指标计算出我国的资源效率与发达国家之间存在较大的差距，进而提出生态效率的四种情景，认为我国的经济增长和环境压力现状属于情景一，即经济和环境压力同步增长的传统经济增长模式。

（二）中国特色循环经济研究

任勇、吴玉萍把中国循环经济的内涵概括为：遵循"减量化、再利用、再循环和无害化"原则，采用科学技术、政府政策和市场机制等手段，将"资源—产品—废物"这一传统的线性物质流动方式改造为"资源—产品—再生资源"的物质循环模式，以最少的资源能源消耗，取得最大的经济产出和最低的污染排放，实现经济、环境和社会效益的统一。[①]

诸大建等提出了适合我国国情的循环经济发展"C"模式。该模式通过给我国的 GDP 增长一个 20 年左右的缓冲，来发展我国的循环经济。他们认为，只有保证我国 GDP 的持续快速增长，才能解决我国社会经济发展中的一系列矛盾。[②] 同时，还提出了我国生态效率提高的四种途径，并给出了我国实现循环经济的政策体系模型。

伍国勇、段豫川[③]通过结合超循环理论中的反应循环、催化循环和超循环概念，提出了超循环经济的概念模型、内涵特征、系统结构、运行原则，从经济内循环、经济中循环与经济超循环三个层面，提出了"实施企业清洁生产、构建超循环经济园区和区域性超循环经济园区网"的三大实现途径。超循环经济概念的提出，为循环经济、产业园区、规模经济的发展提供了理论依据。

**四 低碳经济**

（一）低碳经济的概念

低碳是指较低或者更低的以二氧化碳为主的温室气体排放。2003年，英国政府发表的能源白皮书《我们未来的能源：创建低碳经济》中，最早正式使用了"低碳经济"一词。该书指出，低碳经济是通过更

---

[①] 任勇、吴玉萍：《中国循环经济内涵及有关理论问题探讨》，《中国人口·资源与环境》2005 年第 4 期。

[②] 诸大建等：《C 模式：中国发展循环经济的战略选择》，《中国人口·资源与环境》2005 年第 6 期。

[③] 伍国勇、段豫川：《论超循环经济——简论生态经济、循环经济、低碳经济、绿色经济的异同》，《农业现代化研究》2014 年第 1 期。

少的自然资源消耗和环境污染，获得更多的经济产出；低碳经济是创造更高的生活标准和生活质量的途径和机会；低碳经济也能创造出更多新的商机和就业机会。从国内的一些认识来看，大体上可以分成两个层次。

第一个层次：吴垠[①]强调，低碳经济就是在生产过程和消费过程中以降低二氧化碳排放为特征的经济运行模式，即以低排放、低能耗、低污染为特征的社会经济模式。是在市场机制基础上，通过制度框架和政策措施，推动提高能效技术、节约能源技术、可再生能源技术和温室气体减排技术的开发及运用，并促进整个经济朝向高能效、低能耗和低碳排放的模式转变。可称作"经济模式论"，它侧重于降低碳排放为特征的经济运行模式，尽管也涉及转变，但更多的还是停留在技术、政策、市场的层面。

第二个层次：何建坤等[②]认为，低碳经济，是一种发展方式的转变。具体来看，第一，要改变能源结构，发展新能源和可再生能源，如水能、风能等不排放二氧化碳的能源。第二，要改变经济增长方式、调整产业结构，优先发展高新科技产业、服务业等第三产业。第三，要减少能源消耗，改变消费方式。也有人将其概括为，低碳经济就是能源技术和减排技术创新、产业结构调整、制度创新以及人类生存发展观念的根本性转变，涵盖了技术、产业、制度和观念四个层面。

"发展方式论"，它所涉及的范围远远大于"经济模式"的问题。更强调，这是一种涵盖社会发展各个层面的转变，甚至变革。基于前面对"低碳经济"的理解和预期，发展低碳经济自然就被认为是为解决人类面临的气候变暖危机、能源危机以及经济可持续增长提供了一种多赢选择。

（二）低碳经济的基本特征

2008年6月，由托尼·布莱尔和气候组织共同编制并呈送北海道八国集团首脑会议的《打破气候变化僵局——低碳未来的全球协议》中指出，低碳经济作为一种新的经济发展模式至少有三个要求。

1. 目标性

就是将大气中温室气体的浓度保持在一个相对稳定的水平上，不至

---

① 吴垠：《低碳经济发展模式下的新兴产业革命》，《理论参考》2009年第12期。
② 何建坤等：《全球低碳经济潮流与中国的相应对策》，《世界经济与政治》2010年第4期。

于带来全球气温上升影响人类的生存和发展。这既是低碳经济的立论基础，更是各国减排的定量目标。可以说是低碳经济的起点。一条长期的将浓度稳定在 450ppmv（大气中的二氧化碳含量，常以体积混合比来表示，用体积的百万分之一为单位，写为 ppmv。）的路径，意味着全球年二氧化碳当量的排放量需在 2020 年前达到峰值，并到 2050 年到达 1990 年水平的一半以下［目标经常与 1990 年相对应，它是 UNFCCC（《联合国气候变化框架公约》）所规定的基准年］。

2. 技术性

技术创新是解决环境和能源问题的根本出路。低碳经济的核心在于通过能源技术和减排技术的创新，通过由此出现的产业结构调整、制度创新以及人类消费观念的根本性转变，有效控制碳排放，防止气候变暖，促进和保持全球生态平衡。现在来看，人类控制和降低大气中二氧化碳浓度的途径有四个：①提高能源使用效率；②发展碳捕捉和封存技术，将燃烧化石燃料产生的二氧化碳捕捉并封存起来；③发展清洁能源，增加风能、太阳能等可再生能源的使用；④碳汇。这四条途径目前看都存在明显的技术瓶颈。

3. 经济性

在逻辑起点上低碳经济好像是一个技术问题，但实际上，它是一个有关低碳产业、低碳技术、低碳生活等经济形态的集合，是一种经济发展模式的改变。它的经济性更多地体现在两个方面：①低碳经济的发展不应导致人们的生活条件和福利水平下降；②低碳经济应按照市场经济的原则和机制来发展。最重要的制度安排之一就是清洁发展机制（简称 CDM）基础上的碳交易。

（三）我国发展低碳经济面临的挑战

徐旭[1]指出，我国在发展低碳经济过程中正面临严峻挑战。①科学话语权的争夺日趋激烈。主要集中在三个问题上，即全球气候变暖与人类毁灭之间是否存在科学联系；全球变暖缺乏证据，IPCC 报告的信任度受到拷问；人类的碳排放与全球变暖的科学证据不断受到质疑。②当前的市场经济制度难以胜任。一是碳交易和碳金融充满了不确定性；二

---

[1] 徐旭：《发展低碳经济面临的挑战及应对策略》，《学术交流》2011 年第 6 期。

是市场经济制度的固有矛盾并未缓解。③现有国家政治经济格局面临巨大挑战。从某种角度上说,发达国家如此热衷低碳经济,就是在掩盖全球化高速发展的全球失衡,它们把全球气候变暖上升到一个道德正义和全球政治话题,通过政治、法律、技术和经济的手段,在全球大力推行低碳经济,试图重新夺回即将失去的国际政治经济话语权。不难看出,有关国际政治经济新秩序的斗争还是长期、复杂而深刻的。这实际上就使发展低碳经济所需要的国际合作,尤其是发达国家与发展中国家之间信任与合作的可能性变得更加脆弱。缺乏国际合作基础上的低碳经济一定是走不了多远的。

**五 比较研究**

**(一) 绿色经济、低碳经济、循环经济之间的内在联系**

杨志、张洪国[①]分析了绿色经济、低碳经济与循环经济之间的内在联系。他们指出,①金融危机使"绿色"和"低碳"成为"主流话语体系"中的"亮点"。②"低碳经济"和"绿色经济"与不同话语体系中有不同的含义。用绿色金融导引绿色经济和低碳经济的发展,是美国振兴经济和提高其在全球竞争力的主要政策手段。美国的绿色经济有两种含义:一是变金融危机为发展低碳经济的机会;二是把"绿色金融"不仅作为"新能源技术贸易"和"绿色产品贸易"的指引,而且作为重构未来世界金融体系的切入点。对于欧盟和日本来说,绿色经济要求企业从选择生产原料开始、到加工生产的每一个工艺阶段,以及再到销售场地的每一个环节,都要考虑用绿色技术体系来处理。绿色贸易及其壁垒是欧盟和日本发展绿色经济的重要组成部分。绿色经济和低碳经济首先是一种绿色的生产方式,因此,绿色经济与低碳经济之间有着紧密的内在相关联系。③循环经济是绿色经济和低碳经济的生产方式,循环经济就是以绿色生态经济的方法来实现保护生态环境。

**(二) 生态经济、循环经济、绿色经济和低碳经济的相对区别**

苏振锋分析了这四种经济的区别。①研究的角度不同。生态经济强调经济与生态系统的协调,注重两大系统的有机结合;循环经济提倡在

---

① 杨志、张洪国:《气候变化与低碳经济、绿色经济、循环经济之辨析》,《广东社会科学》2009 年第 6 期。

生产、流通、消费全过程的资源节约和充分利用；绿色经济突出以科技进步为手段实现绿色生产、绿色流通、绿色分配、兼顾物质需求和精神上的满足；低碳经济重点是建立低碳经济结构，减少碳排放。②实施控制的环节不同。生态经济和循环经济分别从资源的输入端和废弃物的输出端来研究经济活动与自然系统的相互作用。绿色经济更多地关注经济活动的输出端，即废弃物对环境的影响，重点在保护环境。低碳经济强调的是经济活动的能源输入端，通过减少碳排放量，保护人类生存的自然生态系统和气候条件。③核心内容不同。生态经济的核心是实现经济和自然的可持续发展。循环经济的核心是物质的循环利用，以提高资源效率和环境效率。绿色经济强调保障人与自然、人与环境的和谐共存，促使社会系统公平运行。低碳经济其核心是能源技术创新、制度创新和人类消费发展观念的根本性转变。①

伍国勇、段豫川②也分析了这四种经济的异同和不足之处。①解决的主要问题焦点不同；②价值取向不同；③理论基础的侧重点不同；④本质内涵表述相同；⑤最终的发展目标相同。而这四种经济的局限性在于，①研究视角的狭隘性；②内涵与目标的重复性；③实践发展的模糊性。

总结一下，绿色发展相关理论还是比较众多的，主要是不同学科背景广泛参与的结果。这本是一件好事情，然而却给人带来这些相关概念和理论比较混乱的印象。其实，仔细梳理我们会发现，所谓生态经济、循环经济或低碳经济其实都是从不同的层面和角度为实现可持续发展提供的路径和方式。我们只要站在可持续发展的视角来认识和梳理相关理论和概念，就能比较清晰地把握内在关系。

## 第二节　绿色发展的实证研究评述

### 一　国外可持续发展评价指标体系研究

从1992年联合国召开环境与发展大会以来，可持续发展战略在世

---

① 苏振锋：《低碳经济　生态经济　循环经济和绿色经济的关系探析》，《科技创新与生产力》2010年第6期。

② 伍国勇、段豫川：《论超循环经济——简论生态经济、循环经济、低碳经济、绿色经济的异同》，《农业现代化研究》2014年第1期。

界各国得到确立。各个国家、国际组织以及学者从不同角度、不同尺度和不同国情出发相继开展了可持续发展评价指标体系的研究，提出了各种类型的指数。

（一）地域法分类角度

大体上分为国际级的指标体系和国家或区级指标体系两大类。其中国际级的指标体系有联合国可持续发展指标系统（从 PSR 修改为 DSR）、环境可持续指数（ESI）、水贫乏指数（WPI）和环境绩效指数（EPI）。而国家或地区级指标体系有美国可持续发展指标体系、英国可持续发展指标体系[1]。

（二）可持续发展评价指数的发展历程

从可持续发展评价指数的发展历程来看，大体可以分为三个阶段。[2]第一阶段是萌芽期（20 世纪 70—80 年代），如经济福利测度指数、社会进步指数、物质生活质量指数、可持续经济福利指数等。

第二阶段是发展期（20 世纪 90 年代），如联合国开发计划署的人类发展指数、世界银行的新国家财富指标、真实发展指数、可持续性晴雨表、生态足迹、环境压力指数和生态效率指数等。

第三阶段是成熟期（21 世纪初期），这一时期建立的指数更多的是注重环境、发展、经济和社会的某一个领域，研究的对象也更为具体，如，联合国的千年发展目标、国际可持续发展研究院的可持续评价仪表板、世界经济论坛的环境可持续发展指数和环境表现指数、南太平洋地球科学委员会的环境脆弱性指数等。这其中的一些指数已经在一些国家和地区得到了广泛应用。

（三）联合国可持续发展指标体系述评

1996 年由联合国可持续发展委员会与联合国政策协调和可持续发展部牵头，联合国统计局、联合国开发计划署、联合国环境规划署和亚太经社理事会参加，在"经济、社会、环境和机构四大系统"的概念模型和驱动力—状态—响应概念模型（DSR 模型）的基础上，结合《21 世纪议程》中各章节内容提出了一个初步的可持续发展核心指标框

---

[1] 李健斌、陈鑫：《世界可持续发展指标体系探究与借鉴》，《理论界》2010 年第 1 期。
[2] 曹斌等：《可持续发展评价指标体系研究综述》，《环境科学与技术》2010 年第 3 期。

架。DSR 模型的框架基础最初是由加拿大政府提出的，后由经合组织和联合国环境规划署发展起来的压力—状态—响应概念模型（PSR 模型）。压力—状态—响应概念模型中使用了原因—效应—响应这一思维逻辑来构造指标，主要目的是回答发生了什么、为什么发生、我们将如何做这三个问题。[1]

1994 年联合国统计局的彼得·巴特尔穆茨对联合国的"建立环境统计的框架"（FDES）加以修改，不用环境因素或环境成分作为划分指数依据，而是以《21 世纪议程》中的主题章节作为可持续发展进程中应考虑的主要问题对指标进行分类，形成了一个可持续发展指标体系的框架。

世界银行 1995 年提出了以"国家财富"或"国家人均资本"为依据度量各国发展的可持续性的方法。他们认为："可持续性就是给予子孙后代和我们一样多的甚至更多的人均财富"。[2]

**二　国内可持续发展指标体系研究**

我国的研究主要集中在国家、区域、部门和城市层面，对企业和产品层面的研究较少。我国对城市可持续发展评价指标体系的研究，在全世界还是比较早的，尤其是针对资源型城市可持续发展方面的研究。

（一）城市可持续发展指标体系

刘国、许模使用水平指数、持续指数、协调指数这三个指数，构建出了我国的城市可持续发展综合评价模型，并用这个评价模型对成都 1995—2003 年的可持续发展状况进行了评估。[3] 赵旭等将城镇化可持续发展评价指标体系分解为经济发展、人口发展、生活质量、设施环境 4 个子系统。[4] 刘海清建立的海南省可持续发展指标体系，是根据海南的实际情况，把海南区分为经济、社会和资源环境系统 3 个层次。[5] 黄一绥采用压力—状态—响应模型，对福州市 2000—2007 年近 8 年的城区

---

[1] 叶文虎、仝川：《联合国可持续发展指标体系述评》，《中国人口·资源与环境》1997 年第 3 期。

[2] 叶文虎、仝川：《联合国可持续发展指标体系述评》，《中国人口·资源与环境》1997 年第 3 期。

[3] 刘国、许模：《成都市可持续发展综合评估研究》，《国土资源科技管理》2008 年第 2 期。

[4] 赵旭等：《城镇化可持续发展评价指标体系初步探讨》，《资源开发与市场》2009 年第 10 期。

[5] 刘海清：《海南省可持续发展能力综合评价》，《广东农业科学》2009 年第 3 期。

环境动态进行可持续性评价。其中的压力因子是人口、经济和能耗；状态因子有大气环境、声环境和水环境；响应因子是污染控制、环境建设和环境管理。①

（二）资源型城市可持续发展指标研究评述

宋戈等②选取了 37 个指标，构建了黑龙江省伊春市转型土地集约利用评价指标体系。雷敏等③提出了陕西省榆林市绿色 GDP 的核算模式。刘剑平等④则根据不同资源型城市在不同发展阶段、资源禀赋特征的差异、结合现存的资源型城市可持续发展指标体系，重塑了动态的、个性与共性相统一的资源型城市可持续发展指标体系。赵海云等⑤构建了适用于矿业城市可持续发展评价的指标体系，李晶⑥给出了我国资源枯竭型城市可持续发展指标体系模型。

（三）黑龙江省资源型城市可持续发展指标体系研究评述

李征等基于"压力—状态—响应"框架模型，以土地生态压力、生态状态和生态响应为子系统，共选取 23 项指标，构建土地生态安全评价指标体系。陈旭升等建立了反映资源型城市压力、状态、发展及相应对策的可持续发展指标体系。徐建中等建立了针对黑龙江省资源型城市全面建立小康社会的评价指标体系。张伟等在 DEA 模型的基础上，将资源综合利用和废弃物循环利用等指标纳入评价系统中，构建了循环经济 DEA 模型。

马阿滨等提出了黑龙江省森工林区可持续发展的指标体系及其评价方法。郝传波、代少军⑦利用熵理论综合评价了鸡西市 1995—2000 年城市综合可持续发展情况。董锋等对绿色 GDP 和真实储蓄率评价方法

---

① 黄一绶：《福州市环境可持续性评价》，《中国环境管理干部学院学报》2009 年第 1 期。
② 宋戈等：《森工城市转型期土地集约利用指标体系的构建与评价——以黑龙江省伊春市为例》，《中国土地科学》2008 年第 10 期。
③ 雷敏等：《资源型城市绿色 GDP 核算研究——以陕西省榆林市为例》，《自然资源学报》2009 年第 12 期。
④ 刘剑平等：《资源型城市可持续发展指标体系的重塑》，《水土保持通讯》2007 年第 5 期。
⑤ 赵海云等：《矿业城市的可持续发展指标体系研究和可持续发展水平评价》，《中国矿业》2001 年第 12 期。
⑥ 李晶：《城市可持续发展指标体系及评价方法研究》，《财经问题研究》2005 年第 4 期。
⑦ 郝传波、代少军：《基于熵的煤炭资源型城市可持续发展评价》，《资源与产业》2008 年第 3 期。

进行了改进,重点探讨固定资产折旧、资源变化和污染损失的计算,并引入灰色关联分析方法,建立了系统分析与模糊分析相结合的资源型城市可持续发展评价体系,对大庆市2003—2007年城市可持续发展水平进行评价。

目前,总体而言,我国可持续发展指标体系存在三大问题:一是尚未形成全国统一的可持续发展指标体系;二是缺乏专门的组织机构统筹推进;三是对实践的指导性差。

### 三 绿色发展指标体系研究

绿色发展评价指标体系的研究,从国内外的成果看,近些年都是比较丰富的。这些成果基本上是通过三条路径展开的,即绿色国民经济核算、绿色发展多指标测度体系和绿色发展综合指数。[①]

**(一)绿色国民经济核算**

一般来说,过去采用的国民经济核算反映的是经济总量情况,不能反映人们的经济活动对资源环境的消耗成本和污染代价。这就迫使人们开始研究如何计算绿色国民经济核算,用来弥补传统国民经济核算对经济绩效衡量扭曲的缺陷。

对自然资源核算最早的国家是挪威。1981年,挪威公布了本国的"自然资源核算"情况。芬兰则在借鉴挪威经验的基础上,建立了涵盖森林资源、环境保护支出和大气污染排放在内的自然资源核算框架体系。1993年,联合国统计局正式把资源环境纳入国民核算体系,提出环境经济账户(SEEA),这就为各国建立绿色国民经济核算提供了理论框架。

2001年,中国国家统计局开展了自然资源核算工作,试编"全国自然资源实物表",包括土地、矿产、森林、水这4种自然资源[②]。1999年,北京大学"可持续发展下的绿色核算"课题组在宁夏进行试点核算。[③] 2004—2006年,国家环保总局和世界银行联合启动《建立中国绿色国民核算体系研究》项目,该项目组正式完成了《中国绿色国

---

[①] 郑红霞等:《绿色发展评价指标体系研究综述》,《工业技术经济》2013年第2期。
[②] 齐援军:《国内外绿色GDP研究的总体进展》,《经济研究参考》2004年第88期。
[③] 雷明、胡宜朝:《地区投入产出表编制——宁夏1997年绿色投入产出表编制与分析》,《统计研究》2004年第6期。

民经济核算研究报告（2004）》《中国绿色国民经济核算体系框架》等重要研究成果，标志着中国绿色国民经济核算取得了阶段性的成果。

（二）绿色发展多指标测度体系

所谓多指标测度体系是指通过一系列核心指标从各角度反映绿色发展进步情况，不需要进行指标加权。联合国环境规划署发布了绿色经济测度指标体系，它主要涵盖经济转型、资源效率、社会进步和人类福祉。经济合作与发展组织（OECD）构建的绿色增长指标体系，涵盖了经济、环境和人类福祉三个方面，四类相互关联的核心要素作为一级指标，即环境和资源生产率、自然资产基础、生活质量的环境因素、经济机遇和政策响应等。

（三）绿色发展综合指数

2006年，中国科学院可持续发展战略研究组提出了资源环境综合绩效指数（REPI），对国家和各个地区的资源消耗和污染排放绩效进行监测和综合评价，认为一个地区的资源环境绩效指数越低，则资源环境绩效水平越高或者节约程度越高；反之亦然。

北京师范大学的研究特别注重绿色与发展的结合，它们提出的中国绿色发展指数突出了政府绿色管理的引导作用，加强了绿色生产的重要性。这个中国绿色发展指数是一种广义的多指标绿色发展测度体系，它涵盖的范围非常广泛，基本上是从经济增长绿色度、资源环境承载潜力、政府政策支持度3个方向出发，一共遴选出了9个二级指标、55个基础指标。[1]

由于各国以及不同地区发展进程的差异，国内外研究的重点存在明显差异，发达国家更多关注资源环境、社会包容和人类福祉，国内的研究更多关注经济发展，对于社会包容和人类福祉关注较少。再有一点就是，国内的研究主要集中于国家、区域和城市层面，针对某一行业领域的研究相对较少。

---

[1] 郑红霞等：《绿色发展评价指标体系研究综述》，《工业技术经济》2013年第2期。

# 第六章

# 我国资源型城市绿色发展的理论透视

## 第一节 绿色发展的理论研究范式

按照科学哲学的代表人物库恩（Thomas Kuhn）的"范式"（paradigm）标准，任何学说或理论都是建立在某种范式基础上的，可以根据范式把不同的学说区分开来。库恩在他的《科学革命的结构》一书的第二版中把范式界定为"观察世界和实践科学的方法"。理论研究的"范式"，"即由科学共同体成员分享的一套毫不怀疑的规则和假定"，是理论构架的基础和核心。库恩认为，范式与一系列假设密切相关，尤其是与关于世界根本属性的假设相关。除此之外，范式还包括研究的准则。库恩所说的范式，是指一套概念体系和一组假设前提。任何理论或学说都是建立在一套相应的概念体系和假设前提基础上的，从而形成研究的独特视角和特征。

绿色发展理论不断演进并日益丰富发展，从概念到形成理论并走向实践，然后再回归概念和理论，我们也试图构建其相应的研究范式。对此有两点需要说明，一是绿色发展还远未完成一个概念—理论—实践—理论的过程，这个研究范式只是一家之言，因此也就更谈不上"由科学共同体成员分享的一套毫不怀疑的规则和假定"了；二是我们为何要急于确立这个研究范式呢？理由就是当前对绿色发展的研究尽管汗牛充栋，但相互矛盾的研究范式大量存在，这不仅极易导致人们在认识层面上的矛盾和混乱，更是在操作层面已经出现严重干扰和制约我国绿色发展的社会实践。这也是我们在能力有限的情况下，在第一章增加这部分内容的一个重要原因。

通过对绿色发展及其相关理论演进的大致梳理后，结合马克思主义制度经济学的以"生产力—生产关系—上层建筑"框架为基础的理论研究范式，我们似乎可以得出这样一些认识：当我们将绿色发展也作为某种形式的制度变迁的话，它也应该同样具有"绿色生产力—绿色生产关系—绿色上层建筑"这样的理论框架，并以此为基础完全可以构建出自己的研究范式。同时，我们的题目是资源型城市绿色发展，由于我国资源型城市的独特性，在这个研究范式中就必然增加一项内容，即转型问题。刚好也属于制度变迁问题，为此，我们把资源型城市绿色发展的研究，纳入绿色"生产力—生产关系—上层建筑"的分析框架下形成的研究范式中了。

## 第二节 绿色发展概念与内涵的界定

### 一 绿色发展相关概念辨析

生态经济、循环经济、低碳经济和绿色经济是在能源危机、环境危机、金融危机等交织融合的时代背景下，相继提出的几种经济形态，旨在解决人类可持续发展问题。它们有相同的理念，但内容上各有侧重又有交叉、机制上存在条件和支撑关系，极易产生混淆。需要我们从其产生背景、理论依据、研究核心、运行机制、利益诉求、政策影响等方面全面加以梳理和辨析，这也是我们研究这一问题的指导思想和价值基础。

循环经济是以资源的高效和循环利用为核心，低碳经济是针对能源结构和温室气体减排，生态经济是在生态系统承载能力范围内，实现自然生态与人类生态的高度统一。绿色经济则应当是以促进经济活动全面"绿色化"、生态化为重点、以绿色投资为核心、以绿色产业为新的增长点，充分考虑生态环境容量和自然资源的承载能力，是三者的协调统一。绿色增长是在防止代价昂贵的环境破坏、气候变化、生物多样化丧失和以不可持续的方式使用自然资源的同时，追求经济增长和发展。绿色发展是在发展绿色经济的基础上,将经济发展、资源环境及社会进步作为实现可持续发展的发展模式,实现三种生产(人的生产、物质生产、环境生产)的协调和正确联系,是可持续发展理念在当代的具体实践和集中体现。

**二 绿色发展的内涵与主要特征**

绿色发展的含义有狭义、广义和泛义之分。狭义,是指强调经济发展与保护环境的统一与协调,既要改善能源资源利用方式,还要保护和恢复自然生态系统的过程。广义,是指强调经济发展与社会进步及生态建设的统一与协调。既关注人类社会与自然界的协调,也注重人类社会的公平,涉及经济、资源、环境、人口、社会和科技等领域。泛义,是指涵盖社会组织结构和社会制度、思想道德、社会安全等各种社会问题。

绿色发展的实质及内涵,应该定义在"资源能源合理利用,经济社会适度发展,损害补偿互相平衡,人与自然和谐相处"理念的基础上。[①] 绿色发展的主要特征应当包括:①整体性,它不是某一部分人的而是全人类的共同发展;②综合性,它不只是经济的发展,而是经济、社会、资源、环境等因素的协调发展;③内生性,它是系统内部各种变量相互作用的结果;④延续性,它强调代际间的公平性,是人类社会近期发展与远期发展的有机统一。

不同国家在不同时期、不同阶段具有不同的绿色发展模式和运行机制,绿色发展应坚持两大主线:一是处理好人与自然之间关系的平衡;二是把握好人与人之间关系的和谐。绿色发展要实现的三大目标:一是业态构成的倒"U"形曲线;二是生态应力的倒"U"形曲线;三是贫富差异的倒"U"形曲线。

**三 资源型城市绿色发展的特殊性**

资源型城市发展的一般过程是:规划建设期→成长期→繁荣期→衰退期→调整转折期。以矿业城市为例(2005年数据):成长期城市指开发时期一般为20年以下,占全部矿业城市的19.2%;鼎盛期城市是指

---

① 蒋南平、向仁康:《中国经济绿色发展的若干问题》,《当代经济研究》2013年第2期。

开发已有20—50年的，占68.1%；衰竭型城市是指开发在50年和累计采储量占可采储量70%以上的，占12.7%。我国大部分资源型城市正面临着资源减少、生态恶化、社会矛盾日趋尖锐的局面，而黑龙江省资源型城市这些问题显得格外突出。同时，黑龙江省除大庆市外，其他资源型城市经济社会发展相对比较落后，因此，其绿色发展在发展动力、质量和公平三个方面提出的标准和要求不宜过高，以符合黑龙江省经济社会发展的实际水平。

## 第三节 资源型城市转型的理论依据

针对资源型城市转型问题的研究，国内从政府到学术界都对这一问题抱有极高的热情。2007年，徐旭就曾在《黑龙江日报》的一次访谈中指出，资源型城市转型研究中有两个问题一直被人们所忽视。一是大部分人在讨论资源型城市转型时都集中在经济结构的转型上，忽视了资源型城市自身的城市转型问题研究，而城市自身的转型恰恰是当前亟待在理论和实践上有所突破的重要内容；二是大部分人都在谈资源型城市的产业如何转型，或者直接讨论如何发展接续产业，忽视了产业和经济结构的提升必须由企业来完成，它是企业自生能力发展的结果，这是任何政府的政策和战略都无法替代的。[①] 因此，资源型城市转型应包括产业转型和城市转型理论。

### 一 资源型城市产业转型的理论分析

资源型城市的产业转型问题，大多是指城市区域经济结构的调整和提升，这主要是针对当前我国资源型城市普遍存在的产业结构单一畸形，经济效益较差的现实提出的。然而产业和经济结构的升级问题，实际上是一个如何实现工业化的问题。但是这个问题又绝不仅限于资源型城市，而是我国总体经济社会发展要解决的问题。因此，我们就不能把资源型城市产业转型问题，简单地理解为改变当前单一畸形的产业结构和使企业经济效益提高。因为这是实现产业转型的结果而不是途径。

---

① 徐旭：《推进资源型城市转型的战略思考》，《黑龙江日报》2007年6月17日第8版。

工业化的特点是分工演进、每个人的专业化水平增加、商业化程度和贸易依存度增加、新产品和相关技术从分工的演进中出现、经济结构的分散程度、市场一体化以及生产集中的程度同时上升、企业制度和劳动力市场在分工演进中出现并发展等现象同时出现。而这都取决于分工和专业化水平的高低，分工和专业化水平又取决于与交易条件有关的交易效率的改进，而交易效率的改进又与交易费用的高低密切相关。因此，交易费用对分工演进和经济发展有着决定性的影响。这其中内生交易费用的高低对分工水平的高低具有决定性作用。而内生交易费用产生的根源在于，不同的参与者争夺分工好处的份额时的机会主义行为。内生交易费用是由个体的决策，以及他们选择的制度和合约安排所决定的，市场化是降低内生交易费用的重要手段。

长期以来我们将现代化等同于工业化，特别是重工业化，并推动尽可能快地发展资本密集型的重工业。在改革开放前，我国选择了绕过发展劳动密集型或资源密集型产业阶段，抛开要素禀赋中资本相对稀缺的约束，直接建立与发达国家相似的资本密集型产业。黑龙江省大多数资源型城市的相关产业就是这样形成的。尽管产生短期令人瞩目的增长绩效，然而当模仿的潜力逐渐耗尽，劳动分工的网络变得日益复杂的今天，这种策略的长期代价就超过了它的短期效益，所表现出的就是东北老工业基地的整体困境。问题还远不止如此。我们试图从以下两个层面展开对这一工业化模式的讨论。

(一) 制度层面

中央集权化的经济制度难以建立能够实现自我创造经济发展和制度创新能力的制度基础设施，而具有自我创新能力的制度基础设施又是发现有效工业化模式的根本。

(1) 经济发展是一个从劳动分工的简单模式到日益复杂模式的逐步演进过程。重工业的高增长率是通过增加生产的迂回生产链条和生产资料行业的收入比重来实现的。而我国却是通过保持农产品对工业品的相对低价并控制所有企业的这样一种体制，利用全部企业的国家所有权和中央计划来获得国有工业部门的高利润。并将国有企业的高利润用来模仿高储蓄、高投资和重工行业比轻工行业更高的增长率。由此至少产生了企业缺乏自生能力问题。

(2) 国家通过组织综合性的工业投资规划,在多种工业品市场还不存在的同时,创立了许多非常专业化的工业企业,这种综合性的国家投资规划十分有效地利用了关于劳动分工的有效模式和劳动分工的产业网络化效果的免费组织信息,使其在很短的时间内,在许多高度专业化的企业间成功地创建了一个庞大的劳动分工网络。但是由于缺少相应的高度专业化的生产资料市场,使这一庞大的劳动分工网络无法维持长期的有效运行,最终面临巨大的市场风险。

(二) 企业层面

这种工业化模式使企业普遍缺乏自生能力。我国政府在改革前实行的是计划经济体制,在这种体制下,价格体系被人为地扭曲,建立起一种依靠行政手段配置资源的经济体制,同时企业的经营自主权被剥夺了。这些做法实质上是为了在资金极端稀缺的要素禀赋结构下,强力推行资金密集型的重工业优先发展,为了实现这个战略意图,建立起一套在市场竞争中不具自生能力的企业能够生存的必要制度安排。[①] 而一旦这种保护淡化甚至消失了,这些没有自生能力的企业就会面临生存困境。这一系列问题,都是由于国有企业缺乏自生能力所诱发出来的。更为重要的是,林毅夫还论证了自生能力和比较优势的概念高度相关,两者都决定于一个经济中的要素禀赋结构。他的推论是:一般而言,在一个完全自由、开放、竞争的市场经济中,只有提高了要素禀赋的结构水平,产业和技术结构的水平才可以提高。而且,企业的自生能力会随着要素禀赋结构的提高,以及资本与劳动的相对价格的变化而变化,并都源于自生能力企业依据要素禀赋结构水平的自主决策。[②]

黑龙江省资源型城市产业转型应该以促进要素禀赋的结构升级为目标,而不是以产业结构的升级为目标。因为企业关心的是产品的价格和生产的成本,只有产品的价格反映市场的价格,投入要素的价格反映要素禀赋结构中各种投入要素的相对稀缺性,企业才会自动地按比较优势来选择其产业、产品和技术。同时,当要素禀赋结构提升时,利润动机和竞争压力就会驱使有自生能力的企业自发地进行技术和产业结构升级

---

① 林毅夫、李培林:《自生能力和国企改革》,《经济研究》2001年第9期。
② 林毅夫、李培林:《自生能力和国企改革》,《经济研究》2001年第9期。

以维持其自生能力。这样就会有最大可能的经济剩余和最高的储蓄倾向,从而最大可能地进行要素禀赋结构升级,于是就形成了良性的自发演进结构。这就要求政府的基本经济职能必须是维持经济的开放和市场的充分竞争,进行市场导向型改革,以建立有效的制度安排,降低内生交易费用,充分发挥市场挑选有效产业结构及其演进模式的功能。因此,如何使企业真正具有自生能力,能够在市场竞争当中不断提升产业结构,并最终实现经济结构的调整升级,才是关键。

## 二 资源型城市转型的理论依据

城市的发展是有其自身规律的,城市的起源、城乡的分离都是分工演进的结果。当交易效率不断改进,全部均衡从自给自足向局部分工演进,直至发展到完全分工的过程中,在专业制造者和专业农民,以及不同制造业之间出现了高水平的分工,即只有当工业内部分工加深时,社区中才会出现城市,以及城乡的分离状况。由此可见,城市化与工业化之间的紧密联系。但绝不能简单地把城市化看作工业化的产物,尽管二者都是分工演进的结果。

随着分工在工业中的发展及互不往来社区数目的减少,每个城市的规模会增加。[①] 在这些结构中,由于工业品生产中的分工可以集中在城市以节省交易费用,所以城市工业品生产者的专业化水平、生产率以及来自市场交易的收入会高于农村居民。[②] 这就是所说的二元经济状况,它表现为城市与农村之间存在的生产力和商业化收入的差异,这其实是经济发展中必经的自然中间状态,并不会有资源分配的扭曲或内生交易费用。只要让城乡人口自由迁移,人们的真实收入在城乡之间就会实现均等化,而且人们得到的市场收入、商品化率和生产率也将会趋于均等化。也就是说,在分工和城市演进的过程中,自由迁居、自由择业、自由价格和私有财产制度都是加速经济发展、消除城乡二元经济状况的必要条件。当经济发展到完全分工的状态时,二元经济状态将消失,农村和城市之间的生产力水平、商业化程度以及收入将趋

---

[①] 杨小凯、张永生:《新兴古典经济学和超边际分析》,中国人民大学出版社2000年版,第123页。

[②] 杨小凯、张永生:《新兴古典经济学和超边际分析》,中国人民大学出版社2000年版,第123页。

于一致。① 我们不难发现，城市化与分工之间的内在关系是产生城市和城市化发展的关键所在。而从黑龙江省资源型城市的建设发展来看，远非完全如此。

依据新兴古典组织理论，以及后进国家可以无偿得到发达国家关于工业组织结构试验的信息，不需费时费钱地进行组织试验。也就是说，后进国家可以通过模仿发达国家工业组织结构的方法，跳过一些分工的中间水平，推进所谓大推进工业化。大推进工业化意味着组织综合性投资规划，齐头并进地创造很多专业化水平很高的工厂，使全社会分工水平迅速提高，因而在各门类专业部门之间产生一个大规模的投入产出网。这种大推进工业化可以由一个很有权威的政府计划机关用国有企业制度来实现。例如，中国第一个五年计划中的156项工程综合投资计划，在极短时间内就在多个工业部门建立起一批专业化水平很高的工业企业，使社会分工水平跳跃性提高。结合新兴古典城市化理论就可以解释，黑龙江省为什么在20世纪90年代之前的城市化水平就高达47.96%，而与同期的全国城市化水平仅为26.23%相比较存在巨大差距的原因了。同时，由于这种方式存在致命的缺陷，它只能靠模仿为生，而不能创造出口导向型之类的新工业化模式。因此，一旦模仿潜力耗尽，它的根本弊病就会暴露，由此导致社会分工水平的停滞不前，甚至倒退。最终表现为黑龙江省的城市化水平极为缓慢地增长。正如我们所看到的那样，1990—2000年我国城市化率由26.23%上升为36.09%，每年上升接近1个百分点。而黑龙江省的城市化率从1990—2003年，由47.96%上升为52.6%，14年仅上升了4.64个百分点。

同时，从黑龙江省农村人口比重的变化来看，1990—2000年黑龙江省农村人口由1833万人下降到1788万人，10年农村人口减少45万人。这也就说明黑龙江省在这10年中的3.58%的城市化率增长，并不是主要由农村人口的转移带来的。也就是说在这10年中，黑龙江省的城乡人口结构没有什么改变。更重要的是，这10年黑龙江省的城市化

---

① 杨小凯、张永生：《新兴古典经济学和超边际分析》，中国人民大学出版社2000年版，第124页。

发展根本没有出现产业结构及其空间分布结构的转变（让人难以理解的是，2003年黑龙江省农村人口反而增加到1808.7万人）。若以人均可支配收入来看差距就更大。

当然城市的规模并不是越大越好。随着分工的发展会使城市的个数减少，每个城市的规模扩大，而多个城市会形成分层结构，少数大城市在上层，众多中城市在中层，更多的小城镇在下层。也就是说，大、中、小城市（镇）的分层结构是市场选择的结果，而不是依赖中央计划布局而形成的。这种市场上自发出现的分层金字塔结构之所以对全社会而言是最优的，是因为择业自由保证了人们在各个层次之间以及各行业之间的自由进出，从而没有任何人可以操纵交易的层次数和每层的人数。但是，在当前黑龙江省这个条件并不存在，不仅城市化水平相对较低，而且城市结构很不合理，政府主导下形成的城市分层结构总是畸大畸小。

因此，黑龙江省城市化发展的基本原则应当是：坚持走以市场为导向的内生型城市化道路，通过市场自身达到均衡的、最优的城市规模。这也应当是解决黑龙江省资源型城市转型的依据和方向。

### 三 正确处理好城市转型与产业转型的关系

城市化和工业化都是分工演进的结果，并且只有当工业内部分工加深时，社区中才会出现城市。而我国城市相当高的劳工分工水平和相应的工业化水平却是通过中央计划建立的。这种通过中央计划经济发展出私人产权和相关市场是极其困难的，这在黑龙江省资源型城市中表现得尤为突出。这就导致黑龙江省资源型城市在试图实现产业转型的过程中，面临很多体制机制的束缚和桎梏。城市转型在黑龙江省的资源型城市中就显得较产业转型更为重要。因为，城市转型为产业转型提供有效的制度安排，而有效的制度安排是降低内生交易费用的关键。[①]

在分析了我国走绿色发展之路，完成经济社会的第二次转型，实现中国经济社会的可持续发展的时代背景、客观要求和现实矛盾的基础上，我们比较全面系统地梳理了国内外有关绿色发展相关的理论与实

---

① 徐旭：《推进资源型城市转型的战略思考》，《黑龙江日报》2007年6月17日第8版。

践。不难发现，基本上都是围绕可持续发展这样一个主题，在不同阶段、从不同角度提出了循环经济、低碳经济、绿色经济等相关概念和实践操作，对我们具有很强的借鉴意义。同时，针对黑龙江省资源型城市的特殊情况，我们构建了分析框架，即从绿色生产力、绿色生产关系和上层建筑的角度，再吸收城市转型的相关理论，实现绿色增长与发展。

# 第七章

# 资源型城市绿色发展指标体系及其评价

## 第一节 黑龙江省资源型城市绿色发展指标体系的构建

通过研究我们发现,当前建立的大多数可持续发展指标体系,从目标和结构上看,一般由两部分组成。一是描述性的菜单式的指标体系,大多选取基础指标;二是评价性的指标体系,大多采用相对指标。描述性的指标体系实现的是一种描述性、解释性的功能作用,而评价指标体系更强调一种评价、监测和预警的功能作用。这两部分指标体系相互依存但又相对独立;既有联系又有区别,是一个不可分割的统一体。[①]

### 一 单项强制性指标

(一) 可持续为基础的绿色发展是一个理想状态

我们都知道,其实可持续发展实际上是一种人们构建出来的理想状态,这种理想状态是无法确定其各类指标的标准值的。同时,可持续发展的概念是人们对过去发展模式造成的一系列不可持续性现象的一种综合性描述。作为人类社会只能无限地接近,而不可能真正达到这种理想

---

[①] 赵玉川、胡富梅:《中国可持续发展指标体系建立的原则及结构》,《中国人口·资源与环境》1997年第4期。

状态。因此，事实上也就不存在可持续发展指标的标准值。然而理论上讲，确实存在一种反映经济和社会系统不可持续性发展的指标的标准值。我们可以通过拿这些不可持续性发展的指标标准值（或参考值）与实际的测量值进行比较，从而能够判断出，经济社会系统处于是否不可持续、远离不可持续的趋势、已经迈进可持续发展过程的倾向等状态。①

（二）要强调单项指标的指示作用

前面已经分析过，尽管这种理想状态无法也不存在标准值，但有一些单项指标能够发挥类似于生态系统或生物群落中，那些指示植物的功能作用，能够反映出经济社会系统中的某些实质性变化和潜在的发展趋势。因而，我们首先要确定出一些具有长期性或阶段性指示作用的单项指标。这类单项指标能够对系统是否可持续首先做出判断。即按最坏的结果确定发展的底线。单项指标就具备这样的指示作用。对资源型城市首先通过标准值与实际测量值的比较，判断系统是否处在"黑色"发展状态、远离绿色趋势、已经迈进绿色发展倾向等。

（三）不可持续性指标的确定

我们认为，资源型城市绿色发展的限制性指标，即"黑色发展指标"，应当包括四大类指标：①限制性指标。环境最大承受力。如城市的空气、水、土地等污染最大承受力，或者节能减排约束指标。②生活质量指标。最低基本生活、生理需要的物质标准。③经济发展进程指标。如 GDP 等。④社会安全与公平指标。指社会安全稳定、教育水平等。采用离差法计算这些单项指标的离差值。

（四）单项指标差异度值确定的一般方法

一般方法如下：

设某一单项评价指标（如污染物排放量）为 $T_n^{'}$。

其中，$T_n^{'}=[(T_n-T_0)/T_0]\times100\%$ （7-1）

式中，$T_n^{'}$ 为第 $n$ 年份（或时间段）的指标值；$T_n$ 为第 $n$ 年份的实际测量或统计数值；$T_0$ 为"黑色"指标的标准值（或参考值）。

---

① 周海林：《可持续发展评价指标体系及其确定方法的探讨》，《中国环境科学》1999年第4期。

若与第 $n-1$ 年度（上一年度或参考年份）比较，用 $T_{nb}$ 表示：

$$T_{nb}=(T'_n/T'_{n-1})\times 100\%=[(T_n-T_0)/(T_{n-1}-T_0)]\times 100\% \qquad (7-2)$$

式中 $T'_{n-1}$ 可以由式(7-1)得出，即：$T'_{n-1}=[(T_{n-1}-T_0)/T_0]\times 100\%$

$T'_n$ 和 $T_{nb}$ 均可表示反映绿色发展内涵的单项评价指标值，即离差度。其计算方法可用式（7-1）、式（7-2），式中的 $T_0$ 为环境极限值或人的基本生活需要值。

通常情况下，如果 $T_{nb}\leq 0$，表示处在绝对不可持续状态中；$0\leq T_{nb}\leq 1$，表示远离不可持续状态，但还没有迈进可持续发展过程；$T_{nb}\geq 1$，表示迈进可持续发展过程。[1]

离差法确定综合评价指标的步骤：

通过这些指标离差度，可以判断系统是否处在绿色发展或"黑色发展"状态中，存在一个绝对的排除标准：①$T_{nb}\leq 0$（或-$T_{nb}\leq 0$），则可判断该系统（城市）处在"黑色"发展状态中。[2] 该系统（区域、城市、国家等）处在不可持续发展状态中；②如果 $0\leq T_{nb}\leq 1$（或 $0\leq -T_{nb}\leq 1$），表明系统处在远离黑色发展状态，但还没有迈进绿色发展过程中；③如果所有指标的离差度 $T_{nb}\geq 1$（或-$T_{nb}\geq 1$），表明系统迈进了绿色发展的过程中。[3]

通过绿色发展的现实要求，并结合上述的分析和数据获得的情况，我们选取了四类强制性指标：资源承载力（人均水资源量）、节能减排（单位地区生产总值能耗下降率）、污染物排放程度（四种污染物排放总量减少）、教育水平（教育经费支出）。这些指标是强制指标，即只要违背一项指标，就被列入"黑色发展"状态。

---

[1] 周海林：《可持续发展评价指标体系及其确定方法的探讨》，《中国环境科学》1999年第4期。

[2] 周海林：《可持续发展评价指标体系及其确定方法的探讨》，《中国环境科学》1999年第4期。

[3] 周海林：《可持续发展评价指标体系及其确定方法的探讨》，《中国环境科学》1999年第4期。

表 7-1　　　　　　　　　　　黑色发展单项指标

| 指标 | 2005 年 | 2010 年实现情况 | 年均增长 | 到 2015 年均增长 | 目标值 |
|---|---|---|---|---|---|
| 人均水资源量 | | | 世界平均水平 28% | | 2100 立方米 |
| 单位国内生产总值能源消耗下降率 | | 19.1% | 4% | 16% | |
| 主要污染物排放总量减少 | | | | | |
| 化学需氧量 | | 12.45% | | 8% | |
| 二氧化硫 | | 14.29% | | 8% | |
| 氨氮 | | | | 10% | |
| 氮氧化物 | | | | 10% | |
| 教育投入水平 | | 财政性教育经费占国内生产总值的 4% | | | |

## 二　综合性评价指标

所谓综合评价类指标，目的在于评价资源型城市的绿色发展水平和潜在发展能力。我们也可以称其为绿色发展指数。这个绿色发展指数应当包括两类指标，即产业发展绿化度和政府政策的支持度。二级指标和三级指标确定的步骤和方法：首先在相关文件汇编和专家商量筛选的基础上得到三级指标。依据为：①所选指标与一级指标有重要的联系，能对二级指标的形成有实质性的贡献；②数据的可得性；③正指标和负指标要明确；④强调水平指标；⑤典型性或代表性指标；⑥重视指标的相互制约关系。

基于这样的思路，我们得出黑龙江省资源型城市绿色发展指数指标体系，共有 2 个一级指标，7 个二级指标，22 个三级指标。

对评价指标进行一致性处理是本项研究工作的重要环节。为了保证不同量纲指标之间能够进行有效合成，在完成数据收集和净化处理后，先对原始数据进行同向化处理和同质量处理（或称标准化处理），主要采用倒数法和求补法。这里的评价指标计量单位多不相同，不能直接进行合成，需要消除指标量纲影响。这里我们采用标准差标准化法。标准差标准化是把所有地区评价指标的平均值作为参照系，用来考察一个地区与相对平均水平的偏离程度，高于平均水平可以记为正数，低于平均水平可以记为负数,偏离越远,其数值的绝对值就越大。[①]

表 7-2　　　　　　　绿色发展指数指标体系(权重)

| 一级指标 | 二级指标 | 三级指标 |
| --- | --- | --- |
| 经济增长绿化度 60% | 绿色增长效率指标 40% | 1. 人均地区生产总值<br>2. 单位地区生产总值能耗<br>3. 单位地区生产总值二氧化硫排放量<br>4. 单位地区生产总值化学需氧量排放量<br>5. 单位地区生产总值氮氧化物排放量<br>6. 单位地区生产总值氨氮排放量 |
| | 第一产业指标 10% | 7. 第一产业劳动生产率<br>8. 土地产出率 |
| | 第二产业指标 35% | 9. 第二产业劳动生产率<br>10. 单位工业增加值能耗<br>11. 工业固体废弃物综合利用率<br>12. 战略性新兴产业增加值 |
| | 第三产业指标 15% | 13. 第三产业劳动生产率<br>14. 第三产业增加值比重 |
| 政府和创新支持度 40% | 绿色投资指标 40% | 15. 环境保护支出占财政支出比重<br>16. 科教文卫支出占财政支出比重 |
| | 基础设施指标 30% | 17. 城市人均绿地面积<br>18. 建成区绿化覆盖率<br>19. 城市污水处理厂集中处理率<br>20. 城市生活垃圾无害化处理率 |
| | 科技创新指标 30% | 21. 有效发明数量<br>22. 每万人口专利拥有量 |

## 第二节　黑龙江省资源型城市绿色发展的实证分析

### 一　绿色发展的单项指标评价分析

根据我们前面设定的单项指标,如表 7-3 所示。需要明确的是,

---

[①] 郑立新:《中国经济分析与展望(2010—2011)》,社会科学文献出版社 2011 年版,第 188 页。

我们这里的单性指标指向九个资源型城市是否符合绿色发展的情况，或者说表现出黑色发展的状态程度和情况。这里我们选取了"十一五"规划实际的完成情况，并以"十二五"规划提出的约束性指标为标准值，通过计算离差率得出黑龙江省资源型城市的单项指标情况。

表 7-3　　　　　　　　达标组单项得分情况表

| 指标 | 伊春市 | 大兴安岭地区 | 鹤岗市 |
| --- | --- | --- | --- |
| 人均水资源 | 76.21525442 | 245.3174597 | 36.95051717 |
| 教育财政占比 | 0.044880894 | 0.045834947 | 0.04081322 |
| "十一五"能耗下降 | 0.196185286 | 0.18767507 | 0.243633599 |
| "十二五"能耗 | 0.144576271 | 0.239310345 | 0.255829146 |
| 化学需氧量减排 | 0.032472814 | 0.011292248 | 0.079560553 |
| 氨氮减排 | 0.082553347 | 0.056356684 | 0.075213381 |
| 二氧化硫减排 | 0.185730659 | 0.149877265 | 0.13022969 |
| 氮氧化物减排 | 0.129141983 | 0.129191682 | 0.128893797 |

资料来源：《黑龙江统计年鉴（2013）》。

第一组情况是四个单项指标均符合，可以认为处于绿色发展状态下。有三个符合单项指标要求的城市，分别是伊春市、大兴安岭地区和鹤岗市。其中两个林城由于产业长期依赖林业经济，第二产业远低于第一产业甚至第三产业。比如伊春市 2013 年三次产业产值分别为 99.79 亿元、92.66 亿元和 92.03 亿元，三次产业比例为 35∶35.6∶62.4。因此，它们的能耗和污染物的排放本来就不高，同时，这些年来这两个地区的经济发展持续落后，结果就导致能耗和污染物排放指标下降的幅度很大。值得欣慰的是教育投入这一项比重相对较高。但深究其原因，似乎与当地生产总值较低有很大的关系，同时也与这三个地区人口的净流出有一定的关系。要知道 2012 年伊春市（260.0 亿元）和大兴安岭地区（147.7 亿元）全省排位最后两名。同样，鹤岗市地区生产总值 2012 年全省排名倒数第四位为 358.2 亿元。全省 2002—2012 年，人口出现负增长的城市有大兴安岭地区（减少 1.94 万人）、伊春市（减少 7.78 万人）、鹤岗市（减少 2.39 万人）、齐齐哈尔市（减少 1.96 万人）、鸡西市（减少 10.13 万人）、佳木斯市（减少

4.22万人)和黑河市(减少0.99万人)。尽管如此,其教育投入也是值得肯定的。同时,我们也应当认可这三个城市在绿色发展过程中的一些成果,尽管不一定是自愿进行的。从某种意义上说,这三个城市具备了绿色发展的基本态势。

表7-4　　　　　　　　　未达标组单项得分情况

| 指标 | 鸡西市 | 牡丹江市 | 黑河市 |
| --- | --- | --- | --- |
| 人均水资源 | 19.4824729 | 37.1905573 | 59.67796298 |
| 教育财政占比 | 0.040667784 | 0.035573657 | 0.063526425 |
| "十一五"能耗下降 | 0.227864037 | 0.202702703 | 0.166666667 |
| "十二五"能耗 | 0.205923913 | 0.175677966 | 0.208039216 |
| 化学需氧量减排 | 0.010684412 | 0.037690908 | 0.017387548 |
| 氨氮减排 | 0.030311362 | 0.01055986 | 0.06702304 |
| 二氧化硫减排 | 0.106215435 | 0.004840357 | -0.0305304 |
| 氮氧化物减排 | 0.083021423 | 0.059883862 | 0.114785355 |

资料来源:《黑龙江统计年鉴(2013)》。

第二组情况是,单项不达标城市有:鸡西市的人均水资源不达标、牡丹江市的教育财政支出占比不达标、黑河市的二氧化硫排放不达标。教育的投入可以增加,但是鸡西市水资源的匮乏确实是令人担忧的。黑河市本来是一个环境优美的边疆小城,二氧化硫指标不达标,确实令人遗憾。但结合这些年在黑河市沿岸大力发展所谓的多晶硅和单晶硅产业,也着实令人担忧。从这个意义上,一票否决是必需的。希望黑河市能不顾眼前利益着眼于长远,放弃高污染高能耗的相关产业,作为中俄经贸合作中心城市和重要口岸,重点发展绿色食品加工、边境旅游、能源、原材料、物流等产业。

表7-5　　　　　　　两项以上未达标组得分情况

| 指标 | 大庆市 | 七台河市 | 双鸭山市 |
| --- | --- | --- | --- |
| 人均水资源 | 5.473255893 | 8.446508128 | 21.34665634 |
| 教育财政占比 | 0.010331913 | 0.037074271 | 0.03288039 |
| "十一五"能耗下降 | 0.169960474 | 0.241748439 | 0.204602301 |

续表

| 指标 | 大庆市 | 七台河市 | 双鸭山市 |
|---|---|---|---|
| "十二五"能耗 | 0.081111111 | 0.326 | 0.272327044 |
| 化学需氧量减排 | 0.032218877 | -0.01035296 | -0.01360604 |
| 氨氮减排 | 0.057877784 | 0.032279487 | 0.025096528 |
| 二氧化硫减排 | 0.047185852 | 0.082745906 | -0.01076597 |
| 氮氧化物减排 | 0.101880788 | 0.084508797 | 0.067521227 |

资料来源：《黑龙江统计年鉴（2013）》。

第三组情况是两项以上不达标的。大庆市的人均水资源不达标、教育财政占比不达标、"十二五"初期能耗减排不达标；七台河市的人均水资源不达标、教育财政占比不达标、化学需氧量减排不达标；双鸭山市的教育财政占比不达标、化学需氧量排放不达标和二氧化硫排放不达标。这三个城市明显属于典型的黑色发展。尽管大庆市的接续产业十几年来得到了长足的发展，并取得了较好的成绩。但是，由于大庆市的接续产业更多的是集中于工业领域，因此，不仅是水资源、教育不达标，竟连能耗也未达标。这样的增长确实难以为继，应当主动放弃。

但是，我们还要看到，由于我们选取的指标存在较大的数据来源和标准值上的不足，因此，得出的结论与一般的印象之间有的确实存在较大的差异。不过，除了大庆市，七台河市和双鸭山市这两个煤炭城市陷入黑色发展是不出意料的。从这个意义上说，我们选取的指标虽然有一定的问题，但终归还是可以衡量出相对比较严重的黑色发展城市的。

另外，从三类资源型城市的角度看，黑龙江省这三类资源城市，林业城市相比较进入绿色发展的基础较好，无论是出于发展基础差等原因还是别的。煤炭城市黑色发展的情况比较严重，绿色发展的基础非常薄弱，亟待加快改善。不过这四个煤城也存在较大的差异，鸡西市比其他三个煤炭城市要好。

**二 绿色发展潜力和能力指标评价分析**

根据前面的说明，我们确立了黑龙江省资源型城市绿色发展潜力和能力的综合评价指标。这个指标尽管也是排序，但是重在说明这九个资源型城市绿色发展的潜力和能力方面，并非绿色发展的考核指标，这一点要明确。具体指标设计如下。我们使用的数据来自《黑龙江统计年鉴（2013）》和《中国城市统计年鉴（2013）》。

通过计算我们得出九个城市绿色发展指数、一级指标（经济增长绿化度、政府和创新支持度）、二级指标（绿色增长效率、三次产业绿化度、绿色投资、基础设施和科技创新）的排名情况。从中我们可以得出以下几点结论。

（一）大兴安岭地区绿色发展指数的处理

由于大兴安岭在第二产业和基础设施这两类指标中缺少相应的数据，导致最后在绿色发展指数上无法计算被视为无。综合其他五类指标，我们发现大兴安岭的数据并不好，但排名绝非最后，甚至有的指标还能为正数，排在前面。比如，第一产业和政府绿色投资指标。但是，其他指标均为负值，可见，尽管大兴安岭的数据并不全面，但是多少可以反映出该林城绿色发展的潜力和能力上存在较大程度的不足和欠缺。

表7-6　黑龙江省资源型城市绿色发展指数及其一级指标指数

| 市区 | 绿色发展指数 | 城市 | 经济绿化度 | 城市 | 政府和创新支持 |
| --- | --- | --- | --- | --- | --- |
| 大庆市 | 1.15558 | 大庆市 | 1.8267 | 伊春市 | 0.1661 |
| 牡丹江市 | 0.195 | 牡丹江市 | 0.4974 | 黑河市 | 0.1597 |
| 黑河市 | -0.10652 | 鸡西市 | -0.0261 | 大庆市 | 0.1489 |
| 鸡西市 | -0.16914 | 鹤岗市 | -0.281 | 七台河市 | -0.1527 |
| 双鸭山市 | -0.24992 | 双鸭山市 | -0.2834 | 双鸭山市 | -0.1997 |
| 七台河市 | -0.30738 | 黑河市 | -0.284 | 牡丹江市 | -0.2586 |
| 鹤岗市 | -0.37412 | 七台河市 | -0.4105 | 鸡西市 | -0.3837 |
| 伊春市 | -0.40588 | 伊春市 | -0.7872 | 鹤岗市 | -0.5138 |
| 大兴安岭地区 | — | 大兴安岭地区 | — | 大兴安岭地区 | — |

表7-7　黑龙江省资源型城市绿色发展指数二级指标指数

| 市区 | 绿色增长率 | 城市 | 第一产业 | 城市 | 第二产业 | 城市 | 第三产业 |
| --- | --- | --- | --- | --- | --- | --- | --- |
| 大庆市 | 1.8587 | 伊春市 | 0.8812 | 大庆市 | 3.3313 | 牡丹江市 | 0.0784 |
| 牡丹江市 | 0.3254 | 牡丹江市 | 0.7915 | 牡丹江市 | 0.7895 | 鸡西市 | -0.0302 |

续表

| 市区 | 绿色增长率 | 城市 | 第一产业 | 城市 | 第二产业 | 城市 | 第三产业 |
|---|---|---|---|---|---|---|---|
| 黑河市 | 0.265 | 鹤岗市 | 0.7458 | 鸡西市 | 0.2169 | 黑河市 | -0.1351 |
| 大兴安岭地区 | -0.1011 | 双鸭山市 | 0.6603 | 七台河市 | -0.0518 | 七台河市 | -0.1651 |
| 鸡西市 | -0.3104 | 鸡西市 | 0.2669 | 鹤岗市 | -0.105 | 大庆市 | -0.2364 |
| 双鸭山市 | -0.3112 | 大兴安岭地区 | 0.1928 | 双鸭山市 | -0.3446 | 伊春市 | -0.4564 |
| 鹤岗市 | -0.5509 | 黑河市 | -0.3427 | 黑河市 | -0.9585 | 大兴安岭地区 | -0.6113 |
| 七台河市 | -0.6673 | 大庆市 | -0.473 | 伊春市 | -1.4041 | 鹤岗市 | -0.6566 |
| 伊春市 | -0.7884 | 七台河市 | -1.0072 | 大兴安岭地区 | — | 双鸭山市 | -0.6957 |

| 市区 | 基础设施 | 城市 | 绿色投资 | 城市 | 科技创新 |
|---|---|---|---|---|---|
| 大庆市 | 2.6238 | 黑河市 | 1.3134 | 大庆市 | 0.4318 |
| 七台河市 | 0.8431 | 大兴安岭地区 | 1.2275 | 牡丹江市 | -0.2667 |
| 双鸭山市 | 0.5721 | 伊春市 | 0.8727 | 大兴安岭地区 | -0.2701 |
| 牡丹江市 | -0.1674 | 鹤岗市 | 0.4025 | 鸡西市 | -0.3204 |
| 伊春市 | -0.2373 | 鸡西市 | -0.3123 | 双鸭山市 | -0.364 |
| 鸡西市 | -0.5423 | 牡丹江市 | -0.321 | 七台河市 | -0.3686 |
| 黑河市 | -0.8367 | 双鸭山市 | -0.6552 | 伊春市 | -0.3725 |
| 鹤岗市 | -1.8756 | 七台河市 | -0.7377 | 鹤岗市 | -0.3737 |
| 大兴安岭地区 | — | 大庆市 | -1.9193 | 黑河市 | -0.3822 |

(二)绿色发展综合指数排名情况

黑龙江省除大兴安岭地区外的八个资源型城市的绿色发展潜力和能力排名,我们用绿色发展指数来反映。非常遗憾的是,只有大庆市和牡丹江市的是正值,其余的一律为负值。可见,黑龙江省资源型城市总体上的绿色发展潜力和能力不足的问题较为突出。另外,从绿色发展指数上看,伊春市排在最后,尽管大兴安岭地区缺少数据,但估计不会太好。这与前面我们计算的单项指标结合起来看,进一步证明了我们对伊春市和大兴安岭地区的判断和认识。即表面上这两个林城具备一定的绿色发展的特征和基础,但这并不是因为两个林城做得好,反倒是因为它们落后的结果。因此,绿色发展潜力的指标反映出它们的发展能力严重缺失。

大庆市遥遥领先。除了政府创新支持外(推测是因为大庆的生产总值太高了，导致政府投入比重过小造成的。而其他城市的生产总值又过低，投入一些比重就很高），其余各项指标都是第一。这说明大庆市尽管并未真正进入绿色发展阶段，但是其由于出色的经济发展基础、潜力和后劲，最终实现绿色发展的可能性是最大的，而且也应该是可以率先进入绿色发展模式的。

可以看出，四个煤炭城市并不是完全一致，也存在较多的差异。突出表现在鸡西市与其他三个煤城的差距。首先是单项绿色发展程度指标，鸡西市就好于其他三个煤城，尽管也未能达标，但是差距就一项指标。另外，从绿色发展的潜力和能力指标来看，鸡西市同样走在前面。尽管鸡西市的绿色发展指数是负值，但从数值上要好于其余三个煤炭城市。尤其表现在它的绿化度水平要远高于其他三个煤炭城市。然而，鸡西市的政府和创新支持度就比较差了，反映在它的绿色投资和基础设施上的落后。对这四个煤炭城市的总体判断是，不仅四个城市全部处于黑色发展阶段，而且绿色发展的潜力和能力水平也是相对较差的。

在构建黑龙江省资源型城市绿色发展指标体系的基础上，我们实证分析了黑龙江省九个资源型城市的绿色发展度和绿色发展指数，较为客观地测度了黑龙江省资源型城市绿色发展所处的阶段和水平、未来增长的潜力和能力。基本结论是，石油城市相对有较好的绿色发展基础和潜力；林业城市分两类：一类具有较好的绿色发展基础和潜力，另一类表面进入绿色发展但严重缺乏发展潜力和能力；煤炭城市最不乐观，但也有差异。鸡西市好于其他三个煤炭城市，但同样处于黑色发展阶段，比较严重地缺乏绿色发展的潜力和能力。

# 第三篇
## 转型篇

推动高质量发展，是大势所趋、发展所需、民心所向。我们要站在全局战略高度深化认识，增强高质量发展的思想自觉和行动自觉。面对新时代推动黑龙江高质量发展的大背景下，黑龙江省资源型城市在转型发展的过程中表现出较大差异的客观实际，经济转型模式的选择和继续优化实质上就是推动经济高质量发展。

为更好顺应新时代发展大势的新要求，加快构建黑龙江省现代化经济体系，走出质量更高、效益更好、结构更优、优势充分释放的高质量发展之路，推进全面振兴、全方位振兴的关键时期，黑龙江省制定并实施《中共黑龙江省委关于贯彻"八字方针" 深化改革创新 推动经济高质量发展的意见》（以下简称《意见》），根据《意见》要求，确定了"煤城加速转型发展""林区焕发青春活力""油田再创辉煌的区域协调发展体系"的转型目标和重点任务。随后又出台了《中共黑龙江省委 黑龙江省人民政府关于贯彻落实〈中共中央 国务院关于支持东北地区深化改革创新 推动高质量发展的意见〉的实施方案》（以下简称《实施方案》），《实施方案》中重点提出，"加快资源型地区等特殊类型地区振兴发展"的任务是："重点支持大庆创建百年油田、争当全国资源型城市转型发展排头兵""促进四煤城加快转型，实现高质量发展""推动大兴安岭、伊春、森工等林区大力发展生态产业，重新焕发青春活力"。

# 第八章

# 黑龙江省资源型城市转型及优化对策建议

黑龙江省资源型城市经济转型模式的选择与持续优化，应当把《中共中央 国务院关于推动高质量发展的意见》和《中共中央 国务院关于支持东北地区深化改革创新 推动高质量发展的意见》作为黑龙江省资源型城市经济转型发展的顶层设计和纲领性文件，黑龙江省出台的《意见》和《实施方案》作为黑龙江省资源型城市经济转型发展的实践指导和目标任务遵循，是中共中央、国务院两个"意见"的条款政策化、措施化、具体化。

## 第一节 高质量发展是资源型城市经济转型的内在要求

### 一 黑龙江省经济高质量发展的深刻内涵

（一）黑龙江省高质量发展是坚持新发展理念的发展

发展是解决我国一切问题的基础和关键，发展必须是科学发展，必须坚定不移贯彻创新、协调、绿色、开放、共享的发展理念。高质量发展是在遵循经济发展规律的基础上，带有强烈主观意愿和要求的发展。它所体现的主观要求和客观过程的统一表述，就是坚持新发展理念。"这五大发展理念，是'十三五'乃至更长时期我国发展思路、发展方向、发展着力点的集中体现"①,"是战略性、纲领性、引领性的东西"②,也是发展目标、发展手段和方法。

(二) 黑龙江省高质量发展就是高质量的全面振兴

高质量发展之路就是全面全方位振兴之路。全省十二届党代表大会提出了决胜全面建成小康社会,奋力走出一条质量更高、效益更好、结构更优、优势充分释放的黑龙江省全面振兴发展新路子,这是"十三五"及今后一个时期,建设现代化新黑龙江省确定的战略安排和宏伟目标。黑龙江省高质量发展与省第十二次党代会和省委第十二届二次、四次全会确定的目标任务是保持高度一致的。

(三) 供给侧结构性改革是黑龙江省推动高质量发展的工作主线

黑龙江省的经济发展主要是供给数量不足、质量不高、结构性矛盾突出,以供给侧为主。必须围绕减少无效和低端供给,扩大有效和中高端供给,增强供给结构对需求变化的适应性和灵活性。坚持巩固、增强、提升、畅通"八字方针",在巩固"三去一降一补"成果,增强微观主体活力,提升产业链水平,畅通国民经济循环上下功夫,做好"三篇大文章",打造"五头五尾"产业链,全面提升黑龙江省的供给质量和水平,使黑龙江省供给能力更好地满足广大人民日益增长、不断升级和个性化的物质文化和生态环境需要。

(四) 质量变革、效率变革、动力变革是黑龙江省经济高质量的发展路径

质量效率变革就是推动生产要素从低质低效领域向优质高效领域流动,实现黑龙江省社会生产力水平从低质量低水平阶段向高质量高水平阶段跃升。经济新常态以来,黑龙江省经济质量效率不高、发展动力不足问题尤为突出,经济发展受困于资源陷阱、制度陷阱和收入陷阱难以摆脱。主要原因是对传统发展方式的路径依赖。黑龙江省质量效益变革的最低标准是:"投资有回报、产品有市场、企业有利润、员工有收

---

① 《关于〈中共中央关于制定国民经济和社会发展第十三个五年规划的建议〉的说明》(2015年10月26日),《十八大以来重要文献选编》(中),中央文献出版社2016年版,第774—775页。

② 《以新的发展理念引领发展 夺取全面建成小康社会决胜阶段的伟大胜利》(2015年10月29日),《十八大以来重要文献选编》(中),中央文献出版社2016年版,第825页。

入、政府有税收、环境有改善","从过去主要看增长速度有多快转变为主要看质量和效益有多好。"① 通过提升科技进步贡献率和改进资源配置效率，不断提高全要素生产率，实现动力变革。对黑龙江省较高层面的要求是："着力提高供给体系质量和效益"，推动"社会生产力水平实现整体跃升，增强经济持续增长动力"，② 客观上形成优质高效多样化的供给体系，实现发展质量、供给质量、生活质量的全面提升和经济效益、社会效益和生态效益的有机统一。

（五）打造现代产业新体系是黑龙江省经济高质量发展的战略任务

产业兴则龙江兴，产业强则龙江强。打造现代产业新体系是建设现代化经济体系的重要内容，更是龙江经济高质量发展的坚实基础。省委二次全会提出的"一产抓融合、二产抓提升、三产抓拓展"，着力构建"老字号"传统产业向中高端迈进、"原字号"资源精深加工业向产业链延伸、"新字号"战略新兴型产业和现代服务业向新增长领域拓展，完全符合建设现代产业体系要求的实体经济、科技创新、现代金融、人力资源实现协同发展，突出实体经济，把提高供给体系质量作为主攻方向，加快发展先进制造业，推动传统产业优化升级，促进产业迈向全球价值链中高端。

（六）构建经济新体制是高质量发展的制度保障

黑龙江省进入计划经济较早、退出计划经济较晚，市场化程度不高、体制机制不活是制约振兴发展的症结。持续深化改革创新是破解黑龙江省体制机制障碍，激发黑龙江省高质量发展活力动力的根本途径。"抓住了创新，就抓住了牵动经济社会发展全局的'牛鼻子'"，③ 也就抓住了推动黑龙江省高质量发展的"牛鼻子"，必须以完善产权制度和要素市场化配置为重点，着力构建市场机制有效、微观主体有活力的经济体制，必须以"伤其十指不如断其一指"的思路，坚决扎实推进国有企业改革。全省上下必须切实解放思想、深化改革创新，充分发挥

---

① 《习近平在省部级学习贯彻五中全会精神专题研讨班讲话》，《人民日报》，http：//www.chinanews.com/gn/2016/05-10/7864462.shtml，2016年5月10日。

② 《习近平在重庆调研时强调确保如期实现全面建成小康社会目标》，新华社，http：//www.xinhuanet.com//politics/2016-01/06/c_1117691671.htm，2016年1月6日。

③ 《在省部级主要领导干部学习贯彻党的十八届五中全会精神专题研讨班上的讲话》（2016年1月18日），人民出版社2016年版，第8—9页。

市场在资源配置中的决定性作用、更好地发挥政府作用，不断增强经济的创新力和竞争力。同时必须坚持问题导向、强化目标导向，必须扭住问题改，咬定目标做。把登高怀远、埋头拉车、抬头看路统一起来。黑龙江省经济高质量发展，必须通过一定时期的主攻目标的按期达成来推进。

（七）以人民为中心，坚持共建共享是高质量发展的根本目的

满足人民对美好生活的向往就是高质量发展的目标。在教育、就业、收入、社保、医疗、养老、居住、环境等方面，黑龙江省还存在较大差距和突出短板，必须坚持共享发展，推动全民共享、全面共享、共建共享、渐进共享，既要尽力而为，又要量力而行，让改革发展成果更多更公平地惠及全省人民。坚决打好防范化解重大风险、精准脱贫、污染防治三大攻坚战，加快完善公共服务体系。坚持发展依靠人民，充分调动人民群众的积极性、主动性、创造性，不断开创高质量发展的新局面。

## 二 黑龙江省资源型城市高质量发展的目标任务

（一）坚决贯彻"八字方针"，持续深化供给侧结构性改革

坚持供给侧结构性改革"八字方针"是推动高质量发展的总要求。巩固、增强、提升、畅通"八字方针"是当前和今后一个时期深化供给侧结构性改革、推动经济高质量发展管总的要求。我们必须紧扣主题主线，把"八字方针"作为有机整体统筹推进，贯穿到高质量发展各方面全过程。巩固就是要巩固"三去一降一补"成果，增强就是要增强微观主体活力，提升就是要提升产业链水平，畅通就是要畅通国民经济循环，这对于解决经济发展中的深层次矛盾和结构性问题具有重要指导意义，也为我们指明了深化供给侧结构性改革的科学方法论。黑龙江省"三去一降一补"任务还没有完成，做到去得坚决、降得有效、补得精准需要进一步聚焦；法治化营商环境还没有真正形成，增强微观主体活力需要下实功夫；"老字号""原字号"产业产品多、占比高，"新字号"产业产品少、总量小，提升产业链水平需要用更大气力；现代市场体系还不健全，金融服务实体经济能力不强，中小微企业融资难、融资贵问题依然存在，畅通国民经济循环亟待加强。

习近平总书记指出，推动高质量发展，就是建设现代化经济体系，

这是我国发展的战略目标。深化这一战略目标，必须牢牢把握高质量发展的要求。从黑龙江省看，供给质量不高是突出问题，作为农业大省，量大链短、种强销弱、附加值低，以大路货为主的农产品供给难以适应优质、营养、安全农产品需求的变化。市场化程度不高、体制机制不活是根本症结，总体上改革进展缓慢，国资国企改革滞后，历史遗留问题突出，"僵尸企业"处置任务艰巨。我们要聚焦提高供给质量这个主攻方向，要把握发展实体经济这个着力点，第一产业抓融合、第二产业抓提升、第三产业抓拓展，加快建设实体经济、科技创新、现代金融、人力资本协同发展的产业体系。要突出深化改革这个根本途径，促进国资国企、垄断行业、农村合作金融、"放管服"等改革落地见效，坚决防止改革空转、企业无感，增强高质量发展的动力活力。

（二）把握重点精准发力，坚持创新引领加快动能转换

习近平总书记指出，推动高质量发展，要把重点放在推动产业结构转型升级上。黑龙江省的《意见》对贯彻"八字方针"、建设"六个强省"做了部署，其核心就是向制造业、实施乡村振兴战略、培育壮大新动能、提升绿色优势、融合创新、打造"两座金山银山"要高质量发展，加快构建现代产业体系。

黑龙江省的《意见》提出，以做好"三篇大文章"、抓好"五头五尾"为牵动，推动工业经济产业成链条、项目成集群、配套成体系。围绕"老字号"实施新一轮重大技术改造工程，落实企业"双千亿"专项行动，3 年投入千亿元进行技术改造，鼓励企业 3 年投入千亿元进行科技研发，做优做强石化天然气开采、煤电化、精细化工、汽车制造、高端装备制造、农副食品加工、食品制造等产业。围绕"原字号"重点推动大庆石化"油头化尾"、神华宝清"煤头化尾"、鹤岗 3052、七台河宝泰隆"煤头化尾"等重大产业项目建设，实现传统行业转换动能、跨越升级。大力实施"百千万"工程，打牢实体经济根基。抓龙头做大做强产业，抓园区促进集聚发展，抓招商加快项目建设，加快构建多点支撑、多业并举、多元发展的产业新格局。加快培育形成农业即农副产品精深加工、石油及天然气等矿产资源开发及精深加工两个支撑能力强的万亿级产业集群，加速培育钢铁产业、有色金属、石墨精深加工、新一代信息技术等集聚能力强的千亿级产业集群，建成哈尔滨经

开区、利民生物医药产业园区、齐齐哈尔富拉尔基区、大庆高新区等承载能力强的千亿级产业园区,发挥农垦北大荒集团千亿级企业及沃尔沃汽车制造、哈电集团等有望培育成五百亿级企业的示范引领作用,加速打造哈药集团、倍丰农业集团、葵花药业、广宇集团、紫金铜业等带动能力强的百亿级企业矩阵。

创新是引领高质量发展的第一动力。要把创新作为振兴发展的核心动力,加快实施创新驱动发展战略,促进新技术、新产业、新业态、新模式加速形成,提升科技对高质量发展的支撑能力。

黑龙江省科技综合实力在全国排名第14位,科技产出指标居全国第8位,但科技成果转化率仅排在全国第22位,科技创新资源还没有转化为经济发展动能。要深入实施创新驱动发展战略,把创新成果、科技资源、科研力量集中到产业发展上来,增强自主创新能力,培育壮大创新主体,加快建设科教强省。主动对接国家创新战略布局,积极参与承接国家"科技创新2030重大项目"中的新一代人工智能、航空发动机与燃气轮机、煤炭清洁高效利用等领域研究。集合高校、科研院所和企业创新资源,积极参与与承接国家"科技创新2030重大项目",加强船舶动力、非洲猪瘟疫苗、石墨烯、页岩油气开发等领域基础研究及"卡脖子"关键核心技术攻关。强化"产学研用金"深度合作,重点支持高新技术成果转化,畅通研发、中试、孵化、转化渠道,促进科研成果从实验室样品向产业化跨越。建设"众创空间—孵化器—加速器",强化高质量科技成果供给,打造资源共享的全省科技交易服务平台。梳理军民两用成果,加速技术创新成果落地转化。尊重创新规律和人才成长规律,强化高校、科研院所和科研人员的主体责任。强化知识产权保护,引导高校、科研院所完善科技成果转化利益分享机制。提升区域协同创新水平,支持大庆市争创国家产业转型升级示范区,建设牡丹江市、佳木斯市国家级高新区,推动农垦建三江等国家级农业科技园区建设,增强区域创新要素集聚辐射能力。

(三)维护国家"五大安全",注重因地制宜推动特色发展

黑龙江省的振兴发展,必须按照国家赋予我们的战略定位和战略要求思考谋划全局工作,从中找到自己的发展空间。要把国家赋予我们的国防安全、粮食安全、生态安全、能源安全、产业安全五个安全战略定

位，与黑龙江省的资源禀赋、区位条件、产业基础等优势有机结合，找准发展定位和方向，这既是完成国家重大使命的需要，又是实现自身发展的需要。在国防安全上，黑龙江省中俄边境线长达2981千米；在粮食安全上，黑龙江省是中华大粮仓、保障国家粮食安全的"压舱石"；在生态安全上，黑龙江省有大小兴安岭，是我国北方重要生态屏障；在能源安全上，黑龙江省有大庆油田，更重要的是黑龙江省是国家重要的能源输入通道，中俄油气管道从黑龙江省穿过；在产业安全上，黑龙江省拥有一批"国之重器"的大型企业，比如中车齐车集团、一重集团、哈电集团、哈飞集团等。我们要找准发展方向和定位，与国家战略相向而行，既形成对国家战略支撑，又结合自身实际实现发展。

我们理解，黑龙江省资源型城市总体上说，与这"五大安全"的国家战略全部涉及。因此，如何将各自的资源禀赋、区位条件、产业基础等自身优势与国家"五大安全"战略实现有效衔接、相向而行，找准发展定位和方向就显得格外重要。

把高质量发展落到实处，关键是立足资源禀赋、区位条件和产业基础，研究谋划符合实际的特色发展之路。在构建现代产业体系上，哪些产业要重点培育，哪些产业要改造升级，哪些产业要逐步退出，如何集聚高端要素、提升产业层次，都要聚焦区域、资源和政策来科学规划、合理布局，不能盲目跟风、互相"克隆"。

在园区建设上，全省省级以上开发区109家，其中国家级开发区16家，要加快"一县一区""一区多园"优化整合进度，推动园区特色化、专业化、集约化发展。在县域经济发展上，一个县主导产业不用多，把一两个产业做出特色、做出规模、做出集群，就完全可以带动百业繁荣，要盯紧人口大县和重点乡镇，找准发展定位，发挥企业带动作用，加快培育财政贡献大、吸纳就业好、综合实力强的立县主导产业，规划打造一批工业小镇、中医药小镇、军民融合小镇等特色城镇。

## 第二节 黑龙江省资源型城市经济转型发展的对策建议

按照党中央国务院关于我国和东北地区高质量发展的顶层设计，结合黑龙江省的客观实际和发展要求，给出黑龙江省三类资源型城市经济转型发展、优化升级的对策建议，即实现高质量发展的对策建议。

**一 争当全国资源型城市转型发展排头兵**

2016 年，习近平总书记两次对黑龙江省发表重要讲话，强调"大庆就是全国的标杆和旗帜，大庆精神激励着工业战线广大干部群众奋发有为"，"要以'油头化尾'为抓手，推动石油精深加工，推动'油城'发展转型"，为此，2017 年大庆市出台了《关于争当全国资源型城市转型发展排头兵的意见》。2018 年，大庆市委九届三次全会通过的《中共大庆市委关于推动大庆全面振兴全方位振兴争当全国资源型城市转型发展排头兵的意见》提出：要通过"重构产业、重组要素、重聚动能、重塑环境"，到 2035 年建成"世界著名的石油和化工城市、中国新兴的高端制造城市、中国绿色生态典范城市，抢占全国资源型城市可持续发展实力排头。"确立了"两阶段""三步走三级跳"战略规划和争当经济、城市、生态、体制、社会治理"五个转型排头兵"的奋斗目标。

**（一）做优做大实体经济**

按照《中共大庆市委关于推动大庆全面振兴全方位振兴争当全国资源型城市转型发展排头兵的意见》要求，依托创建中国制造 2025"哈大齐"国家级示范区，坚定不移上项目、育动能、提质量，做优做大实体经济。紧盯化工项目原料来源，加快石化公司炼油结构调整转型升级，着力培育化工新材料产业、精细化学品产业两个百万吨级和特色橡塑产业一个五百万吨级的产业集群，带动形成芳烃、烯烃、合成氨精深加工企业集群。还要继续做强汽车产业、推进新材料产业、扶持电子信息产业、升级中高端农副产品加工业等。

**（二）激发国有和民营企业内生动力**

深化国资国企改革，加快中国特色现代国有企业制度建设，推进混合所有制改革，提升国有资本运作效率，尽快完善国有资产管理体制、完善现代企业制度和完善市场化经营机制，积极深化三项制度改革，激发弘扬企业家精神和工匠精神。与此同时，更要坚持稳住大的、提升小的、扭转亏的、培育新的，通过增总量、上规模、拓市场、提质效，做大做强民营市场主体，使民营经济成为最具活力的经济增长点。滚动实施科技型企业三年行动计划，壮大一批研发实力突出、核心竞争力强的民营企业集团。坚定支持领军人才、事业单位专业技术人员到企业工作或创办企业，打造"双创"升级版。

（三）统筹推进城乡一体化

通过提升城市管理的科学化、精细化、智能化水平，实现城市内在品质的提升。强化城市辐射带动作用，壮大县域经济，多维度、深层次、宽领域推进地企、市校、区域、军民务实合作和共享发展，促进融合发展。

（四）建设新的城市开放体系

突出对俄交流合作，全面对接黑龙江（中俄）自由贸易试验区、跨境经济合作示范区、沿边重点开发开放试验区、面向欧亚物流枢纽区建设规划，积极融入全省开放合作平台建设体系。

（五）共享高质量发展成果

紧紧抓住群众最关心、最直接、最现实的利益问题，补齐交通网络、农业农村、生态环保、公共服务、城乡基础设施、棚户区改造等民生重点领域短板，坚决打赢脱贫攻坚战和实施乡村振兴战略，坚持幼有所育、学有所教、劳有所得、病有所医、老有所养、住有所居、弱有所扶，推动群众生活既有"量"的增进又有"质"的提升。

## 二 促进四煤城加快转型，实现高质量发展

依据产品生命周期、产业生命周期和城市经济生命周期都具有的"S"形曲线特征，来分析确定煤炭城市从产品、产业到城市转型的发展路径。按照"S"形曲线模型具有的特征来看，若想在原有"S"形曲线基础上形成一条新的上升"S"形曲线，必须具备三个重要条件。其一是在大困惑时期就要开始选择新的发展方向，这就意味着要放弃原有的发展方式开始新的发展方式，必须解放思想。其二是新的"S"形曲线一定是新产品、新技术和新的产业方向，新的发展动能。其三是必须破除对原有体制机制的依赖，这就要求制度创新或制度变革。后两者也就是提高全要素生产率，实现质量变革、效率变革和动力变革。在此基础上，提出黑龙江省煤炭城市加速转型破解发展困境的对策建议。

（一）围绕"巩固""提升"，做优做强煤炭产业

对四煤城而言，传统煤炭产业供给质量不高是突出问题，要想实现

加速转型，首先要围绕"巩固""提升"，强力推动传统产业改造升级，做优做强煤炭产业。"巩固"就是要巩固"三去一降一补"成果，加大破、立、降的力度，继续削减四煤城的无效产能，严把小煤矿整治和整合扩能关口，有序释放优质产能，积极推进煤炭产业向绿色循环发展模式转变。促进钢铁产业结构优化升级，打造绿色、智能、高效千亿级产值的现代化产业集群。抓好规模以上亏损企业扭亏增盈，依法处置"僵尸企业"，统筹做好整合重组、依法破产、债务处置、资产盘活、职工安置等工作。加大降本增效力度，坚决落实国家减税降费政策，执行好黑龙江省支持四煤城转型的政策文件，进一步降低企业各类营商成本。

"提升"就是要提升产业链水平，注重利用技术创新和规模效应形成新的竞争优势。实施新一轮"原字号"重大产业项目整体优化工程，强化全产业链招商，推动"煤头化尾""煤头电尾"做优做强。比如，推动中海油华鹤新华煤矿项目建设；天和百万吨焦化；宝泰隆稳定轻烃、勃盛焦化升级改造，隆鹏20万吨清洁化学品、泓泰兴18万吨合成氨30万吨尿素等项目投产达效；60万吨煤制烯烃、国能宝清二期前期、20万吨腐殖酸褐煤蜡项目中试等项目。

（二）做好"增强""畅通"，激发经济内生动力

"增强"就是要增强微观主体活力，积极深化"放管服"改革，实现要素配置市场化，促进优势资源向优势企业聚焦。这其中的关键在于，以进一步完善龙煤集团的国有资产管理体制、现代企业制度和市场化经营机制三项改革为重点，积极推进四煤城国有企业改革。深化国有企业改革的重要意义在于建立自由公平的竞争环境和资源配置机制，更在于明确政府与市场的边界，政府做好营商环境，让民营经济充分发挥作用。真正扭转煤炭城市产业结构偏重、民营经济偏弱、科技创新偏少的"三偏"问题，更好地发挥企业和企业家主体作用，激发企业内生动力。

"畅通"就是要畅通国民经济循环，畅通市场和生产主体良性循环，畅通经济增长和扩大就业良性循环，畅通金融和实体经济良性循环，为供给侧结构性改革提供根本保障。调研中发现，四煤城都存在生产要素外流现象，尤其是资本外流现象相当突出。2008年鸡西市金融机构当年存款余额405.3亿元，贷款余额仅为152.7亿元。就在四煤城

经济总量最高值前后，2013年，黑龙江省银行机构贷款加权平均利率为8.16%，全国排名第5位，高于全国平均水平0.96个百分点，分别高于辽宁和吉林0.95个和0.94个百分点。对此我们要给予应有的关注，以畅通金融与实体经济的良性循环为突破口，做好市场与生产主体，经济增长与扩大就业之间的良性循环。

表8-1　　　　　　　鸡西市银行资金的使用状况

| 年份 | 2001 | 2002 | 2003 | 2004 | 2005 | 2006 | 2007 | 2008 |
|---|---|---|---|---|---|---|---|---|
| 存贷比（%） | 112.3 | 105 | 93.8 | 73.3 | 44.4 | 42.4 | 41.4 | 37.6 |
| 年份 | 2009 | 2010 | 2011 | 2012 | 2013 | 2014 | 2015 | |
| 存贷比（%） | 43.9 | 40.4 | 42.2 | 41.8 | 46.3 | 52.9 | 62.3 | |

（三）发展数字经济，培育壮大经济增长新动能

伴随数字化进程，移动互联网的主战场，正在从上半场的消费互联网，向下半场的产业互联网方向发展。借助5G和AI的双核驱动，在实现传统产业与互联网协作的基础上，快速深度进入产业互联网的蓝海。强烈建议，黑龙江省煤炭城市大力发展以产业数字化为核心的数字经济。从一定意义上说，四煤城对石墨新材料产业链的打造，属于数字产业化的基础材料和电子产业制造。

第一，加快推进数字农业。通过农业数字化，在提高农业生产效率的基础上，打造农业全产业链，进一步实现三次产业融合，并形成城乡协同发展的产业基础。黑龙江省四煤城都有较大比重的农业生产规模，具有巨大的数字农业、精准农业、智慧农业、绿色农业的应用场景和发展空间。第二，积极推动工业互联网。煤炭资源型城市产业转型，要抓住制造业这个基石。制造业部门最容易通过创新活动不断实现产品和产业的升级。我们对拉长产业链的理解有些片面，比如，更多指的是针对矿产资源的深加工，这实际只是拉长了产品链，并没有形成新的产业链。拉长产业链更要强调，要拉长延伸到制造业和服务业，形成一个全新的跨界融合的产业平台。第三，重点提升服务业数字化。目前我国服务业中数字经济的比重是最高的，也是发展最为迅猛的。而黑龙江省煤炭城市服务业的水平大多低于全省平均水平10个百分点以上，有非常

大的提升空间。在服务业的数字化过程中，重点打造以智慧康养、智慧医疗等与民生密切相关的生活性服务业，更要关注生产性服务业的效率提升，尤其要关注从消费互联网向产业互联网的渗透和联接。

（四）提升城市功能，打造区域协调发展新格局

黑龙江省东部煤炭城市表现出的城市化水平低、工业化结构扭曲以及企业缺少自生能力等问题特征，主要还是由于其经济发展的内生和外生交易费用过高所致。[1] 依据新兴古典经济学理论，企业的出现以及由此产生的产业结构的变化，究其实质就是分工的演进，使人们的专业化水平不断上升，并由此引发新专业出现的结果。结合我国现有的政治体制来看，我们选择以城市转型带动产业转型，通过产业转型最终实现经济转型，就成为一种必然了。[2]

煤炭城市由于历史原因，存在较为突出的城市定位和城市规划问题。必须重塑煤炭资源型城市定位，持续提升煤炭城市功能，以城市功能的转型引领产业转型，以产业转型促进城市转型。

首先，转变城市发展理念，坚持远见整体规划。城市战略的定位问题，其实就是要回答，"我是谁""我从哪里来""我要到哪去"以及"我何以与众不同"等关键性问题。[3] 在回答好这些问题之后，就是要解决好城市的发展目标、规模等级、速度形态、文化品牌、精神魅力、治理和经营的模式、核心竞争优势等一系列重要问题。[4] 对于这两个层次的战略定位问题，都要按照一定的原则，为城市创造和确定一个独特而清晰的、明确而远大的、恰当而正确的方向、目标和发展愿景。[5] 为此，我们必须着眼于"以人为中心"的发展理念。黑龙江省煤炭城市更要加强规划引领，适时研究调整行政区划，完善城镇体系，推动绿色城市、智慧城市、人文城市、宜居宜业城市建设。

其次，客观面对收缩性城市发展特征，重点关注城市密度问题，只有人口密度上去了，城市分工才会大规模出现。黑龙江省四煤城均出现

---

[1] 徐旭：《黑龙江省东部资源型城市转型的策略》，《当代经济》2009年第7期。
[2] 徐旭：《黑龙江省东部资源型城市转型的策略》，《当代经济》2009年第7期。
[3] 徐旭：《黑龙江省东部资源型城市转型的策略》，《当代经济》2009年第7期。
[4] 徐旭：《黑龙江省东部资源型城市转型的策略》，《当代经济》2009年第7期。
[5] 徐旭：《黑龙江省东部资源型城市转型的策略》，《当代经济》2009年第7期。

了人口密度收缩现象，建议暂时不再扩大城市规模，按照提高城市密度的要求重新做好规划，要充分利用好现有产业园区，提升现有产业园区的功能和要素集聚能力，形成产业集聚和集群效应。

最后，黑龙江省煤炭城市需重新构建城镇化发展空间新格局。以中心城市为依托形成城市圈或城市群发展格局，为产业转型和城市转型提供空间载体。建议东部四煤城依据产业布局，打破行政区划限制，比如，鹤岗市和双鸭山市可以依托佳木斯市作为区域中心城市，鸡西市和七台河市可以围绕牡丹江市作为区域中心城市，发展"飞地"经济，形成新的要素和产业集聚。

（五）通过市场化竞争，依托企业升级实现产业升级

城市的竞争力来自相关产业的竞争力，而产业的竞争力是通过各个企业表现出来的。[1] 这要求各级政府至少做到以下两个重要内容。第一，必须让生产要素的价格能够及时客观地反映出其要素禀赋结构中各个要素的相对稀缺性。因为，每个企业其实关心的就是产品价格和生产成本。只有让企业的产品价格真实反映为市场价格，让其投入的要素价格能够反映其要素禀赋结构中，各种投入要素的相对稀缺性，企业才会自发地按照自身的比较优势来选择进入的产业、生产的产品和采用的适用技术。当企业的要素禀赋结构不断提升时，出于追求企业利润的动机和市场竞争的压力，会驱使那些具有自生能力的企业，自主地选择技术和产业结构的升级，用以维持企业自身的自生能力。这样的企业才会有最大可能对其拥有的要素禀赋结构进行升级，从而形成所处产业结构的良性自发演进。[2] 第二，必须维持经济的开放和市场的充分竞争。我们强调，作为民营经济发展相对滞后的黑龙江省，必须下大力气，积极推动民营经济的发展，将民营经济培育成为市场竞争的主体，通过市场化竞争，选择出真正有竞争力的企业、竞争力的产品、适用技术和适应性的产业结构等。只有这样，依靠民营经济的充分参与市场竞争，才真正有可能最终实现煤炭城市的产业转型和经济转型。[3]

---

[1]　徐旭：《黑龙江省东部资源型城市转型的策略》，《当代经济》2009 年第 7 期。
[2]　徐旭：《黑龙江省东部资源型城市转型的策略》，《当代经济》2009 年第 7 期。
[3]　徐旭：《黑龙江省东部资源型城市转型的策略》，《当代经济》2009 年第 7 期。

（六）培育重构产业簇群，推动产业结构转型优化

企业聚集和产业簇群的出现，是城市经济发展的客观规律和内在要求。黑龙江省东部煤炭城市必须构建自己的产业簇群，其目的就是要从根本上改造和再造过去计划经济体制下所形成的不适应当今全球市场经济发展的经济结构与产业结构，从根本上解决资源型城市的立市、兴市和强市产业等重要战略问题。经济发展的成功，其实是产业簇群成功深化与广泛整合的结果。构建、培育和发展产业簇群应注意以下几点：

第一，要兼顾产业簇群发展的深度和广度。产业簇群通常需要10年甚至更长的时间才能获得实质性的竞争优势，这也是为什么政府企图利用较短时间创造产业簇群的做法经常失败的原因。因此必须遵循客观规律来发展产业簇群。

第二，要重视农业等传统产业簇群。每一个产业簇群不仅直接对企业生产力产生贡献，而且能够影响到其他产业簇群的生产力。这意味着农业等传统产业簇群非但不该放弃反而应该持续转型升级。

第三，要掌握好政府在发展产业簇群中的作用程度。产业簇群成功与否主要应该由市场的力量来决定，而不是仰赖政府的决策。产业簇群在萌芽或发展时期，政府可以强化或提供协助，但不应该企图创造一个全新的产业簇群。新的产业与产业簇群最好是从既有的簇群中萌芽。能应用高科技的产业绝不是凭空出现的，而是从原来没有那么精密的领域进步而来的。大多数产业簇群的成长是独立于政府行动之外的。发展产业簇群的努力必须结合竞争优势与特殊性，而不是全面模仿其他地方的做法。

第四，要通过吸引外资来鼓励产业簇群的快速成长。这是发展中国家促进产业簇群的重要工具之一。在特定领域吸引一两家大型跨国公司进入会引来更多外商，进而带动当地的发展。但是，单靠外商投资并不足以建立产业簇群，还需要从改善当地条件着手进行系统性努力。招商引资、自由贸易区和工业园区等做法，都是有利于产业簇群成长的政策工具。

第五，要区分产业簇群与产业政策。产业政策是基于国际或国内竞争的观点，选择发展前景比其他产业更为看好的优势产业，作为政府支持的对象，直到这些重点产业接近关键的多数为止。而所有的产业簇群

都有其价值并提供形成繁荣的潜力。所有目前和萌芽中的产业簇群都值得关注。所有产业簇群都能改善自己的生产力，而且都欢迎外商加入竞争，因为它会提高产业簇群的外部因素和生产力，并会直接令当地的就业和投资受惠。产业簇群强调及时并稳定地开放本地市场，以提高当地的效率和刺激竞争。产业簇群关注与取消妨碍生产力和生产力成长的一切障碍。因此，政府要从过去的偏重产业政策调整到重点发展产业簇群上来。

### 三 林区大力发展生态产业，重新焕发绿色活力

黑龙江省生态环境优势突出，森林面积和湿地面积全国最大，自然保护区占比全国最高，还是寒温带的生物基因库。黑龙江省借助大森林、大湿地、大平原、大界江等整体化生态优势，形成了绿色发展的独特优势和发展条件。我们建议两个林区城市，应当在现有绿色发展的优势资源和良好基础上，加快形成具有黑龙江省林区特色的绿色生态产业体系，让林区经济重新焕发新的生命活力。

#### （一）做强林业经济，林产品精深加工

我们对林业经济的理解还是停留在传统的林木产品加工上，林上和林下产品的加工，这是对森林工业的误读，是长期计划经济发展模式下的产物。我们过去一直把森林工业作为一种自然资源的简单加工和利用，缺少的是一种绿色发展和可持续发展理念。如今，在绿色发展理念的引领下，我们需要重新认识森林这个我们既熟悉又陌生的自然资源。

#### （二）积极储备碳汇资源，培育碳汇经济

黑龙江省森林资源存量大，大部分属于中幼林，正处于旺盛的生长期，固碳能力处于最高峰。同时，黑龙江省森林储积量将长期处于净增长，森林碳汇容量也会绝对增长。省内学者研究表明，黑龙江省森工林区乔木林实际碳储量46.92亿吨，潜在碳汇量和碳汇价值分别达到31.41亿吨和47.12亿美元，实际碳汇价值仅占潜在碳汇价值的1.94%。[1] 黑龙江省森林碳汇容量潜力巨大，为黑龙江省开展林业碳汇项目、培育发展碳汇经济创造了良好的基础条件。

---

[1] 盛春光：《黑龙江省森工林区森林碳汇价值评估》，《林业经济》2011年第10期。

（三）打造服务业绿色竞争优势

习近平总书记反复强调，"环境就是民生，青山就是美丽，蓝天也是幸福，绿水青山就是金山银山；保护环境就是保护生产力，改善环境就是发展生产力"。[①] 2016年5月，习近平总书记来黑龙江考察时指出，"黑龙江的冰天雪地就是金山银山"。就黑龙江省而言，是要打造好"两座金山银山"。黑龙江省第十二届五中全会提出，"向打造'两座金山银山'要高质量发展，加快建设旅游强省"的目标任务是：科学制订旅游产业发展规划，培育一流旅游产业体系、服务体系和市场体系，打造冰雪游、森林游、边境游、避暑游独特品牌，释放"北国好风光尽在黑龙江"的强大魅力，加快把旅游业培育成战略性"新字号"支柱产业。

一要围绕打造好"两座金山银山"，提升黑龙江省旅游整体品质。就黑龙江省而言，是要打造好"两座金山银山"。黑龙江省要依托绿色原生态、冰雪原风貌、低碳原本的优势，打造宜居宜行宜游宜养全域旅游，突出山水林田湖草城特色，深度开发生态度假类旅游产品、冰雪旅游名品、康养旅游精品，打造夏季凉爽、冬季冰爽的"必到必游"核心景区。[②] 此外，还要提升乡村旅游品质，打造农旅综合体、田园综合体、农家乐综合体等。

二要突出旅游+文化+冰雪，推进旅游产业融合发展。突出业态融合，挖掘制造、文化、体育、时尚、绿色食品、中医药、健康养生、养老养护、相关服务等领域的旅游要素资源，建设融合新项目，开发融合新产品，拓展融合新领域。突出要素融合，将科技、制造、人才、金融、服务、信息、会展等要素融入旅游业发展。突出区域融合，推动旅游+省内、国内、世界，深化与广东旅游对口合作，加强与"北国冰雪"旅游联盟的合作，推动冰雪旅游产业向其他产业跨界延伸、深度融合。构建"旅游+互联网"体系，推进智慧旅游平台建设，实现"全省旅游一张网"。另外，中国龙江森林工业集团有限公司将依托良好的

---

① 习近平：《在省部级主要领导干部学习贯彻党的十八届五中全会精神专题研讨班上的讲话》，《人民日报》，http://www.chinanews.com/gn/2016/05-10/7864462.shtml，2016年1月18日。

② 李晶琳：《黑龙江省擘画全域旅游美好图景》，《黑龙江日报》2019年5月8日第8版。

生态环境和丰富的自然资源,围绕生态公益、产业经营、林业投资三个板块,打造以森林旅游康养业、森林食品业、种植养殖业、营林产业、林产工业为主导产业的新型林业产业体系。[①]

(四)创建伊春市"林都山珍"区域公用品牌

伊春市"林都山珍"区域公用品牌的创建,有四种模式选择。

1. 创建"林都山珍"区域公用品牌新生态

利用地理标志产品的品牌基因,创造特色农产品区域公用品牌是创建区域公用品牌的一般做法,但这一模式并不适合伊春市。第一,伊春市现有地理标志保护产品少而杂,不适合用作整体区域公用品牌。第二,伊春市行政区域复杂且规模太大,用某个或某几个特色产品品牌难以概括区域品牌特征。而"中国林都""红松故乡"的美誉由来已久,2017年伊春市推出的"林都"系列旅游产品和荣膺"向全球游客推荐的生态旅游目的地"品牌,为伊春市创建区域公用品牌奠定了坚实基础。建议使用"林都山珍"作为伊春市区域公用品牌名称,并聘请高水平的专业团队设计形成品牌标志等外在表征、品牌形象与个性特质等品牌内涵和价值。

2. 创建"母子品牌"双保险的新型区域品牌关系

第一,"林都山珍"区域公用品牌要与伊春市区域品牌形象和特征相结合,形成富有唯一性的品牌形象与个性特征,并建立一个区域的品牌形象与"林都山珍"区域的公用品牌形象互为背书、互为支撑的专属性、唯一性品牌关系。

第二,采用"双品牌",避免"公地悲剧"。为了确保区域品牌的公益属性,采用"母子商标"的"双品牌"结构。以"证明商标"形式注册"母商标",以证明"林都山珍"产品独具特色的生长环境、加工工艺、历史文化等;以"企业商标"形式注册"子商标",明确产品的社会责任主体。最终形成区域公用品牌为企业(产品)品牌的背书品牌,企业(产品)品牌是市场主体品牌,二者相互提携、相互支撑的母子品牌模式。

第三,创建黑龙江省森林生态产业品牌体系。从品牌体系的角度

---

① 贺年盈:《龙江森工:打造生态产业航母》,《黑龙江经济报》2019年4月15日第8版。

说,黑龙江省正在着力打造的"黑森"区域产品品牌,需要大小兴安岭、张广才岭等区域公用品牌以及相应的企业品牌等区域和企业层面的支撑。以创建伊春市"林都山珍"区域公用品牌为切入点,探索黑龙江省全方位森林生态产业品牌体系建设的新模式和新路径。

3. 创建政府公信力+协会主导+企业主体的新型运营模式

第一,借助政府公信力,建立政府推动、协会主导、企业参与的管理运营模式。尽快注册"林都山珍"品牌,利用政府(黑龙江省与伊春市)的公信力为伊春市森林产业背书,用平台思维做大品牌,利用市场已有的伊春林都原产地的认知,整合现有企业进行品牌共建,渠道共享。

第二,通过行业协会众筹组建"林都山珍"品牌管理运作企业,实现市场基因+互联网基因+政府公信力三者的有机融合。伊春市政府应采取有力措施,将分布五大主导产业的民营企业,通过股东共同承接区域平台和公用品牌的收益分配设计,用市场的方式做大做强。

第三,以小兴安岭地理特征为资源特征,依靠政府力量整合区域资源,充分挖掘小兴安岭地域具有的天然性和不可复制性,以标准化管理品牌特质,确立高标准门槛,执行严格的产品质量标准体系,实现整体和个性凸显的强强联合效应。

4. 创建"互联网和旅游+"协同发展的新商业模式

第一,借鉴北京"一村一品一电商"的网络平台模式,将伊春市现有政府网站、各类旅游网络平台和企业网络销售平台重新整合成一个全新的网络平台,利用技术手段实现政府到全产业链到金融社会服务的无缝连接。

第二,通过实施"全域旅游"战略,创建林区生产生活生态"三生同步",第一、第二、第三产业"三产融合",林业文化旅游"三位一体"的"山水田园综合体",持续提升品牌美好记忆的同时,充分借助各种营销方式进一步扩大区域公用品牌的国际影响力。

另外,区域公用品牌的支持体系内容很多,我们亟待着手解决三个问题,用以创建伊春市"林都山珍"区域公用品牌的支持体系。

一是多种方式创建政府公信力。品牌的基础是统一严格的质量标准和高信誉度。伊春市政府应当尽快制定、颁布实施《伊春"林都山珍"品牌管理实施办法》《关于加强伊春"林都山珍"商标管理和保护意见》《小兴安岭"林都山珍"黑龙江省地方标准》等一系列伊春市政府和黑龙江省政府标准和管理的公信力背书。积极鼓励伊春市所辖地区，积极推行各种形式的品牌认证制度、认证标志，借鉴"一村一品一电商"模式，设立特选产品认证制度，追求高品质以达到高品牌价值。

二是设计区域公用品牌治理结构。地区产业协会联盟、各类企业、各级政府及相关部门、专业研究机构和广告公司等品牌利益相关者，针对区域公用品牌的特征，共同协力打造区域公用品牌，建立品牌运营、管理、使用、维护、提升的组织和治理结构。①区域公用品牌的所有权必须掌握在行业协会手中，以避免"公地悲剧"。②因涉及多个行业协会，需要政府出面组织协调、沟通协商，积极推动组建伊春市产业联盟。③积极引进智库和专业团队舍得花钱，更要信任草根智慧和民间创造会花钱。

三是重视品牌文化与人才培养。文化是品牌的根脉和灵魂，是消费者的集体记忆和价值认同，是最持久的竞争力。伊春市"山水田园综合体"深沉的文化底蕴就是人与自然和谐的"天人合一"思想，因此，伊春市区域公用品牌及地区整体品牌的文化根脉还要从中华优秀传统文化、新时期社会主义核心价值观中去挖掘和创新，那些表面的浅层次的文化符号是难以获得众多的价值认同和持久竞争力的。高度重视培养地区的品牌人才，以持续发展、建设品牌。只有产生一批具有全球战略眼光、富有挑战精神的区域带头人，才会有各个区域乃至辐射全球的区域品牌。当地各级政府应当积极开办各个领域的人才培训班，如以创造区域文化为主的"区域文化道场"等。伊春市应率先开展本地企业家素质提升工程，高度关注企业家精神的培育、保护、激发和弘扬。

# 第九章

# 黑龙江省煤炭城市转型发展的思路与对策

黑龙江省四煤城应当把全部进入良好等级（国家发改委对全国资源枯竭型城市转型考核评价，鸡西市并未列入考评）作为近期的转型发展目标，有条件的城市（七台河市）应当积极争取进入优秀等级。鉴于四煤城有处于超乎比较静态均衡的风险，必须依靠持续大力度的政策措施，才能有针对性地解决四煤城排名中表现出的突出短板和薄弱环节。

## 第一节 大胆开拓创新，加快建立现代产业体系

黑龙江省四煤城之所以经济压力较大，经济转型排名靠后的主要症结在于经济发展能力不足，而能力不足又突出反映在经济规模与经济效率上。规模扩大和提高效率都需要增加要素投入，最重要的手段和途径就是上项目、抓招商。当前，我们必须以高质量项目来支撑高质量转型。主攻方向就是要坚决落实好省委提出的，第一产业抓融合、第二产业抓提升、第三产业抓拓展，以培育龙头企业为抓手，加快建立实体经济、科技创新、现代金融、人力资源协同发展的现代产业新体系。

**一 围绕三次产业深度融合，打造全产业链龙头**

2018年，鸡西市、双鸭山市和鹤岗市的第一产业占比均超过30%，而对地方经济增长贡献率均为最大，超过了40%。2018年四煤城第一产业增加值501.6亿元，占四煤城生产总值1582.1亿元的31.7%，如

果算上佳木斯市，第一产业增加值达到860.4亿元（近千亿元），占五个城市生产总值2594.1亿元的33.2%，占全省的28.7%。但当前，四城市的第一产业必须要在继续扩大规模的同时，提高经济效率，真正做大做强。

（一）打破地域限制，吸引外部资本实现本地农业资源重新整合

2018年，四煤城无论是粮食作物的播种面积，还是粮食产量在全省的比重均在8%左右，只是玉米产量略多一些，占全省的11.9%。从地域上看，四煤城与佳木斯市、农垦（宝泉岭、红兴隆、建三江）和牡丹江市的部分地区完全重叠。我们建议：要从整合东部五个城市的视角，积极吸引国内外知名大企业通过市场化手段、以混合所有制的形式，结合区域资源特点和配置要求，突出"品质"和"品牌"，组建1—2个具有较强差异化又相互竞争的大型农企集团。绝不能搞"拉郎配"，坚持市场配置资源和政府更好地发挥作用相结合。

（二）应以粮食就地"过腹增值"为方向，实现向"畜经济"的转变

充分利用当前国内畜牧业升级和转移的有利形势，深度挖掘生态安全养殖区位优势，加快以混合所有制形式引入国内外知名企业，以品质"绿"为先导、智能化养殖、科学化管理、可追溯生产的养殖方式，全封闭、全产业链一体化运营模式，打造在全国乃至全球极具影响力的产业集群和龙头企业。

2015年黑龙江省农业总产值突破5000亿元以来，而畜牧业增长最为缓慢（年均增速仅为0.6%）。2018年四煤城+佳木斯市的畜牧业产值为264.7亿元，占全省的17.2%。建议不再增加玉米乙醇项目，而是重点围绕猪、禽等肉类，四煤城+佳木斯市+农垦组团重点招商如北大荒宝泉岭农牧发展有限公司这类的企业，为当地粮食作物提供稳定的转化渠道。

## 二 增强微观主体活力动力，构建区域产业集群

无论是从煤炭城市产业转型，还是从实现黑龙江省《关于加快煤炭资源型城市转型推动高质量发展的指导意见》（黑发〔2019〕8号）提出的非煤产业比重的两个发展目标来看，充分激发和持续增强四煤城的微观企业主体的活力动力，在科学规划和市场配置资源的过程中，加

快形成符合比较优势发挥的区域产业集群是保障煤炭城市经济转型的基础性和决定性条件。

（一）深入推进龙煤集团改革，引入战略投资者做优做强煤炭产业

2019年中国煤炭企业50强名单中，龙煤集团排在第25位，但营业收入只有272.9亿元，与排名第14位的晋能集团有限公司营业收入1036.6亿元的差距是明显的。因此，四煤城煤炭产业增加到多大的规模？如何实现规模与效益并重？我们建议是做优做强，在保证满足省内外用煤的基础上，提高经济效益。

产业转型的切入点是企业的自生能力，即企业所在行业是否符合要素禀赋结构所决定的比较优势。目前四煤城所属龙煤集团部分的国企改革是决定四煤城煤炭产业做优做强的基础和关键。这部分的改革需要省委省政府站在全省煤炭产业发展的高度，做好顶层设计。我们提供两种方案选择：一种方案是龙煤集团完全跟四煤城脱钩，按照企业自身发展需要和市场化原则，对四煤城的分公司进行资产重组，实现资源的有效配置。这种重组要引入国内知名大企业搞混合所有制，不能再在省内原有格局的基础上搞二次分配。要依托完善国有资产管理体制、完善现代企业制度和完善市场化经营机制三大改革措施一并推进龙煤集团的混合所有制改革。只有这样才能保证三项制度改革真正落地，建立真正的职业经理人制度、充分调动企业内生活力动力、激发和弘扬企业家精神和工匠精神，煤炭企业转型才有希望。另一种方案是充分放权四煤城的分公司，最大范围地行使独立运行权，但不是下放给地方政府，而是让其与地方政府建立更为密切的合作机制，形成利益共同体。目的是将其作为地方政府引入外部战略合伙人，整合重组地方煤炭资源，实施混合所有制的重要平台。省政府、地方政府和龙煤集团等，可以探索"参股不控股、分红不经营"等形式敞开大门、放水养鱼。

（二）坚定围绕"煤头电尾""煤头化尾"，科学谋划产业转型升级

国企改革和混合所有制通过体制机制解决企业活力和内生动力问题，但企业在经营过程中面临的三类风险（产品创新、技术创新和管理才能）又该如何破解呢？我们建议突出"煤头电尾"，审慎"煤头化尾"，科学规划产业发展规模和方向，加大科技投入跟进智能化"无人开采"发展新趋势。

无论是从国内外新能源发展的大趋势，还是新冠肺炎疫情导致国际油价大幅度波动的客观现实，四煤城在投资落地煤化工产业的过程中一定要审慎谋划。在调研中深切感受到焦炭行业将会长期遇冷的严峻现实。根据宝泰隆新材料股份有限公司 2019 年第三季度财务报告显示，毛利率（3.3%）最低的焦炭占主营业务收入的比重高达 73.93%，而毛利率较高的针状焦（70.9%）和精制洗油及沥青调和组分（60.2%）分别只占主营业务收入的 5.29% 和 6.87%。这大概就是其股价在 2017 年见顶 14.12 元以来一路走熊至今接近 3 元的原因吧。

四煤城的统计显示，截至 2018 年年底，双鸭山市采矿业人员（2.54 万人）占全市非私营单位从业人员（12.2 万人）的 20%；鹤岗市采矿业人员（3.67 万人）占全市从业人员（16.4 万人）的 22.4%；鸡西市采矿业从业人员（3.36 万人）占全市城镇非私营单位从业人员（19.2 万人）的 17.5%。要知道，鸡西市 2013 年全市城镇非私营单位人员（18.9 万人）中采矿业（6.5 万人）占比高达 34.4%。我们建议，将四煤城采矿业从业人员占比 10% 以下，作为衡量黑龙江省煤炭城市转型的重要标准。再加上四煤城的煤炭资源赋存条件和开采技术条件较差，开采成本高，竞争力差等因素，进一步要求煤炭企业必须把数字化转型作为企业的核心战略，积极推进"两化融合"，深入探索机器人及智能应用"试验基地"建设。这不仅会为一批省内高校科研院所和哈工大机器人等相关国内外企业提供广阔的应用场景，更将成为推动煤炭城市数字化经济实践的切入点。

（三）依靠精准招商承接产业转移，大力培育产业集群

2015 年黑龙江省四煤城重新面临增长困境以来，煤炭产业占比下降的同时，整个第二产业比重有的城市也出现不同幅度的降低。尽管煤炭产业（开采洗选和炼焦）比重无论是规模以上工业增加值、第二产业增加值还是 GDP 占比都出现了持续下降，但从个别城市观察看，占比仍然偏高，这也是为什么四煤城总体产业结构调整排名靠后的重要原因。值得关注的问题是，四煤城煤炭产业下降到多少为宜？如按照非煤产业占比达到 60% 以上的要求，其增加值至少要降低至 40% 以下。从表 9-2 中我们看到，2018 年双鸭山市煤炭产业产值占规模以上工业总产值的比重下降至 31.80%，增加值占规模以上工业的比重还高达 55.50%。

表 9-1　　　　黑龙江省及四煤城第二产业占 GDP 比重情况　　　　单位：%

| 年份<br>地区 | 2014 | 2015 | 2016 | 2017 | 2018 | 2019 |
| --- | --- | --- | --- | --- | --- | --- |
| 鸡西市 | 29.7 | 25.9 | 24.3 | 25.2 | 24.1 | — |
| 双鸭山市 | 26.2 | 22.8 | 22.1 | 21.6 | 20.5 | — |
| 鹤岗市 | 31.4 | 29.9 | 29.9 | 30.9 | 32.6 | 29.3 |
| 七台河市 | 40.7 | 36.8 | 36.5 | 37.4 | 44.1 | 41.3 |
| 全省 | 36.9 | 31.9 | 28.6 | 25.5 | 24.6 | 26.6 |

表 9-2　　　　2018 年四煤城煤炭产业与制造业产值比重情况

单位：亿元，%

| 项目<br>地区 | 规上工业总产值 | 煤炭开采和洗选业 | 煤炭炼焦业 | 占比 | 制造业 | 占比 |
| --- | --- | --- | --- | --- | --- | --- |
| 双鸭山市 | 362.00 | 72.56 | 42.41 | 31.80 | 240.40 | 66.40 |
| 增加值 | 79.57 | 42.64 | 1.56 | 55.50 | 21.70 | 27.30 |
| 七台河市 | 52.00 | 非煤产业增加值占规上工业的45.6% ||||  |
| 鹤岗市 | 237.20 | 93.58 | 27.57 | 51.10 | 92.23 | 38.90 |
| 鸡西市 | 271.80 | 102.20 | 11.30 | 41.80 | 39.40 | 14.50 |

黑龙江省高质量发展要求，第二产业占比要达到 35% 以上。从 2014—2019 年的数据看，四煤城除七台河市均未达到，有的甚至低于全省水平。决定一个地区经济长期稳定发展的关键是保持一定规模和水平的制造业，新冠肺炎疫情再次证明：制造业所蕴含的生产能力知识积累是一个国家长期经济发展的关键。制造业既是创新的来源，也是创新的使用，两方面都离不开制造业。问题是国内产业集群分布已经形成，尽管出现部分梯度转移，但黑龙江省并未成为相关产业转移的落地省份。四煤城如何充分发挥本地优势，抓住机遇精准招商就成为决胜产业转型的关键。

通过调研七台河市江河产业园联顺生物医药等项目的落地，对煤炭城市发展接续产业实现转型的启示有三条。一是扬长避短，选择能与四煤城自身优势资源有效结合的产业，以龙头企业吸引集聚形成区域产业集群。比如四煤城拥有丰富的电力资源、黑龙江省东部丰裕的自然资源、"一带一路"的开放资源。二是扬长克短，即选择附加值较高但对资源环境要求比较高的中高端制造业，避开那些对运距运费要求较高的低端制造业。比如，可选择矿产品深加工、生物医药、精细化工、石墨产业、数据储存、无人驾驶、人工智能等。三是扬长补短，即选择的产业落地的过程中，要注意做好产业配套和形成产业簇群，尤其要补齐基础设施的必备短板和地方政府执政能力和水平的关键短板。

### 三 整合生态文化两张牌，培育黑龙江特色风情游

黑龙江省煤炭城市的产业构成是由其资源禀赋结构决定的，要想完成转型实现经济可持续发展，必须经历一个技术不断创新、产业不断升级以及硬件基础设施和软件制度环境不断完善的结构变迁过程。表现在产业构成上必然是一个降低、两个提升的过程，即降低第一产业的比重，适度提升第二产业比重，大幅度提升第三产业比重的过程。

四煤城第三产业比重过低，需要经历一个持续扩大规模并不断提高效率的过程，而其中发挥重要牵动作用的产业就是旅游业。然而，四煤城旅游业的发展尚处于缺乏理念定位、各自为政、杂乱无序的自发演进过程中，当前亟须解决好旅游资源、目标客户、旅游产品和文化灵魂四个问题。

#### （一）整体看待四煤城的旅游资源

这涉及黑龙江省旅游资源的整体划分问题。黑龙江省的旅游资源可以划分为三大块，即东部综合、北部森林和西部特色。四煤城就位于东部综合的中心地带，这就需要建立以打造东部整体综合旅游资源，合作共享的发展理念。建议组建东部四城市+伊春+黑河的城市旅游联盟，共同打造黑龙江省东部生态界江等旅游精品线路。

#### （二）重新划分和确定煤城旅游的目标客户群

一是强化当地和周边，增强省内吸引力。对本省人都缺少吸引力的旅游产品，如何吸引外地人的持续流入呢？能形成对省内3773万人的旅游吸引力，就已经远超过2018年东部四城市的总人次数。二是塑造统一品牌，精准营销。在建立东部城市旅游联盟网络平台的基础上，统一宣传标识、统一旅游主题线路、统一推介等活动，打造黑龙江东部特色风情旅游品牌。

#### （三）提升旅游品质的关键在于注入文化灵魂

首先，要下大力气弘扬"北大荒"精神，凝练煤城的"城市精神"，把煤炭城市的创业精神融入"北大荒"精神，并成为其重要的组

成部分。事实上黑龙江省四煤城的历史就是黑龙江省东部北大荒的创业史，建议黑龙江省参考借鉴《西迁》，大手笔打造一部属于黑龙江省北大荒创业史诗性的专题片。让我们当代和后人永远铭记这一段新中国黑龙江北大荒的创业史。这段历史将会成为黑龙江在新中国建设中爱国主义、奉献精神、创业创新精神的集中体现。而这就可以成为黑龙江省东部三江平原的文化灵魂和精神家园。当中有太多可供挖掘的文化资源+生态旅游资源的全新组合。比如，友谊农场北大荒精神、七台河的冠军精神、鹤岗的矿史陈列馆、佳木斯的农垦创业史等。当一个地区重塑了灵魂就等于赋予了它永恒的生命！

其次，定期组织全省的大中小学生和社会各界开展各种类型的宣传教育活动，形成良好的社会氛围。比如，运用市场手段整合东部旅游资源，面向全国宣传"北大荒"精神+"煤城"精神+生态东界游为主题夏令营活动的游学，可以先从省内做起，四煤城+佳木斯市等东部城市率先做起。当然，这需要融合各类资源，不仅让孩子们了解新中国北大荒的创业史，更让他们在接触现代化农业、矿山开采、现代工业等各种知识的同时，领略黑龙江省东部大界江、大湿地、大农业等生态风光，以及了解各种营养丰富的绿色食品。最为重要的是，让我们的孩子们热爱这片土地，愿意为这片美丽的土地创业耕耘。

总之，要将旅游业作为串联起四煤城传统与现代服务业的重要纽带，把旅游业作为激活四煤城各类沉睡资源的关键引擎，把旅游业作为持续吸引外部要素集聚的内生动力。

**四 提升对外开放层次水平，重点打造两类"飞地"经济**

黑龙江省的对外开放度和层次水平本就不高，而四煤城的对外开放程度就更低，已经成为严重制约煤城转型升级，乃至全国排名落后的重要影响因素。这不仅需要从思想上提高站位、强化认识，有敢于与任何人合作的勇气和自信，更要有与人沟通合作的能力和载体。建议四煤城+佳木斯市要重点利用好三大载体。

（一）对接国家"一带一路"，成为"中蒙俄经济走廊"重要枢纽节点

依托"三桥一岛"大通道，做好联结国内合作和俄罗斯等外部资源的桥头堡和中转站。比如，进口俄罗斯重要矿产资源的精深加工，吸

引俄罗斯等国外高技术人才的产业基地。

（二）充分利用中国（黑龙江）自由贸易试验区，加快投资便利化落地

地域上四煤城并不在中国（黑龙江）自由贸易试验区的三个片区，但自贸试验区先行先试的各种便利化政策适用的范围却是全省的。四煤城要认真研究、精心谋划，充分利用好自由贸易试验区的"试验"平台，开展各种金融创新活动，比如，发行债券、吸引国外股权投资、跨境人民币和卢布结算和借贷业务等。

（三）深度推进与广东的对口合作，重点打造"飞地"经济

"飞地"经济已经成为开发区建设和产业转移的新趋势，这里的关键是如何通过"带土移植"，通过规划、建设、管理和利益分配等合作和协调机制，实现互利共赢。当然，我们建议四煤城目前发展的重点是正向"飞地"，可采取两地共投型模式。七台河市的江河产业园区建设具有典型意义，需要深入研究并加以推广。

## 第二节 提升城市功能，加快形成要素集聚效应

在传统计划经济体制下，黑龙江省东部煤炭城市的发展受到国有资源开发企业的垄断控制，表现为一个城市企业化和企业城市化的过程。在制度和产业技术的双重约束下，城市的产业结构具有高度刚性，极易因煤炭企业的不景气造成"多米诺骨牌效应"，对城市发展和稳定造成全面冲击。因此，煤炭城市的转型从根本上说是城市功能的转型：由单一专业化向经济多元化转化、由煤炭型城市向综合性城市转变、由原料生产基地向地区经济增长中心转变。从这个意义上说，煤城转型就是"新型工业化"和"新型城镇化"的充分融合。

### 一 将边境煤炭城市纳入国家《兴边富民》规划[①]

黑龙江省煤炭城市要想短期内突破各类陷阱，必须依靠强大的外力推动。建议黑龙江省将鹤岗市、双鸭山市和鸡西市所辖区域全部纳

---

[①] 2017年5月28日，国务院印发了《兴边富民行动"十三五"规划》，这里指黑龙江省东部四个煤炭城市争取被纳入国务院的《兴边富民行动"十四五"规划》。

入《兴边富民》规划当中，充分享受省政府的多项优惠政策支持，并力争获得国家《兴边富民》规划中的一系列工程建设项目和政策措施。这就需要相关部门把工作做细、做实，精挑细选的同时还要有顶层设计，从全局谋划，把所获得国家支持的工程项目和政策优惠能够最大限度地覆盖四煤城，并发挥最大功效。七台河市由于地理位置的原因，建议可以享受黑龙江省指定的《兴边富民》行动中的优惠政策支持。

总之，黑龙江省相关部门与四煤城政府要落实落细，最大可能地争取到国家支持项目和优惠政策。最为关键的是，四煤城及省政府等相关部门组织省内智库认真研究国家《兴边富民》政策、四煤城的各类项目储备和客观发展需求，积极与其沟通并获得国家的支持和信任，抢占先机，赢得发展的主动权。

## 二 把人口城市化作为煤炭城市转型的重心

根据数据显示，2012—2018年四煤城户籍总人口由537.2万人下降到490.8万人，减少了46.4万人。其中，七台河户籍人口减少了14.7万人，鸡西市2013—2018年户籍人口减少了13.9万人，鹤岗市户籍人口减少了9万人。尤其需要注意的是，鸡西市和鹤岗市的市区户籍人口，这期间均减少了6.8万人。另据双鸭山市统计部门抽样推算，2015年与2010年相比，该市净流出人口增加1.4万人（2015年净流出5.8万人，2010年净流出4.4万人），还有加速趋势。2018年数据显示，双鸭山市迁往省外10302人，而省外迁入只有1346人，相差8956人。

*（一）深刻认识人口负增长的趋势性特征*

四煤城人口持续减少的因素是多样和复杂的，但四煤城人口的长期负增长已然表现为一种中长期的趋势性特征。比如，鸡西市从2010年开始出现负增长（死亡人口大于出生人口），截至2018年累计自然减少了3.5万人。2018年鸡西市人口自然增长率为-1.25‰，2017年双鸭山市人口自然增长率为-9.63‰。另从四煤城人口年龄结构看，35岁以上人群占比均在65%以上，鹤岗市甚至超过70%。而18—34岁人口占比20%左右。

表 9-3　　　　　　2018 年四煤城人口及自然增长率　　　单位：万人，‰

| 指标\地区 | 年末户籍人口 |  | 年平均人口 |  | 全市自然增长率 |  |
|---|---|---|---|---|---|---|
|  | 全市 | 市辖区 | 全市 | 市辖区 | 全市 | 市辖区 |
| 鸡西 | 175 | 80 | — | — | -1.1 | 0.49 |
| 双鸭山 | 94 | 44 | 143 | 48 | -14.69 | -11.89 |
| 鹤岗 | 101 | 62 | 102 | 63 | -10.11 | -11.62 |
| 七台河 | 79 | 48 | 79 | 48 | -10.51 | -9.83 |

资料来源：《中国城市统计年鉴（2018）》。

建议将四煤城（包括东部城市在内）以边境城市看待，享受三胎政策的基础上，针对生育意愿不足的突出问题，认真研究精准施策。也可以考虑将这一政策扩大化，即凡是在四煤城居住一段时间，属于常住人口的均享受三胎政策等措施。另外，提高四煤城的医疗康养的服务水平，不断提高现有人口的预期寿命。但是从中长期看，人口保持负增长的趋势很难从根本上得到扭转，还要将注意力集中在煤炭城市人口流动的结构性特征上。

（二）着力突破人口流动的市场化陷阱

人口流动的市场化陷阱是指：经济欠发达地区需要通过深化市场化改革释放经济活力，促进经济发展，但市场化进程的深入又使经济欠发达地区人口加速流出，加剧了人口流失问题。四煤城近些年出现加速人口流失、人才外流的根本原因就在于受区域经济发展的制约，就业岗位少、收入水平低。而人口、人才的快速流失反过来又成为经济发展的制约因素，也成为导致排名靠后的重要因子。我们可从以下四个方面寻求突破。

1. 稳定现有人口和用好现有人才并举

人口向城市集聚主要因为：城市是神圣（演化为文明）、安全和繁荣之地，这也是城市出现之初就一直发挥的普遍性功能。改变过去片面强调人才（尤其偏爱外来人才）的重要作用，要突出强调人口对城市的重大贡献，大力弘扬"以人为本"的城市发展理念，只有做到尊重每一位"城市人"，才有可能保证各种人才政策真实落地。四煤城在全省可率先推出借鉴发达地区对户籍人口打分制度，户籍人口按照综合得分享受城市的各种公共服务，而不是根据学历、学位等条件给予那些引进人才某些特殊优惠待遇。在提供公共服务面前，应该做到人人平等。这样才是人人共建、人人共享的城市，这样才能凝聚人心、艰苦奋斗、再创辉煌。只有把人作为城市发展的主体，人才的作用才能真正发挥，才能真正吸引更多的人和人才涌入你的城市，跟你共同铸就梦想。

2. 高度重视本地高校建设和人才培养

煤城人口流失的特点突出表现在：文化程度越高流出的比例越大、大学毕业生流失问题严重和专业技术、高技能人才成为重灾区。常常出现一边出台各种优惠政策吸引外地人才，一边本市大批各类专业技术人才快速流失的悖论。结果常常是下大力气吸引来的人才，没多久又变成那边流失的人才。这里既有客观因素，更有主观能动性发挥严重短缺的问题。应当重新认真研究一下，如何让拥有全市78%（2015年双鸭山市调研报告）专业技术人才的事业单位更好地发挥作用？既不能推向市场撒手不管，也不能维持原状全部供养。应当寻求一种"鲇鱼效应"，引入竞争机制的同时还要保证必要的稳定性。这条鲇鱼就是城市的大学。

城市的大学一方面向城市提供各类专业人才，另一方面这些人才也是改变单一产业向产业多元化发展的主体动力。过去我们总是一味强调，高校要按照市场的需要培养人才，殊不知煤炭城市自身单一产业的市场需求必然形成原有大量专业技术人才的闲置和无事可做，结果就是纷纷离开，于是负反馈持续发挥作用，形成陷阱效应。打造优秀城市的好方法就是建立能够吸引与培养人才的学校。要愿意投入、舍得投入，建议教育经费支出占GDP比重不低于5%[①]（2018年鹤岗市教育经费占比5.07%，七台河市占比3.42%，双鸭山市和鸡西市均为2.99%）作为煤炭城市转型的约束性指标进行考核与评价。在继续保持财政教育投入强度的同时，积极扩大社会投入，并确保各类教师待遇落实到位的政策执行。

3. 大力发展现代服务业吸引人口集聚

现代服务业是提升城市能级水平的重要产业支撑，城市的现代化是

---

① 从全世界范围内来看，教育经费占GDP的比重，世界平均水平为4.9%，发达国家为5.1%，欠发达国家为4.1%，我国已连续七年占比超过4%。

通过城市服务业的社会化、专业化和现代化来体现，它是第一、第二产业分工和专业化程度不断提高的结果。

首先，现代服务业是一个相对动态的概念，它根植于传统服务业，它与第一、第二产业是相互依存的共生关系，它是第一、第二产业分工和专业化程度持续提高的结果。因此，煤炭城市重点在于降低交易费用，即一方面通过国家机关事业单位改革和国有企业改革，打破垄断扩大市场准入等降低内生交易费用；另一方面大力发展交通、通信和基础设施建设等降低外生交易费用。

其次，积极鼓励各种生产和生活性服务业的大量涌现。各种服务增强型产品的不断出现，使越来越多的生产者把通过服务产生的差异性作为主要竞争手段，获得竞争优势。因此，煤炭城市要探索工业化、信息化、服务化和城市化融合发展，实现"四化"同步。切入点在于：政府部门和国有企业中的大量公共服务和生产性服务领域的市场化程度。建议先从政府部门的后勤服务展开市场化试点，还有医疗机构、大中小学及幼儿园教育等事业单位，大胆引进各类市场主体（重点是民营资本）公平竞争。同时，积极推进国有企业资产重组，依据交易成本推动生产性服务部门的市场化。

4. 持续提高居民收入，保障和不断改善民生

当前和未来获取收入的高低是产生人口区域性流动的重要因素。但从城镇和农村居民人均可支配收入上看，无论是绝对值，还是增幅，四煤城的排名均为全省最后。2015—2018 年，鹤岗市和鸡西市一直排在全省城镇居民人均可支配收入的后两位，最好的双鸭山市也一直是全省第六位。农村居民人均可支配收入就好一些，但七台河市在 2018 年全省垫底。值得注意的是，2018 年四煤城城镇和农村人均可支配收入的增幅无一例外均排在全省后几位。如何持续增加四煤城居民收入，应当成为稳定人口存量、吸引人口增量的重要内容。

提高收入的基本逻辑是：在"提低扩中"的同时，把对企业用工成本的影响降到最小，还要最大可能地降低企业的人工成本。建议在四煤城推行以提高家庭收入为目标的增收工程。具体的思路是：首先，以家庭为单位统计和给予补贴。其次，家庭收入的提高分为即期和远期两部分。即期包括医疗补贴、居住补贴、子女抚养教育补贴、赡养老人补

贴、特殊地区补贴；远期就是持续提高养老金。需要说明的是，这些补贴和养老金是面向所有四煤城常住家庭，而非户籍家庭。子女和老人每增加一个按比例提高相应补贴。特殊地区补贴包括凡是国家允许范围内的均足额按时发放。养老金部分，要让企业和低收入家庭增幅快于机关事业单位，最终退休时获得的养老金差距能够有所缩小。要探索"地方政府+家庭"的市场化模式，购买商业保险产品（医疗、子女教育、养老等）。以上这些补贴采取在建立家庭补贴独立账户的基础上，即期补贴划拨、远期记账的方式。再次，提高最低生活标准和最低工资标准的同时，采取抵扣税费的方式不提高企业或公司的经营成本，并对提供就业和足额按时缴纳"五险一金"的公司给予奖励。最后，落实财政转移支付同农业转移人口市民化挂钩机制。一句话：中央政府和国有企业补贴大头、地方政府少收税补小头，补贴各类中小微企业创新创业，不断增强生活在四煤城家庭的城市吸引力和归属感。

### 三 深度优化城市层级结构，科学做好城市发展规划

科学规划城市空间布局，优化城市层级结构就是完善城镇体系。从维护国家"五大安全"和打造东北亚高度互联载体的视角，煤炭城市的层级结构应当服务于全省的城镇体系与城镇化发展格局。可以借鉴德国的经验，立法先行。通过制定地方法规确立追求区域平衡发展和共同富裕的发展理念。在城市规划和区域发展上，形成两大最高宗旨：在全境内形成平等的生活环境，减小各地区的差异；追求可持续发展，使后代有生存和发展的机会。

（一）打造两个城镇组群，形成一个城镇（轴）带

黑龙江省超过百万人口的城市只有三个（哈尔滨市、齐齐哈尔市和大庆市，指市辖区年均人口）。认真研究落实黑龙江省城镇体系空间布局提出的：围绕两个区域综合性中心城市（牡丹江市和佳木斯市）构建两个城镇组群——"牡丹江市+鸡西市+七台河市"城镇组群和"佳木斯市+双鸭山市+鹤岗市"城镇组群——形成黑龙江省东南部城镇组群（轴）带。我们强调的城镇是指市辖区和城关镇。为此，需要三个条件来实现。

1. 突破原有行政区划，打造百万人口城市

从地域上看，这两个城镇组群所辖地域涉及众多城镇、森工和农垦

企业等，隶属关系比较复杂（尤其是财政、职位和人员的隶属关系），多种行政主体的发展思路各异，顺畅沟通和有效协调的成本非常高，必须突破原有的行政区划和行政管理模式。建议在这两个城镇组群地区全面推行省管体制，市县主体平等的人、财、物政策，这也是实现区域协调发展的重要制度性条件。在全省统筹的基础上，以4个百万人口城市——鹤岗市、佳木斯市、双鸭山市和鸡西市——为中心连接周边城镇。一是研究鹤岗市和鸡西市建设百万人口边境城市的发展战略规划，尽快形成相关研究成果和上报材料，与国家相关部门沟通，争取相关支持政策和项目落地。二是为双鸭山市百万人口城市建设争取相关政策支持和项目落地。

2. 加快基础设施建设，形成立体交通网络

多中心城镇群需要方便快捷、便宜安全的立体交通网络实现人与物的畅通流动。佳木斯市、鹤岗市、双鸭山市三个城市呈三角形，建议修建城际轨道交通网实现三地人口的快速流动。这个三角形城际轨道交通环线上的节点可以设置为城关镇，方便带动周边城镇融入三个城市，实现人口的快速流动。边境百万人口城市的概念，我们更倾向于整体保证三百万人的城市存在，而不是城市之间的人口争夺。

3. 完善节点城镇的公共服务，保护好城镇间的生态空间

这样就会真正形成以县域经济+市辖区经济带动周边农村经济的发展格局，也会走一条维护生态安全、集约土地和资源的城镇化发展之路。我们强调，无论城关镇还是市辖区所提供的生活服务配套的质量水平不能差距过大，甚至持续拉大。比如，交通、通信、教育、医疗、供水供电燃气取暖等城市生产生活基础设施服务逐步实现均等化。最终的方向是形成两个大都市圈，即"双鹤佳"都市圈和"两大湖"（兴凯湖和镜泊湖）都市圈。持续提高各个节点城镇公共服务能力和水平的同时，特别强调对城镇间生态空间的恢复和保护，山水林田湿地矿与中心城镇之间的融合与协同，实现紧凑集约、高效绿色发展。

（二）加强规划引领，提升城市综合承载能力

一个城市能得以发展，首先是有长期的规划，当然这个规划既是战略性的，又要富有弹性和灵活性。一定时期内区域资源能源、生态环境、基础设施、公共服务等对经济社会发展的承载和支撑能力，是确定

城市定位和规模的基本依据。当然，煤炭城市的综合承载能力还存在很大的提升空间，这不仅有利于煤炭城市转型升级，更能够辐射带动周边中小城镇，实现区域协调发展。

第一，坚持远见、整体规划。规划一旦确定至少要三五十年，甚至百年都不能改变。比如，依法确定下来哪些是不能开发的地区，在严格遵照国家主体功能区建设要求的同时，四煤城及东部城市规划应当有更加严格的生态红线，耕地红线，矿山开发红线，城市空气、水、垃圾等污染物排放物和工业污染物排放物的红线。那种在水库附近搞房地产项目的行为要坚决予以纠正，我们提议省人大能否通过立法严禁在各类环境治理项目附近做房地产等商业开发项目，为城市多保留一块自然生态环境。再如，城市建筑与周边环境的天际线、城市建筑的整体风格和历史文化氛围等都要作为红线规定不能触碰。要加强对城市的空间立体性、平面协调性、风貌整体性、文脉延续性等方面的规划和管控，留住城市特有的地域环境、文化特色、建筑风格等"基因"。坚持远见还要求规划经过批准后要严格执行，"一张蓝图绘到底"。因此，城市规划立法和严格执法就显得格外重要。当然，也要与时俱进。既有战略规划，又能确保规划落实，同时还要深入地、广泛地为人民解决问题，方案的落实要有效也要有弹性，每年（乃至三五年）都应当依据实际需要进行微调，目的就是要让城市充满创造力和富于创新精神。

第二，合理提高密度，停止"摊大饼"。北京城市实验室的研究指出，截至2010年，全国654个城市中有超过27%出现了人口密度收缩。黑龙江省的一些城市也出现人口密度收缩现象，煤炭城市的情况同样比较严峻。如今必须树立并坚持提高城市密度的理念，停止所有"摊大饼"式的城区扩张。即使是沉陷区棚户区改造，也要因地制宜，秉持提高城市密度的原则重新规划设计，真正做到生产空间集约高效、生活空间宜居适度、生态空间山清水秀。以城市综合体的模式来增强城市内部布局的合理性，提升城市的通透性和微循环能力，把好山好水好风光融入城市，形成绿色低碳的生产生活方式和城市建设运营模式。宜居城市就是住在那里非常便利。一平方千米如果有100—120个街口，这样的城市就非常宜居，而不是那些中看不中用的盆景式新城区。

第三，塑造城市精神，赋予城市生命。城市作为人类的创造物，它一定具有某种人类精神，同时也会表现出生老病死的生命体征。这种城市精神就是城市文化，而文化是城市生命永续的内在动力，正如人的灵魂。因此，重塑城市精神就是要重塑城市文化，或者说重新找回煤炭城市过去辉煌创业史中蕴藏的文化基因。

回顾历史是为了更好地展望未来，如今资源型城市的大部分人对过去艰苦的创业历史是模糊的，甚至是扭曲的。这需要我们将它们重新挖掘，用当代熟悉的语言和故事感染和激励他们，看清当下和未来，增强转型发展的决心和勇气，坚定必然成功的信心和意志！一个城市具备哪种精神和文化，集中反映在市民的精神追求和日常生活中，更体现在政府的执政理念和治理能力上。

# 第十章

# 黑龙江省资源型城市绿色发展的实现路径

由于黑龙江省资源型城市众多而且情况各异，相互之间的差距也比较大，为此，我们在对策建议中，提出分两部分内容进行研究。第一部分主要是针对黑龙江省资源型城市绿色发展的共性问题，提出相应的对策建议。第二部分结合三类资源型城市的不同特征、发展阶段和发展方向，具体提出煤炭城市、林业城市和石油石化城市绿色发展的实现路径。

## 第一节 黑龙江省资源型城市绿色发展的总体建议

绿色发展应当作为资源型城市实现转型发展的发展理念和发展模式。

### 一 建立和完善黑龙江省资源型城市绿色发展考核体系

在我国以政府主导的政治经济环境下，建立和完善一个新的对地方政府的考核指标体系，对改变地方政府的预期和行为，建立一个新的发展模式是最为现实的对策选择。而2013年的《国务院关于印发全国资源型城市可持续发展规划（2013—2020年）》中就规划实施的保障措施中，在强调组织领导，要求各有关省级人民政府要切实负起总责，做好统筹协调，加强对资源型城市可持续发展工作的组织领导，出台配套政策措施，明确工作责任，确保规划提出的各项任务落到实处，各资源型城市要按照本规划加快制订实施方案，明确工作时序和重点，落实责任主体，建立和完善工作机制后，最大的亮点就是首次提出了要完善考核指标。

针对完善那些考核指标，《国务院关于印发全国资源型城市可持续发展规划（2013—2020年）》也做出了必要的说明，它们包括：建立资源型城市可持续发展统计体系，制定和完善有利于资源型城市可持续发展的绩效评价考核体系和具体考核办法，把资源有序开发、接续替代产业发展、安全生产、失业问题解决、棚户区搬迁改造、矿山环境恢复治理、林区生态保护等工作情况，作为综合考核评价的重要内容。对此，我们总结为建立和完善绿色发展的考核体系。结合我们前面的研究，这个考核体系包括三部分内容。

首先，建立资源型城市可持续发展的统计体系。也就是说，通过统计指标的理念变化，最终体现为行动上的转变。改变过去的统计内容和体系，选择以可持续发展理念为指导的统计内容和体系，当前来说，就是绿色发展的统计体系。比如，绿色GDP等前面讨论过的一系列新指标。其次，制定和完善有利于资源型城市可持续发展的评价考核体系。最后，具体的政府考核办法。这里面既包括如何考核实施，更应当包括责任追究机制的建立和完善，当然也包括监督机制的建立和完善。可以说，针对地方政府的考核监督机制的建立和完善日益提到议事日程。我们认为中央政府对地方政府的绿色发展考核和监督机制的建立和完善固然十分重要，也相当切中时下的要害之处。最为重要的应当是如何构建出资源型城市自身的发展动力和机制，这才是资源型城市真正实现可持续发展的根本保障。

## 二 走以市场为导向的内生型城市化道路

黑龙江省应当坚持走以市场为导向的内生型城市化道路，这也应当是解决黑龙江省资源型城市转型的依据和方向，城市转型较产业转型就显得更为重要。理由是城市转型为产业转型提供有效的制度安排，而有效的制度安排刚好是降低内生交易费用的关键。对此，我们提出城市发展战略的基本框架，以推进资源型城市的转型。中心城市突破和带动的城市发展战略是一个科学的、系统的和不断创新的庞大体系，它应当包括：城市发展定位战略、城市文化整合战略、城市产业簇群战略、城市名牌发展战略、城市转型发展战略、城市竞争提升战略、城市经营战略、创建学习型城市战略和可持续发展战略等。鉴于篇幅有限，我们这里重点讨论三大战略。①

(一) 城市定位战略——发展的方向和目标

进行城市战略定位，就是首先要回答好"我是谁""我从哪里来""我要到哪去"和"我何以与众不同"的问题。其次要解决好城市的发展方向和目标、发展规模和等级、发展速度和形态、独特文化和品牌、精神理念和魅力、治理结构和经营模式、核心能力和竞争优势等。对于这两个层次的战略定位问题，都要按照唯一性、独特性、创新性、排他性、权威性和系统性的原则，为城市创造和确定一个独特的、清晰的、明确的、远大的、恰当的和正确的发展方向、发展目标和发展愿景。创造和确定一个广泛认同和自觉践行的，能够激励和指引市民为之不懈奋斗的发展理念和共同愿景，制定和推展一个能够吸引和聚集国内外投资者、创业者、旅游者和各种发展资源争相流进的城市定位，才是城市快速发展、持续成长、永葆青春活力，不断扩大规模和提升等级，取得更大成功的首要因素。所以，我们必须首先对城市进行战略定位，然后再谋划设计战略内容。没有正确的战略定位，就没有正确的城市战略。因此，城市的战略定位，实际上就是城市战略中最首要的内容和最关键的部分。在城市发展的战略定位中，我们认为明确城市体系定位、城市性质定位、城市产业定位、城市特色定位、城市品牌定位和城市理念定位最为重要和迫切。

(二) 城市产业簇群战略——发展的基础和动力

加快城市发展和城市化进程的基础和动力是经济发展，而经济发展的核心与关键是实施产业簇群战略，发展"集群型经济"。因此，城市经济发展的内在要求和客观规律就是企业聚集和产业簇群。而产业簇群就是指在经济发展中，一簇或一群既独立自主又彼此依赖，既具有专业分工、资源互补现象又维持着一种长期的、非特定合约的企业在城市地区或某个地域范围内的聚集发展。而所谓产业簇群战略，就是指在城市经济发展中，政府按照产业簇群生成和发展的内在规律，培育、构造、

---

① 徐旭：《黑龙江省城市化发展战略问题研究》，《行政论坛》2005年第4期。

选择、推进、提升和不断创新的能够支撑、驱动、创造城市经济社会快速、高效、协调、可持续发展的，具有强大国际国内竞争力的、独具特色的优势产业集群。其目的是从根本上改造和再造过去计划经济体制下所形成的不适应当今全球市场经济发展的经济结构与产业结构，从根本上解决资源型城市的立市、兴市和强市产业的战略问题。

在构建、培育和发展黑龙江省城市产业簇群时应当注意的问题。第一，要培育产业簇群的三个要素：宏观要素、中观要素和微观要素，这是产业簇群能够生成、发展和升级的必需条件和环境保障。第二，要关注影响产业簇群发展的三个领域：本地竞争的密度、本地培育新事业的环境和将产业簇群成员聚合起来的正式或非正式机制的效能。第三，要兼顾产业簇群发展的深度和广度，产业簇群通常需要10年甚至更长的时间才能获得实质性的竞争优势，这也是为什么政府企图利用较短时间创造产业簇群的做法经常失败的原因。因此必须遵循客观规律来发展产业簇群。第四，要抓住产业簇群的地理区域特点，即对外导向的产业簇群是引导该地区经济长期成长与繁荣的主要来源。这类产业簇群的成长远超过本地市场的规模。产业簇群比较可能从政治疆界做辐射状扩散。第五，要构建产业簇群发展计划。产业簇群发展计划提供了一个城市经济发展的新途径。着眼于产业簇群的努力比任何经济方面的课题都更能吸引企业的广泛兴趣和参与热情。企业、政府和大学间的对话，也会在比较具体的层面提高行动的可行性。产业簇群计划不仅能锁定政府政策的讨论，也能发现并有助于解决民间部门的问题。这种按照产业簇群生成和发展的规律要求制订的指导方针性质的产业簇群发展计划，可以更有效地指导和推动黑龙江省城市产业簇群的形成和持续发展。

（三）城市文化战略——发展的灵魂和魅力

城市不仅是由人所建筑的工程技术产品群体，更是集合了历代城市建设者和享用者们思想、艺术、精神、观念和哲学的文化载体，是特定的文化产物。一个城市是否具有吸引力和凝聚力，是否具有竞争力和独特魅力，非常重要的标志就是看它的文化资源、文化氛围、文化命脉、文化特质和文化品位。一个城市只有具备丰厚的文化积淀和文化内涵，才会有鲜明的个性、独特的风格、迷人的魅力和特殊的亲和力。现代化城市必须是人人共有、人人共享、以人为本、人为为人的城市。必须具有凝聚市民建设现代化和创造新生活的精神文化力量；必须拥有凝聚、指导、激励和约束市民自觉奉行和为之奋斗的先进理念、核心价值观、精神支柱和力量源泉；这就是被称为城市之魂的城市文化。

一座现代化城市，如果缺乏先进文化的引导和支撑，缺乏优秀民族文化的积淀和熔铸，缺乏推进世界先进文化和民族优秀文化的发展战略，就只能是一尊没有灵魂的泥塑和一片没有文化的荒漠。正是基于这样的文化理念、文化认知、文化关怀和文化追求，全国许多省市特别是经济文化发达的省市和想要创造国内外著名品牌的城市，纷纷推出打造文化大省和文化名市的城市文化战略。在这种形势下，黑龙江省的资源型城市应尽快制定和实施独具特色的城市文化发展战略。

1. 城市文化战略的巨大功能和基本内涵

城市文化在大多数情况下就是一个国家、一个民族和一个地区的主流文化。在城市文化中，市民文化又是城市文化的基础和核心，城市文化的生命力存在于广大的普通市民之中。作为"温暖的内心"的现代城市文化，只有依靠这个城市普通市民的伦理情感与文化情趣才能得以形成和发挥作用。

城市文化首先是创业者和领导者的文化，城市的创业者和领导者决定着一个城市文化的主要特征。城市文化的本质在于塑造市民心中的真理，塑造潜意识里面的信念和习惯，塑造积极向上和出类拔萃的优秀市民群体。城市文化是通过城市高层领导文化、深层制度文化、底层精神文化、核心层市民文化、浅层行为文化、表层物质文化和全层环境文化等层面体现出来的。其中企业文化在城市文化中的地位和作用至关重要。它是城市文化发展创新和与时俱进的动力源泉。

2. 实施城市文化战略的关键和主要内容是文化特质的整合设计、提炼升华、上下认同和推广实施

城市的文化战略包括城市理念的策划设计、城市精神的提炼概括、城市文化的整合升华、城市核心价值观的科学确立和城市文化特质的恰当定位。同时，也包括文化项目的启动与实施、文化人才的选拔与培养、文化管理体制的改革与创新、文化产业的孵育与推进、文化发展战略与经济、社会、科技发展战略的整合等。就我们调查研究的结果显示，黑龙江省绝大多数城市都没有真正地进行过文化战略上的全面、系

统、深度、有效的整合，致使黑龙江省的城市文化建设不仅没有达到文化战略的高度，没有很好地发挥城市文化的巨大功能作用，而且还严重地制约和影响着黑龙江省经济社会的发展及城市竞争力的提高。可以说，黑龙江省的城市文化建设上处在并不成熟的低级阶段。

当务之急是组织专业机构和专家集团，对黑龙江省城市整体和城市个体的文化特质进行科学有效的整合，这也是黑龙江省文化战略的核心内容。黑龙江省的文化资源是相当深厚的，只是我们现在还没有科学、有效、系统地整合出来，所以黑龙江省城市文化在整体上还是含混不清和个性不明的，这在很大程度上影响了全省各个城市文化特质的提炼和确立。在黑龙江省过去的文化提炼和概括中，有"冰雪文化""黑土文化""北疆文化"和"流人文化"等概念，这显然都是文化表象和粗浅概括，没有深入内核和本质。黑龙江省的城市文化特质应当概括为四个字：创业创新。黑龙江省精神的内核与本质就是创业创新。

3. 城市实施文化战略中应当遵循的四个原则

一是要政府主导和城市主体创造相结合。既坚持发挥政府主导型文化发展模式的决定性作用，又充分发挥城市主体即企业、事业、机构、团体和全体市民的积极性、主动性和创造性。这是成功地实施城市文化战略的可靠保证。二是要搞好城市文化发展的科学定位，尽快做好包括定位在内的城市文化发展战略的研究制定。三是要经营好自己的城市文化。在经营城市文化方面，要学会经营城市的"历史牌""特色牌""优势牌""产业牌"和"名牌牌"。四是要搞好城市文化整合营销，使城市的文化特质、品牌和魅力高度聚焦和最大释放，快速提升城市的品牌价值和综合效应。

**三 依靠创新驱动的产业发展战略**

黑龙江省资源型城市产业转型应该以促进要素禀赋的结构升级为目标，而不是以产业结构的升级为目标。而要素禀赋的结构升级，其关键是企业形成自生能力，即创新驱动力。黑龙江省资源型城市实施创新驱动产业发展战略过程中，必须关注以下四个问题。

（一）培育和弘扬企业家精神

企业家的职能就是创新。企业家是经济发展的推动者，而企业家精神就是一种不断创新的精神，是社会发展的策动力量。（熊彼特）企业家精神就是社会创新精神。(德鲁克)企业家精神是一种不可遏制的、动态的力量，是一种世界性的追求和积极的精神，包括重视核算、注重效益。(桑巴特)我们真正应该思考的是，引领全球的为什么是苹果、谷歌、Facebook？除了一流的产品，要想像 Google、Facebook 一样成为伟大的公司，需要有一个伟大事业的价值追求和精神力量，比如更多的追求都不是赚钱。我们的企业家一定要培养理想信念！

（二）鼓励科学发展与技术创新——"与科学相关的技术"的广泛应用

科学发展和技术创新的制度化是一个复杂的过程，其中有三个关键性的环节：第一，促进科学繁荣机制的制度化。第二，市场规范和产权保护制度的完善大大强化了对企业技术创新的激励。第三，工业研究与开发（R&D）机构的设立。针对如何提高黑龙江省科学发展与技术进步，应当做好三个方面改变。

首先，由科学家组成的学术共同体建立和维护一种以优先权竞争为核心的学术规范和激励机制，对科学研究而言是最为关键的。维持一个有效运转的知识共同体，对于降低全社会的创新成本和竞争性研究开发成本起着至关重要的作用。必须消除在我国科研体制中的行政化、官本位、等级制等各种弊端积习，降低非学术因素对于自然科学、社会科学与人文科学研究的影响。其次，从技术创新来说，市场制度是这种创新活动的必要的制度基础。在这种制度的激励下，以追求最多营利为目的的企业才会成为推动技术创新、产品创新乃至制度创新的主体。最后，必须推动大学改革，建立"学术独立、思想自由"，有利于学术繁荣的学校管理新体制。

（三）大力发展服务业，特别是生产性服务业

随着分工的深化，分工和参与者之间的交易就会变得更加频繁，加入交易的人员数量也会日益增加，从而处理这种交易关系的生产性服务活动也会大大增加，生产性服务业因而快速增长，并出现了服务业向其他产业，首先是制造业渗透、融合的现象。服务业与制造业的融合有两种基本互动形式：一种是企业中两种业务的"纵向整合"，另一种是制造业"外购"服务业产品。随着生产性服务业的发展和对生产提供服务的增加，服务业与制造业的边界变得模糊起来，出现了服务业与制造

业融合生长、组成一个服务业与制造业一体化的生产体系的趋势。

（四）运用信息通信技术提升国民经济各产业的效率

信息技术或信息通信技术的快速发展和对各产业部门的渗透，是我们这个时代的突出特征，因而有人称为"信息时代"。信息通信技术的快速创新及其广泛应用确实带来了经济效率的改进，但这一过程要比人们原来想象的要更为复杂，并耗时甚久。这意味着它还具有很大的潜力，能够在相当长的一段时间内发挥作用。目前世界信息通信产业正面临着一次革命性的升级转型：一个是移动的宽带化和宽带的移动化；另一个是电信网、广电网和计算机互联网"三网合一"；还有就是硬件、软件和服务的进一步融合等。这些变革实现以后，整个信息通信产业会出现一个根本性的变化。我们应该积极准备，加快改革落后体制，避免被其阻碍甚至扼杀。

**四　建立和完善健康有竞争性的金融市场**

金融市场是整个自由市场经济最饱受争议和最不被了解的环节。尤其是美国引发的这场全球性的金融危机，让许多人确信，金融市场其实就是以牺牲公众利益为代价的劫贫济富的工具。但我们必须清醒地看到，健康的、竞争性的金融市场是创造生机、战胜贫困的一件利器。这是因为，金融市场哺育着新的经营理念，不断地推出"创造性的破坏"机制，不断地用新的、更好的经营理念和经营组织来挑战和淘汰旧的经营理念和经营组织。如果没有一个活跃的、有创造性的金融市场，整个经济将走向僵化和衰败！

黑龙江省的金融机构和金融市场长期发展滞后，金融效率和支持力度严重不足。为此，提出围绕资源型城市绿色发展的金融政策支持建议，具体应当包括：①农村金融改革创新；②沿边开发开放金融改革创新；③地区金融改革与创新；④发展绿色产业的金融改革与创新；⑤资源型城市转型的金融改革与创新等。

## 第二节　不同类型资源型城市绿色发展对策建议

我们针对黑龙江省的三类资源型城市分别进行了绿色发展水平分析，对此也根据《全国资源型城市可持续发展规划（2013—2020

年)》分类指导的要求,提出了分类发展的对策建议。

## 一 加快煤炭城市绿色发展的战略选择

通过上面的分析我们发现,四城市在经济转型中存在很多共性问题。最突出的表现是,四大煤城选择产业转型成为城市转型的主要内容。从一定意义上说,产业转型决定了资源型城市能否实现转型的重要内容,然而,从理论到实践,产业转型的实现一定是依托于城市转型基础上的。也就是说产业结构的升级只是结果,而真正的动力来自要素结构的升级,而要素结构的升级对黑龙江省的资源型城市来说,关键在于城市功能的转型升级。因此,我们说四个煤城对转型的认识还存在较大的差距和误区。这也就是为什么它们依旧在延长产业链还是寻找替代产业之间徘徊难以前进的重要原因。为此,我们强调必须走出产业升级的误区,从要素升级的角度,全面制定实施绿色发展战略,才能真正摆脱"资源的诅咒"。

(一)依托煤电化基地建设,尽快实施各有分工的产业簇群战略

1. 坚持延伸产业链战略,最大限度地提高煤炭产品附加值

四城市基本上都依托煤炭资源优势,加快发展现代精深加工项目,着力打造东部煤电化基地重点区。谋划和开工建设了一批市场前景好、科技含量高、带动能力强的大项目、新项目。坚持以立足煤、延伸煤、超越煤为主线,在煤炭加工转化和综合利用上寻求新的经济增长点,力争通过发展精深加工,使主副产品互相吃配、吃干榨尽,促进资源立体开发和循环利用。在这一点上,要继续坚持。同时还要做好两点。第一,在大力发展煤炭精深加工的过程中,必须注意控制产能,绝不是越大越好。现在四城市有盲目追求规模的倾向。一定要坚持产品的科技含量和升级换代,通过产业的发展,提高自身在煤化工领域的科技水平和研发能力,这才是保证今后企业和城市拥有长久竞争优势的关键。第二,在选择延伸产业链的过程中,一定要注意对未来产业发展方向的把握,绝不能贪图一时的虚名,提前布局未来产品或产业,甚至在自己了解不充分的情况下,就仓促上马,后果将是很惨痛的。也就是说,我们要上马的项目,其产品的科技水平要适合我们消化吸收,绝不是所谓最领先的就最好。这一点我们必须像日本的企业界好好学习。这也是我国产业科研能力差的重要原因之一。我们要静下心来,花力气、下功夫、

舍投入，从产品、技术、科研、人才、市场等各个方面，踏踏实实地做起。

2. 真正做到统筹规划、科学管理、合理布局

四个城市在选择相关煤电化产业链的过程中，必须以《黑龙江省东部煤电化基地发展规划》为蓝本，真正做到统筹规划、科学管理、合理布局。最低的要求是，四城市必须进行统筹协调，在上项目时要有全局观念。根据鹤岗、双鸭山、七台河、鸡西四大煤城的资源优势，以及牡丹江、佳木斯中心城市的人力、科技和社会发展等优势，进行统一规划，以六市的各自优势特点为基础进行科学定位，并合理分工。更高的要求是，四城市的产业布局，眼界要更开阔，应当立足东北亚地区，甚至全球产业链。这就要求省委省政府必须出面，构建一个东部五城市产业协调发展的平台和机制。甚至可以寻求在行政区划上的突破，建立黑龙江省东部经济区，超越煤电化基地，在政策上寻求更大的支持力度。

（二）遵循当地比较优势，加快发展服务业

1. 要在大力发展生产性服务业上下功夫

很多人一谈到加快发展服务业，就认为要大力发展餐饮、旅游、商贸、仓储物流或者所谓现代服务业等。这本身没错。但我们要强调的是，要加快发展为制造业、农业等生产提供产前、产中和产后服务的生产性服务业。其实20世纪发展最快的是生产性服务业。所谓生产性服务业就是它的服务产品不是卖给消费者的，不是拿去直接消费的，而是卖给生产者的。比如，前端的教育、研发（R&D）、设计、采购，后端的营销、维修服务、供应链管理、金融等。细化深化专业分工，鼓励生产制造企业改造现有业务流程，推进业务外包，加强核心竞争力；加快从生产环节向自主研发等服务环节延伸；优先发展运输业，提升物流的专业化、社会化服务水平，大力发展第三方物流；坚持以信息化带动工业化，完善信息基础设施，积极推进"三网"融合；发展专业化的科技研发、技术推广、工业设计和节能服务业。一句话，就是要大力发展服务业和制造业相融合的现代制造业。这才是我们要下大功夫去做的事情。

2. 大力发展面向民生的服务业

首先，大力发展市政公用事业、房地产和物业服务、社区服务、家政服务和社会化养老等服务业。其次，大力发展教育、医疗卫生、新闻出版、邮政、电信、广播影视等服务事业，以农村和欠发达地区为重点，加强公共服务体系建设，优化城乡区域服务业结构，逐步实现公共服务的均等化。最后，大力发展旅游、文化、体育和休闲娱乐等服务业，优化服务消费结构，丰富人民群众精神文化生活。服务业是今后我国扩大就业的主要渠道，要着重发展就业容量大的服务业，鼓励其他服务业更多地吸纳就业，充分挖掘服务业安置就业的巨大潜力。

3. 积极发展农村服务业

四城市中有三个城市的农业产业比重大，人口多。因此，积极发展农村服务业具有重要现实和战略意义。具体包括两个方面。第一，围绕农业生产的产前、产中、产后服务，加快构建和完善以生产销售服务、科技服务、信息服务和金融服务为主体的农村社会化服务体系。加大对农业产业化的扶持力度，积极开展各种生产性服务。完善农副产品流通体系，切实解决农副产品销售难的问题。加强农业科技体系建设，推进农业科技创新，加快实施科技入户工程。加快农业信息服务体系建设，逐步形成连接国内外市场、覆盖生产和消费的信息网络。加强农村金融体系建设，发展多渠道、多形式的农业保险，增强对"三农"的金融服务。加快农机社会化服务体系建设，推进农机服务市场化、专业化、产业化。大力发展各类农民专业合作组织。第二，改善农村基础条件，加快发展农村生活服务业，提高农民生活质量。应当以改善农民生活条件、增加农民收入水平、提高农民整体素质为着力点。

4. 积极发展环境服务产业簇群

众所周知，保护环境、经济和社会的可持续发展已经成为中央政府和各地方政府工作的重点。而四城市的环境污染、生态破坏已经相当严重。无论是从大气、水、土壤、城市废弃物、工业固体废弃物、环境的咨询、监测和综合治理等方面，还是为实现人与自然与社会全面协调可持续科学发展的任何角度来说，积极发展东部煤炭城市的环境服务产业簇群都是必要的和急需的。据悉，"十一五"时期，我国环保产业年均增长率将达15%以上，预计到"十一五"末，环保产业年产值将达到

1.1万亿元。专家估计，我国环境资源基础设施建设高潮将在10—15年后基本结束，5—10年后环保产业将逐步向环境服务业过渡。而环境服务业是环保产业的一个重要部分，在环保产业成熟的国家里，环境服务业一般占整个环保产业的60%以上。而我国环境服务业的起步比较晚，行业基础和基础设施建设薄弱，整体技术水平较低，环境服务业所占整个环保行业的比例相对较小，约10%（据数据显示，2006年环保行业收入为6000亿元人民币，环境服务业收入约为600亿元人民币）。可以说，市场机会多多，发展空间广阔。对此，我们应该提早认识、提早规划、提早下手。留给黑龙江省的新兴产业并不多，我们一定要抓住，否则机会转瞬即逝，到时候悔之晚矣！

（三）加快体制机制改革，走新型工业化道路

增长模式转变的症结在于将行政配置主导的资源配置方式转变为市场配置为基础的方式。这就要求我们，要加快改革，减少行政干预，校正价格扭曲，完善市场经济体制，发挥市场配置资源的决定性作用。要实现这一切，最重要的在于，建立和完善社会主义市场经济体制、机制和制度。就当前，要从三个方面消除增长方式转变的体制性障碍。

1. 转变政府职能，大大减少政府的资源配置权限

我国在2000年初步建立的市场经济体制还是政府主导型的。各级政府对于信贷、土地等许多资源仍保持着相当重要的配置权力。比如，因为金融体制改革尚未到位，致使信贷资源（资本资源）的配置权力，在很大程度上仍受各级政府的影响。特别是到了"十五"计划时期，由于我国城市化进程加速，出现了一个新的政府可支配的重要资源——土地。从农民手中征收来的土地，其配置权力不在市场，而在各级政府。这对于四个资源型城市而言，政府所拥有的资源配置权力就更为诱人和巨大了。如何有效避免权力的寻租和资源配置的低效？我们认为，在相应法律制度、社会监督的基础上，更重要的还是要把资源的配置权交给市场。这就内在地要求转变政府职能，减少政府对资源的配置权限。这一点对于资源型城市而言尤为重要。

2. 改革现行以GDP增速为主的政绩考核标准

以GDP为主的政绩标准不但存在于上级对下级的考核之中，而且人大会考核领导干部和地区之间政绩的比较也采用这个标准。这就使各

级政府热衷于运用自己手中的资源配置权力,或者借助招商引资,通过大量投入资金和其他资源在短期内实现 GDP 的高速增长。这一现象,在四城市中都不同程度地得以体现。因此,希望黑龙江省能够在全国率先进行地方政府政绩考核标准的突破和创新。逐步建立和完善符合科学发展要求的新型政绩考核制度。

3. 逐步改变劳动、自然资源、资本等生产要素价格的扭曲

这是一个很重要但又经常被人们忽视的因素。计划经济条件下,我们的资源定价采取从低的原则。遗憾的是,由于我国经济发展模式的原因,这样的一个传统一直保持到现在。表现为,我国的市场化过程在商品市场方面进行得比较快,而在要素市场就很慢。劳动力、资本、土地和自然资源等要素的价格往往不是通过市场竞争形成的。它们的价格偏低甚至很多都被无偿占用。这就进一步鼓励各级政府和企业采取浪费资源的生产方式来增加产出和实现经济增长。当然,生产要素的市场化问题绝不是依靠地方政府能实现的。但是,我们完全可以通过政府构建一个公正、公开、公平的准市场化平台,来实现这一目标。而且,只有这样才有可能建立起有利于煤炭城市有效转型的制度环境。

**二 两个林业城市坚持绿色发展的建议**

对于两个林城,严格意义上说,其实并不属于资源枯竭型城市。因为,森林本属于可再生资源,只要我们切实下定决心封山育林,林业资源就会恢复,重新焕发生机。问题的关键是,我们是否能够真正认识到乱砍滥伐的严重危害,态度是否能从过去追求经济增长的传统思维上扭转过来才是关键。为此,我们强调,思维态度的真正转变才是实现绿色发展,真正做到造福子孙后代。

(一) 坚决坚持执行全面停止主伐

从 2011 年起,结合编制森林采伐限额,大幅度调减木材产量,使木材产量稳定在资源能够承载的范围内。可采资源基本枯竭的黑龙江大小兴安岭林区要全面停止主伐;内蒙古大兴安岭林区要大幅调减采伐量,逐步停止天然林主伐,包括所谓的商品林。也就是说,一棵木头也不能动!为什么,如果一方面我们说全面停伐,另一方面为了经济利益我们又放个口子说商品林或什么林可以砍,结果一定是所有的林子都会被砍。因此,我们建议黑龙江省相关部门,痛下决心,坚决坚持二十年

在两个林城严格执行全面停止伐木。

**（二）重点推动中心城市发展战略**

为什么我们的木头不断被偷伐，最直接的原因就是这两个城市聚集着当地无法解决的过剩人口。这些人要生存要吃饭要发展。于是只能在，也只会在林业资源上打转转。这就是为什么两大林城早就提出要经济转型，而事实上越来越糟的重要原因。放开户籍并鼓励当地人口外迁，自然减少当地的人口存量，这样既有利于提高当地留守居民的生活水平，同时，也有利于有能力的人员的交流和发展。这就避免了离业不离乡的怪圈，只能也只会在当地找出路的死循环。整个大兴安岭人口才51万人，还不足哈尔滨的一个群力新区人口多，小城镇建设只能继续造成更大程度上的浪费，甚至会严重阻碍两个林城的绿色发展。为此，我们主张中心城市的发展战略。但是，这个中心城市绝不是现有的所谓伊春、大兴安岭和黑河这三个城市。眼界需要放得远一点，要站在全省中心城市发展战略的角度来看待资源型城市的转型问题。

**（三）围绕生态和民生改变地方考核机制**

改变地方追求经济发展的冲动，最直接的就是改变对地方政府的激励和约束机制。通过改变对地方政府的考核和奖惩的内容和方式，调整地方政府的行为。只有这样才能真正引导生态脆弱地区、自然保护区内的居民点和人口平稳有序地向基础条件较好、规模较大的城镇、乡村转移，实行封山育林。把地方政府的关注点转移到生态保护和民生保障上面。产业的发展要在极为慎重的基础上进行选择。按照我们的要求，至少在10年的保护期内，不要选择任何产生污染的产业落地。不然，就会像停止采伐的事情一样，千里之堤，溃于蚁穴。

**（四）通过立法保证绿色发展规划的长期执行**

法治中国的提出，为我们绿色发展提出了新的要求。那就是通过立法的形式，将绿色发展规划落实到法律文件上，保证历届政府能够依法执行规划。这样长期坚持下去，一定会有所收获。

**三 大庆市实现绿色发展的对策建议**

尽管大庆市遇到了石油产量和价格双降的不利局面，而且这样的局面很可能将持续一段时间。另外，即使黑龙江省抓紧大上快上一些所谓的大项目，可以在短期内缓解大庆市等资源型城市经济下滑的态势，甚至可以出现不断回暖的假象。但是我们必须清醒地看到以下四个问题。

(一) 坚持创新思维是大庆绿色发展的根本保证

我们有一个基本的判断,那就是大庆从 20 世纪 90 年代开始,并长期坚持的创新思维引领转型发展的历史经验是非常值得肯定的。对此,我们要有一个清醒的认识,绝不能因为遇到了暂时的困难就着急否定前期的转型成果。要知道,任何资源型城市的转型都不是一帆风顺的,一定会遇到各种各样的矛盾和挫折,甚至还会有反复,对此我们一定要有一个打持久战的思想准备。因此,我们强调,前期好的思路和做法,今后必须长期坚持不懈地做下去,千万不可半途而废,甚至另辟蹊径,寻找什么新的增长点。这样的短期决策绝对要不得。贵在坚持,尤其希望大庆市把过去的一些经验总结起来,一些规划通过法律法规的形式固定下来,只有如此才能真正长期坚持做下去。

(二) 理顺思路集中发展绿色产业

大庆市在坚持原有创新思维的基础上,更要认真研究国内外发展态势和趋势,重新清晰发展接续和替代产业的方向和目标,进一步集中专注度。我们认为,从国内外大势来判断,绿色产业具有极大的市场空间。而大庆市的产业选择和发展,应该集中专注于此。即使是"三主三高"产业,也应当以绿色理念作为指引和方向,寻求后发优势,集中突破,进入蓝海。

(三) 大力发展第三产业,平衡三次产业比例关系

这是大庆市产业结构的主要矛盾和症结所在。第三产业的大力发展,就大庆市而言,我们认为其中的关键在于国有企业改革的深入进行。尤其是国有企业混合所有制改革,大力引进民间资本,甚至海外资本,积极探索国有企业的混合所有制改革的路径和模式。

(四) 争取国家政策,积极推进环境税和资源税改革

这两项税收改革,对大庆市的当地经济发展留有必要的后劲是非常重要的。大庆市应当积极争取国家相关资源型城市规划的政策,尤其是东北老工业基地规划的有利时机,率先推进这两大税制改革,全面引导当地产业向战略性新兴产业转移和投入,真正营造一个黑龙江省战略性新兴产业发展的基地和高地。

## 第三节 黑龙江省资源型城市转型绿色发展指标体系

黑龙江省的资源型城市从全国看都是极具代表性的。其中有开采近百年的煤炭城市,也有开发建设60年的大庆石油城市和大小兴安岭的森林工业城市。在为国家做出巨大贡献的同时,也日趋积累着各种矛盾和发展桎梏。这集中体现在"三个叠加"上,即原有自然资源的日益减少和逐渐枯竭+传统经济增长方式和发展模式难以转变的现实困境+绿色经济可持续发展不断提高的约束强度,使黑龙江省的资源型城市在面对经济新常态,实现黑龙江全面全方位振兴的高质量发展进程中,仍然处在爬坡过坎、滚石上山的关键时期。明确发展目标和方向是其转型发展的关键,我们尝试将资源型城市转型发展与绿色发展要求相结合,提出黑龙江省资源型城市应当把绿色发展作为所有类型资源型城市转型的目标和方向,大力发展绿色经济,努力做到经济增长与资源环境负荷脱钩,最终实现"绿水青山就是金山银山"的内在统一。

### 一 评价方法

国内对我国资源型城市转型评价和经济绿色发展评价都有很多相关研究成果。我们建立的指标体系命名为"资源型城市转型绿色发展指标体系",顾名思义,转型的目标和方向是实现绿色发展,因此,绿色发展应当是转型的核心内容。国家统计局2017年12月发布的《2016年生态文明建设年度评价结果公报》中采用了绿色发展指数,对各省区的生态文明建设进行了年度评价。这也是我国首次发布绿色发展指数评价各地发展质量,其绿色发展指数主要是由资源利用、环境治理、环境质量、生态保护、增长质量、绿色生活六个方面的指数构成。评价结果如表10-1所示。

表10-1　　　　2016年生态文明建设年度评价结果排序

| 地区 | 绿色发展指数 | 资源利用指数 | 环境治理指数 | 环境质量指数 | 生态保护指数 | 增长质量指数 | 绿色生活指数 | 公众满意程度 |
|---|---|---|---|---|---|---|---|---|
| 北京 | 1 | 21 | 1 | 28 | 19 | 1 | 1 | 30 |
| 福建 | 2 | 1 | 14 | 3 | 5 | 11 | 9 | 4 |

续表

| 地区 | 绿色发展指数 | 资源利用指数 | 环境治理指数 | 环境质量指数 | 生态保护指数 | 增长质量指数 | 绿色生活指数 | 公众满意程度 |
|---|---|---|---|---|---|---|---|---|
| 浙江 | 3 | 5 | 4 | 12 | 16 | 3 | 5 | 9 |
| 上海 | 4 | 9 | 3 | 24 | 28 | 2 | 2 | 23 |
| 重庆 | 5 | 11 | 15 | 9 | 1 | 7 | 20 | 5 |
| 海南 | 6 | 14 | 20 | 1 | 14 | 16 | 15 | 3 |
| 湖北 | 7 | 4 | 7 | 13 | 17 | 13 | 17 | 20 |
| 湖南 | 8 | 16 | 11 | 10 | 9 | 8 | 25 | 7 |
| 江苏 | 9 | 2 | 8 | 21 | 31 | 4 | 3 | 17 |
| 云南 | 10 | 7 | 25 | 5 | 2 | 25 | 28 | 14 |
| 吉林 | 11 | 3 | 21 | 17 | 8 | 20 | 11 | 19 |
| 广西 | 12 | 8 | 28 | 4 | 12 | 29 | 22 | 15 |
| 广东 | 13 | 10 | 18 | 15 | 27 | 6 | 6 | 24 |
| 四川 | 14 | 12 | 22 | 16 | 3 | 14 | 27 | 8 |
| 江西 | 15 | 20 | 24 | 11 | 6 | 15 | 14 | 13 |
| 甘肃 | 16 | 6 | 23 | 8 | 25 | 24 | 23 | 11 |
| 贵州 | 17 | 26 | 19 | 7 | 7 | 19 | 26 | 2 |
| 山东 | 18 | 23 | 5 | 23 | 26 | 10 | 8 | 16 |
| 安徽 | 19 | 19 | 9 | 20 | 22 | 9 | 23 | 21 |
| 河北 | 20 | 18 | 2 | 30 | 13 | 25 | 19 | 31 |
| 黑龙江 | 21 | 25 | 25 | 14 | 11 | 18 | 12 | 25 |
| 河南 | 22 | 15 | 12 | 26 | 24 | 17 | 10 | 26 |
| 陕西 | 23 | 22 | 17 | 22 | 23 | 12 | 21 | 18 |
| 内蒙古 | 24 | 28 | 16 | 19 | 15 | 23 | 13 | 22 |
| 青海 | 25 | 24 | 30 | 6 | 21 | 30 | 30 | 6 |
| 山西 | 26 | 29 | 13 | 29 | 20 | 21 | 4 | 27 |
| 辽宁 | 27 | 30 | 10 | 18 | 18 | 28 | 29 | 28 |
| 天津 | 28 | 12 | 6 | 31 | 30 | 5 | 7 | 29 |
| 宁夏 | 29 | 17 | 27 | 27 | 29 | 22 | 16 | 10 |
| 西藏 | 30 | 31 | 31 | 2 | 4 | 27 | 31 | 1 |

续表

| 地区 | 绿色发展指数 | 资源利用指数 | 环境治理指数 | 环境质量指数 | 生态保护指数 | 增长质量指数 | 绿色生活指数 | 公众满意程度 |
|---|---|---|---|---|---|---|---|---|
| 新疆 | 31 | 27 | 29 | 25 | 10 | 31 | 18 | 12 |

注：表10-1中各省（区、市）按照绿色发展指数值从大到小排序。若存在并列情况，则下一个地区排名向后递延。

资料来源：国家统计局网站，http：//www.stats.gov.cn/tjsj/zxfb/201712/t20171226_1566827.html。

表10-2　　　　　　　　　2016年生态文明建设年度评价结果

| 地区 | 绿色发展指数 | 资源利用指数 | 环境治理指数 | 环境质量指数 | 生态保护指数 | 增长质量指数 | 绿色生活指数 | 公众满意程度（%） |
|---|---|---|---|---|---|---|---|---|
| 北京 | 83.71 | 82.92 | 98.36 | 78.75 | 70.86 | 93.91 | 83.15 | 67.82 |
| 天津 | 76.54 | 84.40 | 83.10 | 67.13 | 64.81 | 81.96 | 75.02 | 70.58 |
| 河北 | 78.69 | 78.87 | 80.55 | 77.51 | 70.66 | 71.18 | 78.34 | 73.16 |
| 山西 | 76.78 | 78.87 | 80.55 | 77.51 | 70.66 | 71.18 | 78.34 | 73.16 |
| 内蒙古 | 77.90 | 79.99 | 78.79 | 84.60 | 72.35 | 70.87 | 72.52 | 77.53 |
| 辽宁 | 76.58 | 76.69 | 81.11 | 85.01 | 71.46 | 68.37 | 67.79 | 70.96 |
| 吉林 | 79.60 | 86.13 | 76.10 | 85.05 | 73.44 | 71.20 | 73.05 | 79.03 |
| 黑龙江 | 78.20 | 81.30 | 74.43 | 86.51 | 73.21 | 72.04 | 72.79 | 74.25 |
| 上海 | 81.83 | 84.98 | 86.87 | 81.28 | 66.22 | 93.20 | 80.52 | 76.51 |
| 江苏 | 80.41 | 86.89 | 81.64 | 84.04 | 62.84 | 82.10 | 79.71 | 80.31 |
| 浙江 | 82.61 | 85.87 | 84.84 | 87.23 | 72.19 | 82.33 | 77.48 | 83.78 |
| 安徽 | 79.02 | 83.19 | 81.13 | 84.25 | 70.46 | 76.03 | 69.29 | 78.09 |
| 福建 | 83.58 | 90.32 | 80.12 | 92.84 | 74.78 | 74.55 | 73.65 | 87.14 |
| 江西 | 79.28 | 82.95 | 74.51 | 88.09 | 74.49 | 72.93 | 72.43 | 81.96 |
| 山东 | 79.11 | 82.66 | 84.36 | 82.35 | 68.23 | 75.68 | 74.47 | 81.14 |
| 河南 | 78.10 | 83.87 | 80.83 | 79.60 | 69.34 | 72.18 | 73.22 | 74.17 |
| 湖北 | 80.71 | 86.07 | 82.28 | 86.86 | 71.97 | 73.48 | 70.73 | 78.22 |
| 湖南 | 80.48 | 83.70 | 84.84 | 88.27 | 73.33 | 77.38 | 69.10 | 85.91 |
| 广东 | 79.57 | 84.72 | 77.38 | 86.38 | 67.23 | 79.38 | 75.19 | 75.44 |
| 广西 | 79.58 | 85.25 | 73.73 | 91.90 | 72.94 | 68.31 | 69.36 | 81.79 |
| 海南 | 80.85 | 84.07 | 76.94 | 94.95 | 72.45 | 72.24 | 71.71 | 87.16 |
| 重庆 | 81.67 | 84.49 | 79.95 | 89.31 | 77.68 | 78.49 | 70.05 | 86.25 |

续表

| 地区 | 绿色发展指数 | 资源利用指数 | 环境治理指数 | 环境质量指数 | 生态保护指数 | 增长质量指数 | 绿色生活指数 | 公众满意程度（%） |
|---|---|---|---|---|---|---|---|---|
| 四川 | 79.40 | 84.40 | 75.87 | 86.25 | 75.48 | 72.97 | 68.92 | 85.62 |
| 贵州 | 79.15 | 80.64 | 77.10 | 90.96 | 74.57 | 71.67 | 69.05 | 87.82 |
| 云南 | 80.28 | 85.32 | 74.43 | 91.64 | 75.79 | 70.45 | 68.74 | 81.81 |
| 西藏 | 75.36 | 75.43 | 62.91 | 94.39 | 75.22 | 70.08 | 63.16 | 88.14 |
| 陕西 | 77.94 | 82.84 | 78.69 | 82.41 | 69.95 | 74.41 | 69.50 | 79.18 |
| 甘肃 | 79.22 | 85.74 | 75.38 | 90.27 | 68.83 | 70.65 | 69.29 | 82.18 |
| 青海 | 76.90 | 82.32 | 67.90 | 91.42 | 70.65 | 68.23 | 65.18 | 85.92 |
| 宁夏 | 76.00 | 83.37 | 74.09 | 79.48 | 66.13 | 70.91 | 71.43 | 82.61 |
| 新疆 | 75.20 | 80.27 | 68.85 | 80.34 | 73.27 | 67.71 | 70.63 | 81.99 |

注：表10-2中各省（区、市）按照绿色发展指数值从大到小排序。若存在并列情况，则下一个地区排名向后递延。

资料来源：国家统计局网站，http://www.stats.gov.cn/tjsj/zxfb/201712/t20171226_1566827.html。

应该说这个绿色发展指标体系比较全面地纳入了反映生态环境和绿色发展的各项指标，同时采用抽样调查来反映公众对生态环境的满意程度，并将公众满意程度评价纳入其中。然而，我们要求做的是针对资源型城市转型的评价指标体系，完全套用绿色发展指标体系就会缺少城市转型的内在要求。为此，我们在借鉴李虹教授团队资源型城市转型系列指标体系和中国人民大学国家发展与战略研究院城市尺度绿色发展评价的基础上，编制构建了黑龙江省资源型城市转型绿色发展指标体系。

资源型城市转型绿色发展本质上说，就是要符合经济绿色发展的理论内涵。这个理论内涵应当包括两个方面：一是经济增长与资源环境负荷脱钩，二是资源环境的可持续性要成为生产力。前者是要改变资源型城市对原有自然资源的依赖，并改善资源环境的可持续性；后者是要培育绿色发展能力，让绿水青山成为金山银山，反过来推动和促进经济发展。我们构建了三位一体的概念框架，把资源型城市转型绿色发展分为经济发展、可持续性和绿色发展能力三个维度进行考察，在此基础上构建转型绿色发展评价指标体系。

黑龙江省资源型城市转型绿色发展评价包括三个维度：

（1）经济发展。包括经济发展水平、经济结构转型、经济增长动力、民生改善等，主要表征经济发展的绩效和社会分配，也就是俗称的金山银山。

（2）可持续性。包括环境质量、污染控制、环境整治、资源节约等，主要表征可持续性发展的绩效，也就是俗称的绿水青山。

（3）绿色发展能力。包括绿色发展基础设施、内源性增长能力、资源环境管理等，主要表征各地践行绿水青山就是金山银山的能力。[①]

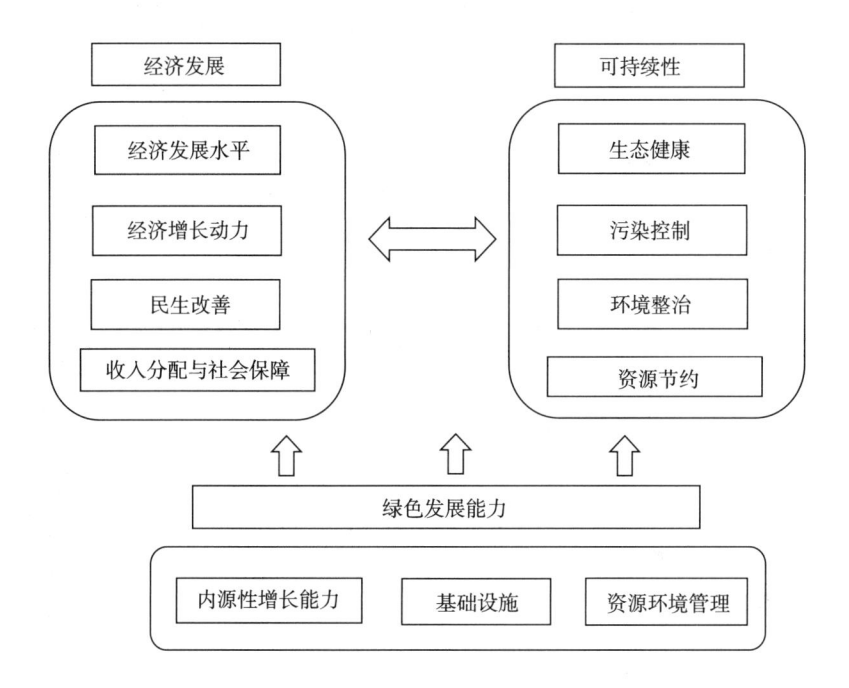

**图 10-1 资源型城市转型绿色发展评价三个维度关系框架**

## 二 指标体系

我们设定了3个一级指标：经济发展、可持续性和绿色发展能力，11个二级指标，45个三级指标，并分别设定了权重。

---

① 借鉴石敏俊、徐瑛《绿色之路：中国经济绿色发展报告》中的2018年的指标体系，该报告系中国人民大学国家发展与战略研究院的研究成果。

表 10-3　黑龙江省资源型城市转型绿色发展评价指标体系

| 一级指标 | 二级指标 | 权重 | 三级指标 | 权重 |
|---|---|---|---|---|
| 经济发展 | 经济发展水平 | 25% | 人均 GDP | 25% |
| | | | 人均财政收入 | 25% |
| | | | 人均储蓄额 | 25% |
| | | | GDP 增长率 | 25% |
| | 经济增长动力 | 25% | 固定资产投资占 GDP 的比重 | 25% |
| | | | 集聚经济（城区经济密度） | 25% |
| | | | R&D 投入占 GDP 的比重 | 25% |
| | | | 劳动生产率 | 25% |
| | 产业结构转型 | 25% | 主导资源采掘（伐）业总产值占比 | 33% |
| | | | 第三产业 GDP 占比 | 33% |
| | | | 接替产业 GDP 占比 | 33% |
| | 民生改善 | 25% | 城镇就业人员 | 20% |
| | | | 城镇居民人均可支配收入 | 20% |
| | | | 城镇居民最低生活保障覆盖率 | 20% |
| | | | 城镇基本养老保险参保人数 | 20% |
| | | | 城乡收入比 | 20% |
| 可持续性 | 生态健康 | 25% | 空气质量达标天数占比 | 25% |
| | | | 饮用水水源水质达标率 | 25% |
| | | | 人均公共绿地面积 | 25% |
| | | | 森林覆盖率 | 25% |
| | 污染控制 | 25% | 工业废水排放量 | 33% |
| | | | 工业废气 | 33% |
| | | | 工业固体废弃物产生量 | 33% |
| | 环境整治 | 25% | 一般工业固体废弃物综合利用率 | 25% |
| | | | 城市污水处理率 | 25% |
| | | | 生活垃圾无害化处理率 | 25% |
| | | | 环境污染治理本年完成投资总额 | 25% |
| | 资源节约 | 25% | 单位 GDP 能耗 | 33% |
| | | | 单位 GDP 水耗 | 33% |
| | | | 单位 GDP 用电量 | 33% |

续表

| 一级指标 | 二级指标 | 权重 | 三级指标 | 权重 |
|---|---|---|---|---|
| 绿色发展能力 | 基础设施 | 25% | 互联网普及率 | 20% |
| | | | 教育经费GDP占比 | 20% |
| | | | 每万人教师数 | 15% |
| | | | 每千人病床数 | 15% |
| | | | 每千人执业医师数 | 15% |
| | | | 文化事业机构数 | 15% |
| | 内源性增长能力 | 50% | "互联网+"指数 | 20% |
| | | | 科技型企业数 | 15% |
| | | | 高新技术产业（增加值） | 15% |
| | | | 三项专利受理和授权情况 | 15% |
| | | | 每万人大学生人数 | 20% |
| | | | 科教支出占GDP比重 | 15% |
| | 资源环境管理 | 25% | 生态保护与建设示范区个数 | 33% |
| | | | 监测点位数 | 33% |
| | | | 绿色有机产品认证个数 | 33% |

## 三 标准化处理与合成

（一）指标的标准化处理

所有指标都标准化为 0—100 分值。对于不存在合格标准的指标，用正态标准化法进行无量纲处理，求出累计概率×100 作为分值。对于存在标准的指标，采用目标渐进法，即满足或者超过标准的都赋值 100，不满足标准的按照指标/标准×100 计算得分。指标分为正向指标和逆向指标，逆向指标也通过正向处理换算成正向得分。

（二）指标的权重与合成

指标权重与合成综合了两种方法：一是加权求和法。用三级和二级指标合成，采用加权求和法计算得分，权重见上表。

二是一级指标合成采用效用函数合成法。采用的效用函数如下：$U = E^{\alpha} C^{\beta} D^{\gamma}$，其中 E、C、D 分别代表经济、可持续性和绿色发展能力。其中：$\alpha + \beta + \gamma = 1$。地区 1 的指数 α、β、γ 计算如下：

$$\Delta E_1 = \max - E_1$$

$$\Delta C_1 = \max - C_1$$

$$\Delta A_1 = \max - A_1$$

$$\alpha = \frac{\Delta E_1}{\Delta E_1 + \Delta C_1 + \Delta A_1}$$

$$\beta = \frac{\Delta C_1}{\Delta E_1 + \Delta C_1 + \Delta A_1}$$

$$\gamma = \frac{\Delta A_1}{\Delta E_1 + \Delta C_1 + \Delta A_1}$$

地区1的总得分：$U1 = E1^{\alpha} C1^{\beta} D1^{\gamma}$

每个地区根据其经济、可持续性和发展能力的状况，赋予不同的指数。地区某项短板越突出，赋予该指标的指数越高，类似于给该指标更高的权重。所以，效用函数合成的基本理念是，居民对当地绿色发展的短板部分有更强烈的偏好倾向。

# 第四篇
# 城市篇

《全国资源型城市可持续发展规划（2013—2020年）》将其规划范围的262个资源型城市①划分为成长型、成熟型、衰退型和再生型四种类型，黑龙江省资源型城市集中在成熟型和衰退型两大类型，面临的风险挑战可谓非常巨大。

2018年10月，伊春森工集团挂牌成立，结束了伊春半个多世纪的"政企合一"体制；2018年12月，启动地方党政机构改革；2019年7月，启动伊春有史以来范围最大、涉及面最广的部分行政区划调整，撤销原15个市辖区，整合设立4县4区，林区体制机制发生了系统性、整体性、重构性深刻变革，为"让老林区焕发青春活力"注入了强大动力。2016年以来，伊春市地区生产总值由238.3亿元增加到2019年的298.8亿元，2017—2019年GDP增速分别为6.5%、6%和5.5%。2020年在新冠肺炎疫情的压力下，也能保持0.2%的正增长。

黑龙江省东部四个煤炭城市正处于转型的阵痛期、结构调整的攻坚期和转型发展的窗口期，已然成为黑龙江省高质量发展的关键性短板。首先，必须高度重视"三期叠加"产生的重大风险，增强风险意识；其次，更要深刻认识市情，坚定发展自信，加快推进转型发展。结合赴

---

① 《全国资源型城市可持续发展规划（2013—2020年）》的规划范围包括262个资源型城市，其中地级行政区（包括地级市、地区、自治州、盟等）126个，县级市62个，县（包括自治县、林区等）58个，市辖区（开发区、管理区）16个。

四煤城深入调研的情况，本章重点介绍四煤城的发展现状、存在问题和转型的政策措施。最后，通过大庆市"当好标杆旗帜，建设百年油田"，争当全国资源型城市转型排头兵，扛起黑龙江省"工业发展大旗"实践探索的案例分析，为煤城转型提供有益借鉴。

# 第十一章

# 黑龙江省煤炭城市转型发展路径及对策研究

## 第一节 双鸭山市转型发展路径及对策研究

双鸭山市是全国十个特大煤矿之一，煤炭储量位居黑龙江省第一位，是以煤炭、电力、粮食、钢铁为主的资源型新兴城市，被誉为"挹娄王城、湿地之都、煤电基地、北国粮仓"，是黑龙江省唯一一个兼有大煤田、大粮仓、大森林、大湿地、大农场的城市。双鸭山市现辖尖山、岭东、四方台、宝山4个区和集贤、宝清、友谊、饶河4个县。截至2020年年底，双鸭山市域总面积22483平方千米，人口151万人，其中市区1767平方千米，建成区面积81.5平方千米，市区人口67万人，建成区人口35万人。

### 一 转型发展的基本情况和突出问题

（一）资源富饶优势突出

大煤田蕴藏丰富。双鸭山市是全国重要的煤炭生产基地之一，煤炭探明储量117亿吨，居黑龙江省首位，占黑龙江省煤炭储量的50%。域内还有铁、金、白钨等丰富的矿产资源。大粮仓沃野千里。双鸭山市是全国重要的粮食主产区，全市耕地面积1300多万亩，年产粮食40亿斤，绿色种植面积140多万亩。大森林苍莽浩瀚。林丰岭峻，林地总面积86万公顷，林地覆盖率达38.7%，自然保护区面积达72.9万公顷。大湿地广袤无垠。有湿地面积15.3万公顷，占全市面积的6.8%。共有湿地类型保护区3处，总面积48万公顷。大界江风光旖旎。东隔乌苏里江与俄罗斯相望，边境线长达128千米，饶河口岸是内地通往俄罗斯远东地区的重要门户，口岸过货能力达百万吨以上。乌苏里江绝少污染，江水清澈，两岸风光旖旎神奇。

（二）转型发展的现状

1. 现代化农业水平不断提升

粮食产量实现"十七连丰"。种养结构持续优化，绿色有机农业加快发展，绿色有机高标准示范面积稳步扩大。宝清县、饶河县被评为全国水稻绿色高产高效创建示范县。"玉（玉米）鹅种养模式"大力推广，畜牧产业不断壮大。"互联网+农业"推动形成农产品金字招牌，"双宝谷坊""田地冰米"等品牌深受深圳、佛山等地青睐。饶河黑蜂蜜、太保胡萝卜地理标志品牌被纳入第二批中欧地理标志保护范围。

2. 新动能培育成果显著

围绕做好"三篇大文章"，抓好"四头四尾"，实施"百千万"工程，加快百大项目建设，接续替代产业发展步伐不断加快。"煤头电尾""煤头化尾"实现重大突破，全省首个千万吨露天煤矿——1100万吨神华国能宝清朝阳露天煤矿竣工投产，2×60万千瓦电厂一期并网发电。"粮头食尾""农头工尾"实现集群化发展，集贤鸿展30万吨特优食用酒精、宝清万里润达30万吨玉米燃料乙醇和20万吨赖氨酸等项目竣工投产。战略新兴产业加快发展，石墨及新材料产业、医药和汉麻产业等新的经济增长点加快形成。园区承载能力稳步提升，市经济技术开发区连续两年实现综合考评排名晋位；宝清煤电化（材）产业园区完成总体规划并加快建设。

3. 现代服务业健康发展

电商产业提档升级，市县区电商产业园全部投入使用。成功举办第二届中国·双鸭山微商峰会和中国微商健康规范发展座谈会。引入"众农联"产业互联网平台，交易额突破200亿元。金融服务体系日趋健全，发展各类金融机构及地方金融组织64家，形成银行、证券、期货、保险等各类金融机构和地方金融组织协调发展、功能完备的现代金融体系。生态旅游产业提速发展，以"中国·黑土湿地之都湿地旅游带"和"乌苏里江·界江风情旅游带"融合发展为牵动，深度创建乌苏里江畅爽之旅、黑土湿地生态之旅、北大荒农业体验之旅、赫哲风情探秘之旅、冰雪激情畅爽之旅等 10 条旅游精品线路。

4. 生态环境改善民生福祉增强

"绿水青山就是金山银山"理念深入人心，统筹推进山水林田湖草治理，荣获国家级森林城市称号。全面开展蓝天、碧水、净土、美丽乡村和原生态"五场保卫战"，淘汰 10 蒸吨以下燃煤设施、关停"散乱污"企业、实施秸秆禁烧等措施，城市空气质量优良率大幅提高。大力开展河湖"清四乱"行动，持续推进安邦河、挠力河流域水环境综合治理，4 个国控断面水质全部达标。成功引进天然气战略投资者，正式进入"清洁燃气时代"。医疗保障水平全面提高，城乡居民医疗保险最高支付限额提高到 38 万元，大病保险报销比例提高到 60%，门诊特殊疾病待遇支付限额提高到 8 万元。

（三）转型的突出问题

1. 经济总量回升缓慢

我们注意到双鸭山市的 GDP 在 2012 年达到峰值的 565.4 亿元后，出现逐级回落，至今尚未能恢复和站稳到 500 亿元的水平上。这种在 400 亿—500 亿元的反复波动表明，双鸭山市经济增长遇到了较大的困难，尤其是传统产业和新兴产业都面临动力不足问题。

经济结构中产业结构存在较大失衡。其中，第一产业比重过大，对经济增长的贡献最高；而工业比重最低，对经济增长的贡献也最低，本身已经回答了近年来经济总量窄幅波动的原因了。

表 11-1　　2018 年黑龙江省四煤城三次产业构成与贡献率　　单位:%

| 地区 | 三次产业构成 | 三次产业对经济增长贡献率 |
| --- | --- | --- |
| 鸡西市 | 35.4∶24.1∶40.5 | 47.8%、27.8%、23.5% |
| 双鸭山市 | 38.4∶20.5∶41.1 | 43.2%、17.5%、39.3% |
| 鹤岗市 | 30.0∶32.5∶37.5 | 40.4%、35.9%、23.7% |
| 七台河市 | 14.3∶41.3∶44.4 | 服务业的贡献率78% |

资料来源：《黑龙江统计年鉴》和统计公报，七台河市为 2019 年数据。

表 11-2　　2018 年四煤城煤炭产业与制造业产值比重情况　　单位：亿元

| 项目<br>地区 | 规上工业<br>总产值 | 煤炭开采<br>和洗选业 | 煤炭<br>炼焦业 | 占比（%） | 制造业 | 占比（%） |
|---|---|---|---|---|---|---|
| 双鸭山市 | 362 | 72.56 | 42.41 | 31.8 | 240.4 | 66.4 |
| 增加值 | 79.57 | 42.64 | 1.56 | 55.5 | 21.7 | 27.3 |
| 七台河市 | 52 | 非煤产业增加值占规上工业的 45.6% ||||| 
| 鹤岗市 | 237.2 | 93.58 | 27.57 | 51.1 | 92.23 | 38.9 |
| 鸡西市 | 271.8 | 102.2 | 11.3 | 41.8 | 39.4 | 14.5 |

2. 科技创新能力不足

近些年，无论是科技人员、经费支出还是专利申请授权数量等都显示出，双鸭山市科技创新能力与科技成果在转化能力上严重不足，缺乏内生动力。

表 11-3　　　　黑龙江省四煤城科技工作主要数据

| 鸡西市 | 2014 年 | 2015 年 | 2016 年 | 2017 年 |
|---|---|---|---|---|
| R&D 经费支出（亿元） | 1.1 | 1.6 | 0.17 | 0.27 |
| R&D/GDP（%） | 0.2 | 0.31 | 0.03 | 0.05 |
| R&D 人员（万人年） | 0.1 | 0.1 | 0.07 | 0.003 |
| 双鸭山市 | 2014 年 | 2015 年 | 2016 年 | 2017 年 |
| R&D 经费支出（亿元） | 0.5 | 0.8 | 0.8 | 2.2 |
| R&D/GDP（%） | 0.11 | 0.12 | 0.18 | 0.47 |
| R&D 人员（万人年） | 0.05 | 0.03 | 0.02 | 0.02 |
| 鹤岗市 | 2014 年 | 2015 年 | 2016 年 | 2017 年 |
| R&D 经费支出（亿元） | 0.6 | 0.5 | 0.32 | 0.4 |
| R&D/GDP（%） | 0.23 | 0.19 | 0.11 | 0.14 |
| R&D 人员（万人年） | 0.03 | 0.02 | 0.02 | 0.01 |
| 七台河市 | 2014 年 | 2015 年 | 2016 年 | 2017 年 |
| R&D 经费支出（亿元） | 1 | 0.7 | 2.55 | 0.71 |
| R&D/GDP（%） | 0.45 | 0.33 | 1.1 | 0.31 |
| R&D 人员（万人年） | 0.04 | 0.03 | 0.02 | 0.03 |

资料来源：省科技厅历年《科技统计手册》。

表 11-4　　　2017 年全国城市科技创新情况统计及排名

（前是排名，后是数量）

| 城市 | R&D 人员（人） | R&D 内部经费支出（万元） | 专利申请数（件） | 专利授权数（件） | 发明（件） |
|---|---|---|---|---|---|
| 双鸭山 | 683（255） | 21533（237） | 29（289） | 8（288） | 6 |
| 七台河 | 537（263） | 27089（224） | 164（280） | 131（269） | 22 |
| 鸡西 | 93（279） | 1447（274） | 440（258） | 238（258） | 14 |
| 鹤岗 | 29（281） | 775（276） | 215（278） | 125（274） | 9 |

资料来源：《中国城市统计年鉴（2018）》。

如表 11-4 所示，是 2017 年黑龙江省四煤城在我国 294 个地级市中关于科技创新情况的统计和排名情况。前面的数据是统计情况，括号内的数据是在全国 294 个城市中的排名情况。事实上，有关城市科技创新的情况统计，并没有 294 个城市那么多，最多的是专利申请数 292 个城市，最少的是 R&D 内部经费支出（万元）只有 281 个城市。

3. 人口减少的幅度较大

这是 2018 年四煤城人口和自然增长率的情况，其中双鸭山市全市自然增长率下降的幅度最为明显。人口的净减少对本市的经济社会发展必然会造成较大的影响。需要客观看待这一现象。

表 11-5　　　　2018 年四煤城人口及自然增长率　　　单位：万人，‰

| 　　　指标<br>地区 | 年末户籍人口 |  | 年平均人口 |  | 全市自然增长率 |  |
|---|---|---|---|---|---|---|
|  | 全市 | 市辖区 | 全市 | 市辖区 | 全市 | 市辖区 |
| 鸡西 | 175 | 80 | — | — | -1.1 | 0.49 |
| 双鸭山 | 94 | 44 | 143 | 48 | -14.69 | -11.89 |
| 鹤岗 | 101 | 62 | 102 | 63 | -10.11 | -11.62 |
| 七台河 | 79 | 48 | 79 | 48 | -10.51 | -9.83 |

资料来源：《中国城市统计年鉴（2018）》。

二　转型发展的思路与对策建议

聚焦实现双鸭山市全面振兴全方位振兴"十个新"目标，坚定不移走好"六条路径"，深入解放思想，提振市场信心，激发内生动力，全面加强党对经济工作的领导，为决胜全面建成小康社会、实现双鸭山全面振兴全方位振兴打牢坚实基础，抢抓机遇、迎接挑战，解放思想、聚力攻坚。

（一）加快建设现代产业体系

围绕"四头四尾""千百万工程"，在精深加工上狠下功夫，依托优势资源，延伸产业链条，提高资源精深加工比重，提升工业质量和效益，加快形成多点支撑、多业并举、多元发展的产业新格局，重构双鸭山市产业版图和经济版图。

1. 实施产业链巩固提升工程

以发展现代煤电化产业和冶金循环产业为主体，全力打造现代煤电化钢产业示范区；稳固提升玉米、水稻等深加工产业链条，把绿色食品及农副产品加工打造成优势产业；发展壮大石墨及新材料产业链条；培育中医药和汉麻产业链条。

（1）改造升级现代煤电化产业链条。以绿色高效安全为发展方向、以双鸭山经济技术开发区新型煤化工园区和宝清煤电化材园区建设为重点，促进煤炭资源加快规模化、集约化、高效化利用，加快延伸产业链，推进煤电化一体化发展。

推进宝清电厂二期2×100万千瓦燃褐煤超超临界煤电机组示范项目等大型坑口电站项目建设，推进煤电超低排放改造、节能改造和灵活性改造。支持龙煤集团与电力企业开展煤电联营合作。以热定电，优先发展背压式热电联产机组，优化供热机组布局和供热能力。到2025年，电力装机容量达到560万千瓦，煤转电装机规模达到370万千瓦。

（2）大力发展冶金循环产业。以建龙冶金循环产业园建设为重点，推进冶金循环产业降本增效和提质升级改造。以市场为导向深入调整产品结构，加快高级无缝钢管、高强度合金钢等特种钢研发及产业化；大力发展高端高压、超高压压力管道等新型管材；加快开发用于装备制造业、汽车制造业的专用钢材，构建具有核心竞争力的产品体系。进一步扩大钒渣、钢渣、剩余煤气等资源综合利用规模，推进余热余压、固体废弃物和废水资源化利用，强化节能减排治理。加快提升冶金循环产业数字化、网络化、智能化水平。

（3）稳固提升粮食和绿色食品加工产业链条。集中打造玉米、水稻、大豆深加工产业，把绿色食品及农副产品加工业打造成主导产业。到 2025 年，全市农业和农产品精深加工产业集群规模突破 340 亿元，其中，规模化原料基地主营收入 130 亿元、农产品加工业主营收入 180 亿元、上下游服务业主营收入 30 亿元。大力发展畜牧、林下、果蔬、杂粮产品等加工，全市主要农产品加工转化率达到 65%，粮食加工转化率达到 70%。

（4）发展壮大石墨及新材料产业链条。着力招引行业领军企业实施重大项目建设，实现产业集聚效应，打造成中国"石墨特色产业基地"。大力发展以新能源（球形石墨、负极材料、导电浆料）、新材料（重防腐涂料、润滑油、散热材料、阻燃材料）、石墨烯浆料和粉体、石墨烯薄膜为主要方向的石墨深加工产业。

（5）培育中医药和汉麻产业链条。扩大中药材规范化、规模化种植，强化中药加工能力和营销能力建设，延伸产业链条。以双鸭山经济技术开发区汉麻产业园为重点，搭建技术支撑平台，加强汉麻资源开发利用技术研发，拓展汉麻在纺织、造纸、健康食品、生物医药、日化产业、新型材料等领域的应用。

2. 建设高质量现代化农业

（1）稳步提升粮食安全保障能力。确保粮食产能稳定在 140 亿斤以上。持续优化种植结构，增加鲜食玉米、蔬菜、食用菌、中药材等特色优质高效作物种植面积。加强生态高标准农田建设，深化物联网技术在现代农业发展中的应用，大力发展农业物联网，加大物联网传感设备在节水、节肥、控温等环节的应用，推广秸秆还田离田机械、免耕播种机、水稻侧深施肥、植保无人机等智能农机装备，实施生产全程机械化行动，提高大田作业、设施养殖精准化管理水平。

（2）大力推进绿色生态农业发展。建设一批产业强、产品精的有机农业示范基地、有机农庄（场），全力打造 39 万亩绿色有机食品基地。到 2025 年，绿色、有机食品标志认证数量达到 130 个，认证面积 145 万亩以上。以饶河县、宝清县、集贤县、岭东区、尖山区等为重点发展食用菌种植，加强东北黑蜂种群复壮、疫病防治、蜜源植物恢复，开发有机蜂产品，在饶河县、宝清县、宝山区等推广种植白瓜籽、向日葵等经济作物，以宝清县、集贤县、四方台区为重点打造富硒类特色产品 6 个。发展生态健康养殖。大力发展"两牛一猪一禽"产业，推进肉奶牛、生猪、大鹅产业发展。

(3) 加快推动"农业+"全产业链融合。以宝清县建设全国农村第一、第二、第三产业融合发展先导区为契机，培育产业化龙头企业，大力发展玉米、水稻、大豆和畜产品精深加工，打造一批农产品深加工聚集区、产业园、科技园、创业园。

大力发展近郊农业、休闲农业、观光农业。实施特色优势农产品出口提升行动，建设一批农产品出口基地，到 2025 年，对俄境外农业合作开发面积达到 50 万亩。实施品牌富农战略，叫响"寒地黑土、非转基因、天然富硒、绿色有机"四张牌，培育推广以"大荒飞雪，黑土流香"为主题的双鸭山市区域公用品牌，争取在沿海及经济发达地区建成 6—10 个绿特色农产品旗舰店、品牌连锁店，逐步形成完备的绿特色食品流通网络。进一步强化益农信息社服务功能，打通农业信息服务的"最后一公里"。

3. 全力提升全域生态旅游品质

依托自然生态资源和优质旅游资源，合理布局全域旅游空间，打造宜行宜游宜居宜养全域旅游线路和旅游品牌，拓展旅游市场，完善提升旅游基础设施功能和服务水平，推动旅游产业高质量发展。

(1) 优化全域旅游空间布局。统筹推进全域旅游发展，整合构建全方位立体化的营销网络，打造文化体验产品、农业旅游产品和区域联动旅游精品线路，逐步形成"一核两带三廊四区"的发展格局。构建以旅游+文化、农业、林业、康养、商贸、体育、研学 7 大产业融合发展的产业体系，以空间优化、资源整合促进产业集聚化、差异化发展，打造产业融合示范项目。加强与周边省市以及俄罗斯远东等地旅游景区、城市的合作，建立旅游联盟，实现线路共享、形象共宣，促进区域旅游一体化发展。

(2) 打造知名生态旅游品牌。以双鸭山"黑土湿地之都·界江风情明珠"旅游为主线，依托"中国·黑土湿地之都湿地旅游带"和"乌苏里江·界江风情旅游带"，形成生态康养旅游品牌。以七星河、雁窝岛、安邦河等重点湿地景观化打造推动双鸭山黑土湿地之都旅游带全面发展。推进乌苏里江旅游带全面升级发展。以集—双—宝饶

（S307）旅游廊道、东部 G331 旅游廊道、西部 G221 旅游廊道三大旅游廊道为基本骨架，以域内旅游风景区为节点，构建双鸭山基础自驾游网络体系，形成自驾游目的地打卡地。以"中华文明曙光·龙江文明之源/七星之光·神奇之源"为依托，推进知青文化、考古文化旅游建设，提高文化旅游知名度。

4. 统筹推进区域协调融合体系

注重城市群一体化发展、新型城镇化与乡村振兴协同发展、边境地区和特殊类型地区同步发展，加快县域经济高质量发展，推进我市形成优势互补、区域协调的经济发展布局。

（1）优化区域经济发展布局。科学确定各辖区及集贤县、宝清县、友谊县、饶河县的功能定位，提高发展的互补性和协同性。积极融入东北东部绿色经济带"一轴三区七通道"开发格局。立足"三区"中的北部佳木斯—鹤岗—双鸭山—七台河—鸡西—牡丹江片区，推进特色农业发展，促进煤炭资源型产业集约集聚和产业链条延伸，建设现代农业示范区和结构单一地区转型发展示范区。加快步入与哈尔滨市的"2—3小时经济圈"。加快投入推动高铁片区规划建设，打造黑龙江省东部重要交通枢纽中心，加强黑龙江省东部地区与省会之间的联系，形成旅游集散中心，带动人员流动。

（2）大力推进县域经济高质量发展。深入开展农村电商应用推广，加快实施"互联网+农村""互联网+农产品"，扩大电子商务在工业品下乡和农产品进城过程中的双向流通网络作用。通过电子商务拓宽大米、大豆、玉米、食用菌、西瓜等本地农特产品销售渠道，增加农民收入；对接网上直采系统，积极开展"农批零对接""农超对接""农社对接"等各种形式的产销对接，发展直供直销，带动农产品基地发展和品牌建设；巩固对外营销渠道，持续加强优势资源对接，继续巩固与深圳、佛山、上海、台湾等地电商企业的合作基础，持续发掘跟踪新线索，推进合作落地。以打造"跨境桥头堡，绿色大基地"为目标，积极探索符合双鸭山市实际的多层次、多模式的跨境电商发展道路。到 2025 年，力争全市电子商务交易额比"十三五"时期末翻一番，注册电商企业达到 1000 家，电子商务相关从业人员超过 10000 人。

（3）加快双矿、农垦、森工协同发展。发挥龙煤双矿经济发展主力作用。打造龙煤双矿成为40亿级企业，推广绿色、节能、高效矿山开采工艺，打造绿色矿山。深化农垦集团化、企业化改革。支持农垦企业按规定参与国家大宗农产品政策性收储和境外农业综合开发。发挥农垦在农业现代化方面的示范作用，以农垦系统完善的农业基础设施、健全的服务体系及标准化、机械化、科技化、产业化的现代农业，为全市农业现代化树立标杆示范。加快推进林区经济转型。充分利用林地资源，发展特色养殖业、森林食品业以及林药业。发展以林下经济为主的多种经营产业，依托森林资源发展康养旅游，推动森工产业转型发展。

（二）全面增进民生福祉

坚持以人民为中心的理念，从脱贫攻坚、稳定就业、强化保障、危房改造、强化教育、医疗服务能力、推进文化体育建设等方面，确保全市人民共享经济和社会发展成果。

1. 坚持促就业稳就业

把稳就业作为"六稳"工作的头等大事。拓宽就业渠道，大力发展小微企业和劳动密集型产业，创造更多就业机会。积极推动"双创"，以创业带动就业，促进新兴产业发展，拓展就业新空间。推动职业技能培训，不断提高培训的实用性和针对性，培养更多知识型、技能型、创新型劳动者。聚焦重点群体，为转岗职工、退役军人、高校毕业生等群体提供全方位就业服务。强化政策落实，确保中央省委各项要求部署在双鸭山市落地见效。兜住民生底线，扎实做好城镇各类困难人员就业帮扶和托底安置工作。大力发展接续替代产业，以产业振兴带动就业创业，走出资源型城市转型发展新路子。实施职业技能提升培训三年行动计划，重点实施万人培训和大学生创业扶持计划，突出抓好高校毕业生、转岗职工、农民工、退役军人等重点群体和城镇就业困难人员就业创业，加大援企稳岗力度，确保零就业家庭动态清零。

2. 增强社会保障能力

推进养老保险应保尽保，确保养老金按时足额发放。在二级以上公立医院实行按病种付费，提高城镇职工医疗保险最高支付限额。逐步提高城乡低保和特困供养标准，加大社会救助力度，保障城乡低收入和困难群体基本生活。健全残疾人权益保障制度，完善残疾人基本公共服务体系，使改革发展成果更多更公平地惠及广大残疾人，促进残疾人收入水平大幅提高、生活质量明显改善、融合发展持续推进,让残疾人安居乐业、衣食无忧,生活得更加殷实、更加幸福、更有尊严,推动残疾人事业高质量发展。

3. 提高居民生活质量

(1) 提升教育发展质量。发展普惠性学前教育。进一步扩大普惠性学前教育资源总量,大力推进公办园建设,落实城镇新建小区配套幼儿园建设制度,扩大普惠性幼儿园覆盖面。推进义务教育优质均衡发展。合理确定义务教育学校布局,优化教育资源配置。重点加强乡村小规模学校和乡镇寄宿制学校建设,打造"乡村温馨校园",促进县域义务教育从基本均衡向优质均衡发展。高水平普及高中阶段教育。建立普通高中和中等职业教育互通机制,探索课程互选资源互通,推动中等职业教育和普通高中教育协调发展。统筹民族教育协调发展。办好民族文化教育基地学校。保障特殊群体平等接受教育。

(2) 完善医疗卫生体系。深入推进"健康双鸭山"建设。深化医疗、医保、医药联动改革。推进分级诊疗制度建设,大幅度降低药品价格。全面推进公立医院薪酬制度改革。全面落实"四个最严"要求,加强食品药品监管。持续深化医药卫生体制改革。完善现代医院管理制度,全面深化医保支付方式改革。推进优质医疗资源向农村延伸,建设村级标准化卫生室,改善居民就近就医条件。加快标准化村卫生室建设,提升农村医疗卫生服务能力;提升社区医疗服务能力,实现全市城市社区卫生服务机构服务人口覆盖率达到100%。

## 第二节 鸡西市转型发展路径及对策研究

鸡西市位于黑龙江省东南部,东、东南以乌苏里江和松阿察河为界与俄罗斯隔水相望,西、南与牡丹江市接壤,北与七台河市相连。1957年建市,面积2.25万平方千米,辖密山市、虎林市、鸡东县和6个区(鸡冠区、恒山区、滴道区、城子河区、梨树区、麻山区),46个乡镇,459个村,户籍总人口185.9万人,其中农业人口67.2万人。已探明煤炭地质储量64亿吨,约占全省的1/3,年生产能力3600万吨。石墨远景储量8.5亿吨(探明储量5.4亿吨),居亚洲第一位,50%以上为大鳞片晶质石墨，年产量20万吨左右，约占全国的40%，2014年被中国矿业联合会命名为"中国石墨之都"，是黑龙江省首座国家级矿业名城。

## 一 转型发展的基本情况和突出问题

（一）转型发展的现状

1. 经济运行稳中向好

2019年，全年实现地区生产总值（GDP）552亿元，按可比价格计算，比上年增长4.6%。其中，第一产业增加值205.3亿元，增长3.2%；第二产业增加值122.3亿元，增长3.4%；第三产业增加值224.4亿元，增长6.7%。三次产业结构为37.2∶22.2∶40.6。第一、第二、第三产业对GDP增长的贡献率分别为27%、18.6%和54.4%。全市人均地区生产总值实现32278元，比上年增长6.3%。城镇新就业3.79万人，失业人员实现再就业3.68万人。年末城镇登记失业率为3.68%。

2019年规模以上工业企业增加值按可比价计算比上年增长7.0%。其中：四大主导产业（煤炭、石墨、绿色食品、医药）增加值比重占规模以上工业81.4%，增速为6.5%，对规模以上工业贡献率达72.5%，规模以上非煤产业产值占规上工业比重为62.7%。2019年固定资产投资（不含农户）比上年增长7.9%。在全部固定资产投资中，第二产业投资增长13.7%；第三产业投资增长8.2%。

2. 转型发展扎实推进

鸡西市把产业项目、招商引资、对上争取作为牵动转型发展的重要抓手，2019年开复工投资5000万元以上重点产业项目98个，完成投资40.7亿元，中汇石墨、钲祥珈旺豆制品等21个项目竣工投产。全年签约千万元以上项目70个，当年开工建设50个，实际到位资金42亿元，国投公司、哈工大机器人集团等中国500强和行业领军企业入驻鸡西。市本级对上争取资金60亿元，增长9%，争取政府债券资金21.1亿元。加快建设"一都五基地"，天和百万吨焦化、贝特瑞车用负极材料、30万吨玉米燃料乙醇、珍宝岛药业二期等一批项目如期推进，"四大主导产业"产值占工业比重75%以上。旅游经济、口岸经济繁荣活跃，预计旅游业总收入增长11.8%，外贸进出口总额增长10%。

### 3. 民生福祉持续改善

2019年，全市财政用于民生支出132.9亿元，占一般公共预算支出82.4%。8件民生实事有序推进，1.3万户棚户区改造任务全部开工，89栋老旧住宅小区改造全部完成，新增农村太阳能卫浴一体化用户6000户，改造建设城市水冲公厕65座。百姓关注的回迁安置等民生难题基本化解，累计安置滞留回迁居民4202户，安置率94.5%。723户、1525人实现精准脱贫，贫困村全部脱贫出列。发放各类救助金4.4亿元，惠及群众24万人次。城镇新增就业3.9万人，登记失业率控制在省规定以内。城市集中式饮用水水源地水质达标率100%，市区环境空气质量优良天数326天，比例达到89.8%，同比提升5.5个百分点，完成造林绿化2.1万亩，治理水土流失9万亩。

### （二）转型发展的突出困难

从一个经济体长期增长的趋势看，能否可持续发展关键要看供给侧的数量和质量如何。鸡西市尽管相比其他三个煤炭城市的发展略微领先，但是总体上差距并不大。尤其是跟黑龙江省发展相对好一些的城市比较，问题就比较突出了。

### 1. 总量不大、质量不高

表11-6是2013年以来鸡西市地区生产总值及其在全省的排名。一直排在第七位的中间位置，2011年迈入500亿元大关后，十年了GDP一直在550亿元上下波动，而更多年份是低于550亿元。也就是我们前面分析过的，落入一种增长陷阱难以实现突围。

表11-6　黑龙江省各地市的地区生产总值排名　　单位：亿元

| 地区 | 2013年 | 地区 | 2014年 | 地区 | 2015年 | 地区 | 2016年 | 地区 | 2017年 |
|---|---|---|---|---|---|---|---|---|---|
| 哈尔滨 | 5017.0 | 哈尔滨 | 5340.1 | 哈尔滨 | 5751.2 | 哈尔滨 | 6101.6 | 哈尔滨 | 6257.2 |
| 大庆 | 4100.0 | 大庆 | 4077.5 | 大庆 | 2983.5 | 大庆 | 2610.0 | 大庆 | 2680.5 |
| 齐齐哈尔 | 1169.4 | 齐齐哈尔 | 1209.3 | 绥化 | 1272.2 | 齐齐哈尔 | 1325.3 | 牡丹江 | 1344.7 |
| 绥化 | 1116.3 | 绥化 | 1190.2 | 齐齐哈尔 | 1270.3 | 绥化 | 1316.3 | 绥化 | 1336.8 |
| 牡丹江 | 1057.1 | 牡丹江 | 1130.3 | 牡丹江 | 1178.6 | 牡丹江 | 1231.2 | 齐齐哈尔 | 1333.8 |
| 佳木斯 | 720.7 | 佳木斯 | 766.0 | 佳木斯 | 810.2 | 佳木斯 | 845.0 | 佳木斯 | 992.0 |
| 鸡西 | 546.3 | 鸡西 | 516.0 | 鸡西 | 514.7 | 鸡西 | 518.4 | 鸡西 | 522.5 |

续表

| 地区 | 2013年 | 地区 | 2014年 | 地区 | 2015年 | 地区 | 2016年 | 地区 | 2017年 |
|---|---|---|---|---|---|---|---|---|---|
| 双鸭山 | 510.1 | 双鸭山 | 432.7 | 黑河 | 447.7 | 黑河 | 470.8 | 黑河 | 488.8 |
| 黑河 | 389.5 | 黑河 | 421.4 | 双鸭山 | 433.3 | 双鸭山 | 437.4 | 双鸭山 | 462.9 |
| 鹤岗 | 304.0 | 鹤岗 | 259.5 | 鹤岗 | 265.6 | 鹤岗 | 264.1 | 鹤岗 | 282.9 |
| 伊春 | 274.6 | 伊春 | 256.0 | 伊春 | 248.2 | 伊春 | 251.2 | 伊春 | 258.1 |
| 七台河 | 228.6 | 七台河 | 214.3 | 七台河 | 212.7 | 七台河 | 216.6 | 七台河 | 228.8 |
| 大兴安岭 | 121.6 | 大兴安岭 | 128.4 | 大兴安岭 | 135.1 | 大兴安岭 | 143.8 | 绥芬河 | 148.7 |
| 绥芬河 | 113.9 | 绥芬河 | 125.6 | 绥芬河 | 132.1 | 绥芬河 | 136.9 | 大兴安岭 | 122.8 |
| 抚远 | 44.6 | 抚远 | 47.9 | 抚远 | 50.5 | 抚远 | 50.7 | 抚远 | 67.0 |

资料来源:《黑龙江统计年鉴(2018)》。

表11-7　　鸡西市规上工业企业数、亏损企业数和总产值

单位:个,亿元

| 年份 | 规上企业数 | 亏损企业数 | 规上工业总产值 |
|---|---|---|---|
| 2013 | 112 | 42 | 325.2 |
| 2014 | 114 | 54 | 250.4 |
| 2015 | 116 | 61 | 206.3 |
| 2016 | 110 | 55 | 185.3 |
| 2017 | 137 | 51 | 222.3 |
| 2018 | 177 | 45 | 271.8 |

资料来源:《鸡西市国民经济统计年鉴》(2013—2018年)。

2. 科技创新动力不足

近些年来,无论是科技人员、经费支出还是专利申请授权数量等都显示出,鸡西市科技投入在持续下降,而且幅度较大。由表11-4可知2017年黑龙江省四煤城在我国294个地级市中关于科技创新情况的统计和排名情况。前面的数据是统计情况,括号内的数据是在全国294个城市中的排名情况。事实上,有关城市科技创新的情况统计,并没有294个城市那么多,最多的是专利申请数292个城市,最少的是R&D内部经费支出(万元)只有281个城市。

3. 收入水平增长缓慢

从2013—2018年鸡西市与全省城镇居民、农民收入变化情况看,

城镇居民人均可支配收入持续低于全省,但与此对应的是农民人均纯收入一直高于全省,但幅度并不大。这一方面会提高城镇居民的生活质量,另一方面农业的压力不强会导致农业科技创新投入的意愿不强。

表 11-8　鸡西市与黑龙江省城镇居民与农民收入情况　　单位:元

| 年份 | 城镇居民人均可支配收入 | 全省 | 农民人均纯收入 | 全省 |
| --- | --- | --- | --- | --- |
| 2013 | 17697 | 19597 | 11985 | 9643 |
| 2014 | 19375 | 22609 | 13449 | 10453 |
| 2015 | 20132 | 24203 | 14409 | 11095 |
| 2016 | 21227 | 25736 | 15592 | 11832 |
| 2017 | 23309 | 27446 | 16482 | 12665 |
| 2018 | 23889 | 29191 | 18258 | 13804 |

资料来源:《黑龙江统计年鉴》《鸡西市国民经济统计年鉴》。

## 二　转型发展的思路与对策建议

坚持稳中求进工作总基调,坚持新发展理念,坚持推进高质量发展,坚持以供给侧结构性改革为主线,坚持深化市场化改革、扩大高水平开放,落实"六稳"要求,围绕突出"一条主线"、叫响"两张名片"、建设"一都五基地"发展战略,大上项目兴产业、创新驱动强实体、改革开放增动力、办好实事惠民生、安全稳定促和谐,全力打造鸡西转型发展升级版,重点做好以下六个方面工作。

(一)聚焦工业强市,扩张升级实体经济

1. 全力推进产业项目建设

把招商引资作为经济工作的生命线。把对上争取作为破解发展难题的重要抓手,全年对上争取资金增长10%以上。

(1)深入实施"重点产业项目建设三年行动计划",全年开复工投资5000万元以上产业项目95个,当年计划投资83亿元。围绕立市立县(市)区上项目。重点推进30万吨玉米燃料乙醇、哈工石墨3万吨碳基材料等7个投资5亿元以上的大项目。

(2)围绕主导产业上项目。启动实施龙鑫碳素石墨深加工、三聚绿源生物质综合利用等50个项目。围绕新经济新业态上项目。开工建设首创生态康养、鸡冠跨境电子商务等一批"四新经济"项目。

（3）围绕在建项目抓投产。唯大石墨烯产业园一期、同方卓信龙麦啤酒等25个项目实现达产达效。围绕现有企业增效益。推动大唐、青啤、绿都、浩市、珍宝岛等企业，挖潜增效，扭亏增盈，进一步植入资本、技改等要素，推动企业扩张规模、升级发展。

2. 全力做大重点产业

围绕"两张名片""一都五基地"建设，制订完善石墨、食品、医药等重点产业发展规划。

（1）规模扩张石墨产业。坚持资源开发与精深加工一体化，整合石墨矿权，优化选矿工艺。推进石墨提纯基地建设，尽快形成10万吨高纯石墨产能，逐步延伸打造10万吨负极材料生产基地。鼓励贝特瑞、唯大、普莱德、昌隆石墨等企业发展下游产品，开发终端产品，谋划全产业链产品，推动超高功率石墨电极、超级活性炭、石墨烯制品等精深加工项目建设，提升"中国石墨之都"的话语权和影响力。

（2）延伸发展煤炭产业。加快地方煤矿扩储改造，释放优质产能。支持关闭煤矿转型转产，推动洗煤产业转型升级。依托天和焦化、北方焦化等企业，积极推进煤焦油深加工、焦炉煤气制LNG联产、煤层气综合开发利用等项目。

（3）培育壮大医药产业。推动珍宝岛药业二期尽快投产，启动三期工程及直接口服中药饮片项目建设，争取珍宝岛医药贸易结算中心落户鸡西。推进乌苏里江制药、野宝药业与上海九州通、肇庆星湖制药等企业合作，扩大产能，拓展市场。增强梨树北药和山产品大市场辐射带动能力。

（4）深度开发食品产业。依托现有企业，延伸玉米、水稻等传统加工产业链，提升红小豆、紫苏、蜂产品等特色加工价值链，加快益海嘉里粮油综合加工二期、紫苏油精深加工等项目建设，推动食品产业多元发展、规模发展、深度发展。

3. 全力做好要素保障

（1）突出科技引领。深化市院合作，建设省科学院鸡西石墨分院，筹建唯大石墨烯院士工作站、刺五加保健及药用工程技术中心，支持中乌碳晶体重点联合实验室等申报省级创新基地。新建省级孵化器2家。实施新一轮科技型企业三年行动计划，新增入库科技型中小企业20户。

（2）提升园区承载力。坚持对上争一块、招商引一块、财政投一块，多渠道筹措资金，加强园区污水处理、电力、道路、排水等基础设施建设。推进园区安评、环评等统一审批，实现领办代办一门服务，各类审批一次办结，降低入园企业要素成本和制度性交易成本。

（3）强化金融支持。充分利用省级七大投资公司平台，着手壮大鸡西市国有资产经营公司规模实力，搭建产业融资服务平台。推进金惠担保公司走向市场，发挥为中小企业融资担保作用。用好多层次资本市场，筛选重点企业"一对一"辅导，支持符合条件的企业挂牌、上市。加强银企对接，鼓励金融机构增加信贷投放。建设人才高地。

（4）全面落实人才优惠政策，柔性引进、刚性培养科技领军人才、企业管理人才、技术创新人才和"鸡西工匠"，构建具有较强竞争力的区域性人才高地。

（二）聚焦乡村振兴，提质升级现代农业

1. 稳定粮食生产

坚持农业农村优先发展，落实粮食安全市长责任制，稳步提升粮食产能。坚持"藏粮于地，藏粮于技"，加强与东北农大在种养业、农产品加工等领域的合作共建，加快农业科技研发和成果转化，农业科技贡献率达到68%。开展轮作休耕，加强黑土地保护，提高农业综合生产能力。

2. 调整优化结构

围绕"一乡一业""一村一品"，积极发展瓜果蔬菜、食用菌等设施农业，杂粮、杂豆等高效作物，北药、蜂业等林下经济，大白鱼、河蟹等水产养殖。全年种植蔬菜7.6万亩、北药7.5万亩、食用菌1.2亿袋。坚持打绿色牌。农业"三减"示范基地达到125个，"互联网+农业"高标准示范基地达到22万亩，绿色食品种植基地600万亩。

3. 推进融合发展

加强农业生产、加工、仓储、物流、营销、服务等各环节相互融合。大力发展农副产品精深加工业，通过"接二连三"进一步拉长一产链条，提高附加值。培育发展农村电商、农事体验、乡村旅游、休闲农业等新业态新模式，活跃农村经济。实施品牌战略，集中打造"兴凯湖优品"区域公用品牌，积极发展线上线下营销，以品牌营销力倒逼高质量农产品供给力。

（三）聚焦重点领域，提档升级现代服务业

1. 大力发展旅游业

整合域内旅游资源，串联主要景区景点，规划设计精品线路，集中打造"谜一样的乌苏里江，海一样的兴凯湖，美丽鸡西——行走不一样的江湖"品牌。以兴凯湖、乌苏里江为核心，加强与首旅、泛华深度合作，积极引进战略投资者，推进兴凯湖生态功能区保护和虎林国家全域旅游示范区建设，加强与黑龙江东部旅游产业联盟城市的集成营销，提升两大核心景区影响力。注重差异化和市场化导向，讲好鸡西故事，推出鸡西篇章，提升旅游发展内涵。强化旅游能力提升和市场监管，规范景区管理，优化服务质量，树立鸡西旅游新形象。

2. 加快发展现代服务业

坚持全市"一盘棋"，统一布局园区物流、专业市场物流、产业集群物流、多式联运物流、同城配送物流，加快泛华货运枢纽、华孚冷链物流等项目建设，打造龙江东南部物流中心。推动电子商务等"四新经济"扩量发展。发挥密山跨境电商产业园作用，围绕农产品输出和跨境贸易，完善综合服务配套体系，培育一批移动终端电商、社区电商、微商，构建跨境电子商务生态圈。积极发展金融、会展、检验检测和咨询认证等生产性服务业。

（四）聚焦宜居宜业，拓展升级城市功能品位

1. 完善城市功能

加快牡佳客专（鸡西段）建设，争取建成兴凯湖外环公路，推进兴凯湖机场改扩建。加强城区"三供一业"、城市排水等基础设施建设。启动餐厨垃圾、污泥处理项目，探索形成高效顺畅的生活垃圾分类系统。实施桥东农贸市场、运输市场等流动、临时性市场异地搬迁，集中建立功能配套、管理规范的综合市场。有序推进市区物流快递公司向物流园区集中。

2. 提升城市品质

实施"添绿"工程。推进主要街路和游园广场绿化，用绿色装点城市。实施"扮靓"工程。做好中心大街等沿街楼体、标志性建筑亮化，鼓励引导企事业单位对文化广场周边高层、新区高层进行亮化，打造特色亮丽的城市天际线。实施"净化"工程。集中清理开放小区、背街巷

道、城市出入口等环境卫生，提高保洁水平，提升城市形象品位。

3. 加强生态建设

严格执行生态保护红线制度，全面推进中央、省环保督察和"回头看"反馈问题整改，打赢蓝天保卫战，强化秸秆禁烧，集中整治燃煤小锅炉、老旧车辆和柴油货车污染，减少空气污染排放，让百姓享有更多蓝天白云；打赢碧水攻坚战；打赢净土持久战，推动绿色矿山建设，加强城区裸露地治理，还群众一方净土。

（五）聚焦民生改善，持续升级百姓福祉

1. 实施积极的就业政策

用足用好省就业创业 12 条扶持政策，提高就业资金使用效能，增加创业担保贷款申请额度，个人从 10 万元提高到 15 万元，小微企业从 200 万元提高到 300 万元，简化贷款程序，取消政府出资的融资担保机构"反担保"。做好煤矿转岗职工、退役军人、高校毕业生、农民工等重点群体就业创业服务工作，全年城镇新增就业 3 万人，登记失业率控制在 4% 以内。

2. 优先发展教育事业

加强幼儿园建设，提高初高中教育质量，解决大班额、大校型、择校问题，整治乱办班、乱补课、乱收费。发展特色化职业教育、特殊教育，支持黑龙江工业学院、黑龙江技师学院加快发展。

3. 推进健康鸡西建设

完成市医院新址搬迁，支持市中医院等打造特色专科，加强医护人员培训和继续教育，提高基层医疗卫生服务能力，力争"小病不出县乡，大病不出鸡西"；加强职业病防治、地方常见病诊治，完善医联体建设，做实家庭医生签约服务，努力为群众提供全方位全周期的健康保障。深化医院薪酬制度改革试点，建立现代医院管理制度。

（六）聚焦改革开放，优化升级营商环境

1. 深化改革添动力

持续推进"放管服"改革，确保放得下、接得住、运行好。继续深化"多证合一"改革，推行"35+N"模式和"不见面"审批，实行"网上办、一次办、帮着办"，推进市场主体登记全程电子化。深入推进电力交易、市场化配置资源、公共资源交易电子化等改革。加强教育、医疗、文化等社会改革，推动养老、安全生产等公共服务领域改革，建立起与市场经济相适应的管理体制和运行机制。

2. 扩大开放增活力

对接省"一窗四区"总体布局，主动融入"一带一路"建设。促进对俄开放升级。加强与俄沟通协调，增强口岸通关能力。围绕打造特色口岸，发展俄气俄木俄粮等进口加工，推进对俄开放由出口主导向进口主导、由商贸为主向加工服务为主转变。深化与肇庆对口合作。坚持产业互补、优势共享，加强与肇庆在石墨新材料、农产品加工贸易、北药开发、旅游康养等方面合作，积极推进工业园区共建。加强与农垦、森工、龙煤域内共建。统筹资源、项目和产业，在基础设施、农产品加工、旅游开发、煤层气利用等方面深度合作，共享资源、共建项目、共担责任，打造多赢发展格局。

3. 激活民营强实力

落实支持民营经济发展的各项政策措施，鼓励支持民营资本进入更多领域。加强涉企服务，进一步减税降费，减轻企业负担。研究设立企业信贷风险补偿金、转贷周转金、政府产业引导基金，加强银企对接，解决企业融资难、融资贵问题。建立"亲清"政商关系，真诚坦荡与企业家交朋友，坚持公事不谋私，私事不涉公，不夹带私货，不搞利益交换。制定保护民营经济合法权益办法，依法保护企业家财产权和创新收益，提振民营企业发展信心。以"办事不求人"为目标，开展营商环境评价，加大投诉举报受理办理力度，挂牌督办一批破坏营商环境、新官不理旧账、政府失信违诺等典型案件，营造公平、法治、诚信、重商的良好营商环境。

## 第三节　鹤岗市转型发展路径及对策研究

鹤岗是一座因煤而兴的资源型城市，处在黑龙江、松花江、小兴安岭"两江一岭"围成的"金三角"区域。总面积14684平方千米，下辖6个市辖区、2个县。与俄罗斯有235千米的边境线。鹤岗煤炭、石墨、粮食等重要资源富集。煤炭地质储量26亿吨，是优质动力煤、化工煤的重要产地；现已探明石墨矿石储量达到17.31亿吨，总储量可达

25 亿吨，矿物量在 2.5 亿吨以上，具有储量大、品位高、品质好、采选易、应用广的五大优势。域内拥有黑土良田 820 万亩，水资源丰沛。自 1945 年建市，鹤岗已经累计生产原煤 10 多亿吨、木材 1300 多万立方米、粮食 1000 多亿斤。

## 一 转型发展的基本情况和主要问题

### （一）转型发展的基本情况

2019 年，鹤岗市地区生产总值实现 336.4 亿元，同比增长 3.7%；规上工业增加值同比增长 3.3%；固定资产投资同比下降 7.5%；社会消费品零售总额实现 160.3 亿元，同比增长 7%；公共财政收入 24.9 亿元，同比下降 1.2%；外贸进出口总值 18.8 亿元，同比增长 154.2%；城镇常住居民人均可支配收入实现 14149 元，同比增长 6.7%；农村常住居民人均可支配收入实现 16466 元，同比增长 8.8%。2020 年上半年，地区生产总值实现 129.3 亿元，同比下降 5.5%；规上工业增加值同比下降 12.3%；固定资产投资同比增长 20.7%；社会消费品零售总额完成 37.4 亿元，同比下降 13%；公共财政收入 9.9 亿元，同比下降 13.7%；外贸进出口总值 9.06 亿元，同比增长 201.58%。

1. 资源开发利用

绿色矿山建设情况。鹤岗市根据《关于加快绿色矿山的实施意见》要求，积极申报绿色矿山，龙煤鹤岗矿业有限责任公司所属 6 户大中型煤矿先后获批"国家级绿色矿山试点单位"，已经进入国家绿色矿山名单，接下来就是积极努力打造绿色矿山示范区。近几年，陆续发现了一大批潜力大且市场前景好的矿产资源。其中，龙煤鹤岗公司对鹤岗市兴山—俊德东部区煤炭接替资源进行深部勘探，目前已经探明新增储量 6.18 亿吨，为全市煤炭资源接续和延缓矿山服务年限提供了保障。萝北县现有 18 个石墨探矿权，截至 2018 年年末，已累计探明矿物量 2 亿吨。地热和矿泉水等项目正在进行勘查开发可行性研究，拟设置部分探矿权投入勘查。随着鹤岗市资源整合、规模开发和生态建设的有效推进，鹤岗市资源开发得到有效合理的利用。

2012 年至今，新增重要矿产资源接续区 7 处。其中市本级 1 处，为中海石油华鹤煤化工有限公司新华煤矿，该矿 2014 年 12 月取得采矿许可证。萝北县 4 处，为石墨资源探转采项目，分别位于萝北县 260 高地、延军农场十七连、七马架、工农村等地，除了七马架石墨矿正在办理采矿权登记，其他3户已完成探转采审批，取得采矿权。绥滨县2处，为蒲鸭河A区、B区煤炭探矿权项目。萝北县云山石墨矿区为亚洲第一大石墨矿区，石墨资源储量大、埋藏浅、品位高、易采选、用途广，是鹤岗市煤炭之后推进转型发展的又一重要资源。鹤岗市正在积极推进云山石墨矿区资源整合，不久就会办完采矿权登记。

2. 产业转型发展

（1）打造"煤头化尾"示范基地。大力延伸"煤头化尾"产业链条，进一步明确精细化工产业发展方向，编制完成园区、产业发展规划，不断加大园区基础设施建设力度。中海油华鹤、征楠煤化工项目建成投产，银鹤纸业15万吨高端生活用纸等一批重点项目加快推进。鹤岗市煤制肥、煤制焦、煤制气三条产业链已经初具规模，形成了52万吨尿素、210万吨焦炭、13万吨LNG（液化天然气）产能。

中海油华鹤公司隶属于中海石油化学股份有限公司，是国内最大的尿素、复合肥和甲醇生产营运商之一。依托鹤岗地区丰富的煤炭和水资源，发展上下游一体化的煤化工产业。中海油华鹤公司现有年产30万吨合成氨、52万吨大颗粒尿素装置。2015年5月9日成功投产，当年通过性能考核并实现满负荷运行。中海油华鹤是黑龙江省首个实现"煤头化尾"的大型煤化工企业。

（2）打造石墨新材料产业基地。按照黑龙江省打造"千亿级石墨产业集群"的总体部署，鹤岗立足资源优势，把石墨新材料产业作为鹤岗转型发展的第一大接续替代产业，谋划推进了"一平台、两园、三链"建设，重点打造负极材料、石墨烯、超硬材料三条产业链。在鹤岗市和英国曼彻斯特大学分别建成了国家级石墨监测重点实验室和石墨烯实验室，推动奥星石墨、帝源球形石墨、华升石墨烯润滑油等一批项目建成投产。国信通动力电池项目生产线正式投产，海达石墨3万吨负极材料项目一期球形线生产线建成。市政府与中国五矿石墨项目正式签约，与五矿合作项目计划投资70亿元，未来在石墨资源整合的基础上，为石墨产业上下游一体化的石墨深加工产业集群建设提供了有力的资源保障。目前正与五矿公司合作建设排土场、尾矿库等采矿配套设施，完善园区道路、给排水、供电、污水处理厂等基础设施建设。

(3) 打造"两江一岭"绿色食品加工基地。鹤岗市狠抓"粮头食尾""农头工尾"落地，全市绿色作物种植面积达到139万亩，占总播种面积的46%。在保障粮食稳产20亿斤的基础上，积极发展大樱桃、北药等经济作物，推进菜园、果园、花海"两园一海"建设。通过组建中粮贸易（绥滨）农业发展有限公司，带动全市农业产业化经营上水平。同时，中国中药集团配方颗粒、金龙"酵素香米"、新龙跃胚芽米等一批重点项目建成投产，推动金鹤啤酒、新北国啤酒等企业扩量升级，东方希望集团300万头生猪、绥滨200万只肉鹅、米家乐方便米饭汉堡等重要项目加快实施，步长制药集团北药种植基地和加工项目取得积极进展。目前，已形成年稻米加工能力600万吨，玉米加工能力100万吨，生猪屠宰能力280万吨，江鱼养殖190万斤。

(4) 打造"龙江三峡"中俄犹（犹太）文化旅游集合区。实施"旅游强市"战略，依托"一江、两岛、三峡"等特色旅游资源，积极打造"中俄界江游、原始森林游、现代农业游、矿山文化游"四个品牌，成功承办了全国徒步大会、全国大学生武术散打锦标赛、中俄皮划艇大赛、中俄四城市男子篮球赛等赛事和梨花节、菊花节、开江节等系列活动。太平沟黄金古镇改造、高山滑雪场、雪地温泉、水上健身中心等项目加快实施，"龙江三峡"中俄犹文化旅游集合区、谕霖射击场被评为黑龙江省十大最受欢迎景区。

3. 民生保障改善

(1) 就业和再就业保持稳定。积极开展公共就业服务。紧盯去产能转岗分流职工、下岗失业人员、退役军人、农民工、就业困难人员、建档立卡贫困劳动力等重点群体的就业状况，确保重点群体就业稳定。加大创业贷款资金扶持力度，将个人创业和小微企业吸纳就业的创业担保贷款最高额度分别提高至15万元和300万元。通过六区建立的区级人力资源大市场，实现"职业介绍、信息登记、就业服务"一站式工作方式。加快就业服务事项"下沉"，推动群众满意度"上升"，进一步加强政策咨询、人才招聘、就业指导、毕业生就业援助等服务功能，完善求职人员信息系统。加强人力资源基本信息库建设，强力推行就业失业实名制网上登记制度，建立高校毕业生、零就业家庭人员、大龄失业人员以及其他就业困难人员等基础管理台账。登记失业率始终保持在

4%左右,近两年分别是3.8%、3.55%。

(2)棚户区改造、采煤沉陷区综合治理顺利推进。自2013年以来,鹤岗市分批、分项目启动了各类棚户区改造工作,包含煤矿棚户区改造项目、采煤沉陷区改造项目、城市棚户区改造项目等,共计拆除平房8.45万户,主要以建设回迁安置房屋、购买存量商品房和直接货币补偿的形式进行安置。2013年至今,共改造房屋68720户,其中,建设房屋39722套,购买存量商品房11523套,解决了开发企业售房难问题,通过盘活地产开发企业,带动地产企业发展;直接货币发放补偿17475户。按需求建设回迁安置77933户。2013年至今,鹤岗市采煤沉陷区综合治理取得显著效果。计划改造25550户,实际改造23701户。通过拔掉2万多个小烟囱,彻底改善了城市环境。

(3)民生保障不断完善。脱贫攻坚成效显著,全市1.14万建档立卡贫困人口全部脱贫退出,60个贫困村全部脱贫出列,绥滨县实现高质量脱贫摘帽。2019年,企业职工月人均养老金增加130元,惠及16.84万企业退休参保职工。将57种国家和省规定的谈判药品、特殊用药、抗癌药品纳入医保支付范围,降低参保患者40%的医疗负担。基本医疗卫生制度基本建立,公立医院取消药品加成。全市标准化村卫生室建设规范化率达100%。将城镇职工医疗保障年度累计支付限额提高到50万元,门诊普通慢性病病种增加一倍。与全国1.8万多所医疗机构完成网络对接,符合条件人员异地就医实现直接结算。城乡低保标准提高至585元,位居全省上游水平。

4. 生态环境治理

(1)污染防治攻坚战成效显著。2019年,鹤岗市空气质量达到国家二级标准以上天数为359天,达标率为98.4%,空气质量综合变化率同比排名全省第一位。空气质量优良天数比例连续6年达到90%以上,将"创森"作为城市建设的核心价值观。经国家林科院遥感测算和矢量分析,森林覆盖率50.61%(比国家30%的标准高出20.61个百分点),城区人均绿地面积15.15平方米,水岸绿化率97.28%,公园绿地500米服务半径覆盖率98.96%,"创森"指标已经全部达到或超过国家标准。鹤岗市成为全国首批41家通过验收的水生态文明城市之一。2019年,鹤岗市被确定为全国"黑臭水体治理示范城市",是黑龙江省唯一入选城市。全市饮用水源水质达标率100%，城市水域功能区水质达标率均为100%。

（2）矿山地质环境生态恢复治理全面推进。2001—2019年，鹤岗市共投入矿山地质环境治理专项资金3.75亿元，治理总面积393.34公顷，恢复可利用土地面积383.09公顷。

（3）自然保护区建设全面落实。全市共设立省级及以上自然保护区6处，其中国家级2处，分别为太平沟国家级自然保护区和细鳞河国家级自然保护区；省级4处，总面积12.87万公顷，占全市土地面积的8.77%。

（二）面临的突出问题

1. 经济结构单一，产业结构偏重

长期历史形成的经济对煤炭主导产业依赖性过强，导致了整体经济结构单一超重、回旋余地小。近年来，煤炭开采和洗选业占规模以上工业增加值比重始终在70%以上。替代产业拉动不足，新兴产业和替代产业项目发展缓慢，新经济增长点较少。煤炭产业仍然"一煤独大"，龙煤鹤矿"一企独大"。煤炭经济左右着全市整体经济局面，短时间内还难以改变。而且人口老龄化、人口外流严重，逐年外流率约为人口的1.5%，劳动力资源不足。

2. 产业链低端，产品附加值低

全市主导产业中，除煤炭、石墨、稻米等产业处于传统加工水平外，其余均处于国内产业分工的低端，技术层次不高，产业仍以低技术含量、低附加值、原料初级加工环节为主。"五大产业"对经济发展的支撑作用还没有完全显现出来，已经建成的企业对整体经济尚未产生较大的拉动作用，形成骨干税源的还不多，经济增长方式相对粗放，对资源的依赖度仍然很高。

3. 城市基础设施薄弱，历史欠账偏多

近年来，城市一直是在补之前的亏欠。城市道路、小区环境、供水、供热、垃圾处理、污水处理等设施建设严重滞后，随着城市加快转型发展，预留空间不足、配套设施不全等问题凸显。

4. 财政收入不足，支出压力偏大

2019年，鹤岗市公共财政收入仅为24.9亿元，扣除偿还政府债务，保运行、保民生、保稳定等刚性支出压力非常大，能用于支持发展的资金不足。随着保证和改善民生工作的逐步推进，标准要求越来越高、资金缺口越来越大、任务负担越来越重。

表 11-9　　　　2015—2018 年鹤岗市财政收支情况　　　　单位：亿元

| 鹤岗市 | 全口径财政收入 | 公共财政收入 | 税收收入 | 全口径财政支出 |
| --- | --- | --- | --- | --- |
| 2015 | 28.7 | 15.6 | 9.7 | 109.9 和 89.8 |
| 2016 | 33.5 | 18.9 | 10.8 | 124.1 和 106.3 |
| 2017 | 44.2 | 23.1 | 14.5 | 114.7 |
| 2018 | 45.6 | 25.2 | 16.5 | 135.4 |
| 2019 | 43.2 | 24.9 | 15.1 | — |

资料来源：《黑龙江统计年鉴》，2015 年和 2016 年为全部财政支出和公共财政支出。

## 二　转型发展的思路与对策建议

### （一）打造新型边境中心城市

鹤岗市的城市定位，由于其特殊的地理位置，我们建议应当围绕打造黑龙江省新型边境中心城市这一发展目标确定自身的城市功能建设和产业转型。关于边境中心城市的建设，我们建议围绕打造 50 万人口的北国边境精致城市的城市定位。同时我们强调，因其地理位置在佳木斯市和双鸭山市的三角地，建议三座城市首先实现城市群的构建工作，可以率先试点三座城市互联互通。

充分享受省政府的多项优惠政策支持，并力争获得国家《兴边富民》规划中的一系列工程建设项目和政策措施。这就需要相关部门把工作做细、做实，精挑细选的同时还要有顶层设计，从全局谋划，把所获得国家支持的工程项目和政策优惠能够最大限度地覆盖四煤城，并发挥最大功效。围绕习近平总书记重要讲话以及黑龙江省全面振兴全方位振兴战略要求，结合资源禀赋和产业现状，提出着力实施"生态立市、产业强市、开放活市、人才兴市"四大战略，培育发展"绿色矿业、生态农业、文化旅游、外贸物流、战略新兴"五大产业，建设煤头化尾基地、石墨新材料产业基地、"两江一岭"绿色食品加工基地和"龙江三峡"中俄犹文化旅游集合区这"三地一区"，努力打造黑龙江东部工业强市、中国北方鱼米之乡、中俄界江旅游胜地"一市一乡一胜地"。

## （二）抓住产业创新扩量升级

**1. 现有产业加快转型升级**

持续推动煤化工、石墨新材料、新能源动力电池、储能电池等产业集群高质量发展，构建多点支撑、多业并举的产业发展新格局。

一是推进"煤头电尾""煤头化尾"建设。大力支持中海油华鹤公司、征楠煤化工等煤化工企业改造升级，积极谋划落地大型煤化工项目，重点发展煤制肥、焦炭及副产品深加工、现代煤化工产业链。依托俄煤、蒙煤资源，引进战略投资者，谋划煤制乙二醇、煤制乙醇、煤制油等项目。

二是积极打造新能源产业。加快生物质发电项目建设，全力建设光伏、风电等新能源项目。进一步加快推进新能源发电项目建设。

三是大力发展石墨产业。依托与中国五矿集团的深度合作，加快石墨资源整合，拉长培育壮大石墨精深加工产业链，加强与科研院所合作，积极推进石墨烯科研攻关。

四是积极发展现代服务业。搭乘5G网络快车，推进"互联网+"应用。加快鹤岗市双创基地及全市各级孵化器发展，推进鹤岗市创业创新和电子商务产业提升。积极发展金融服务、文化旅游等现代服务业。

五是发展现代农业。以"粮头食尾""农头工尾"为抓手，大力发展水稻、玉米、大豆、畜禽水产品等产业。加快绥滨肉鹅全产业链加工、可口儿大豆等项目建设步伐。加大农业基础科技和政策投入，实施农发、千亿粮大型商品粮项目。建设数字农业，给现代农业插上科技的翅膀。建设国家级畜牧产业基地，以推进规模化、标准化养殖为重点，打造黑龙江省外向型畜牧业经济发展新典范。构建大型现代商贸物流交易平台，建成多层次、多成分的商贸物流快速发展格局。

**2. 激发创新驱动培育新动能**

一是支持科技创新能力建设。强化企业技术创新主体地位，以增强企业科技创新能力为目标，支持校企、企企共建创新联合体，聚集优质资源，协同创新。全市共有省级工程技术研究中心4户，重点实验室2个，科学家工作室2个，院士工作站1个，高新技术企业5户。引导企业不断加大研发投入，逐步提高规模以上工业企业拥有研发机构的比例，用技术创新实现传统产业转型升级。对实现成果产业化、经济效益较好的企业，积极通过后补助方式给予支持。推进战略性新兴替代产业发展，争取煤炭转型发展专项基金支持。

二是大力支持科技型企业发展。整合资源、强化服务，递进式培育科技型中小企业、高新技术企业即创新型领军企业。

三是积极推进创新创业创造。推动专业化科技企业孵化器、众创空间发展，加强创新创业导师队伍建设，提高科技企业孵化能力。拓展省级科技型企业孵化器规模，让更多的科技企业入孵受益。目前，全市共建成孵化器7个，入孵企业109户。提升全社会科技意识和创新能力。汇聚更多适合本地发展的科技成果，推进其就地产业化。

（三）围绕民生提升城市功能

1. 加强生态保护和环境治理

推动绿色发展，大力推动生态保护修复。推进山水林田湖草生态保护修复工程，加大矿山地质环境修复治理力度，积极推进矿山地质环境治理项目，切实加大绿色矿山建设力度，不断提高资源回报率，达到安全矿井要求，积极推进绿色矿山申报工作。开展大规模国土绿化行动，全面实施禁牧休牧等制度。全面完成国家级森林城市创建工作。打好"鹤岗蓝"、城市水源地保护、农业农村面源污染治理、秸秆禁烧等攻坚战。深入开展污染土壤修复治理。抓好"全国黑臭水体治理示范城市"建设，全面完成"两河十四沟"综合治理和黑臭水体治理。

2. 着力保障和改善民生

鹤岗市要加快补齐短板，保障和改善民生。一是全力推进重点群体就业。全面落实就业优先政策，通过专场招聘会推荐介绍、职业技能培训、政策扶持等措施，大力开展就业援助，做好煤矿分流职工等就业困难人员等群体的就业和再就业工作。积极做好多渠道灵活就业机制，对就业困难人员实行托底帮扶。

二是切实做好公共服务供给。推进县区义务教育在"基本均衡"的基础上向"优质均衡"迈进。大力发展职业教育，深化产教融合，推进校企合作，提升培训质量。建设"健康鹤岗"，加速健康服务产业融合发展。全面提升医疗服务能力、服务质量和保障水平，推进"三医"联动，深化医药卫生体制改革。全力做好城乡困难脱贫救助帮扶工作，加快建设多层次、全方位的救助帮扶体系。落实下岗失业困难家庭救助帮扶政策。

三是不断加大基础设施建设。积极争取中央预算内投资、地方政府债券等资金支持基础设施补短板，加快保障性安居工程、老旧社区改造、给排水、供热供电、污水垃圾等基础设施建设。争取利用三年时间完成2000年以前建设成的老旧小区改造工作。按照"全省一张网、融入全国网"的总体规划，完善宽带网络覆盖水平，加快实现5G商用网络规模部署，推进智慧城市建设。

## 第四节 七台河市转型发展路径及对策研究

七台河是一座因煤而生、缘煤而兴的新兴工业城市，1958年开发建设，1965年建特区，1970年设县级市，1983年晋升为省辖市。全市总面积6221平方千米（市区面积3646平方千米），现辖三区（桃山区、新兴区、茄子河区）、一县（勃利县）、一场（金沙农场）、两个省级经济开发区（高新技术开发区和江河经济开发区），总人口92万。

### 一 转型发展的基本情况和突出问题

（一）经济发展现状

从经济总量看，2019年全市GDP实现231.3亿元，全省排名第12位，四煤城排名最后，增幅3.8%，全省排名第10位。人均GDP实现29912元，低于全省36183元，四煤城排名第3位。经济总量小、增长速度慢、人均差距大是七台河面临的主要问题。

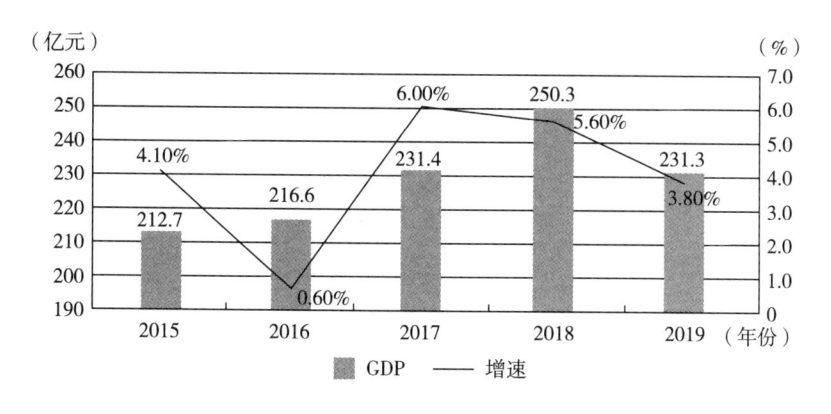

图11-1 七台河市GDP总量及增速

表 11-10　　　　　2019 年黑龙江省和四煤城经济发展比较

| 地区 项目 | GDP（亿元） | 排名 | 增幅（%） | 增幅排名 | 人均 GDP（元） |
|---|---|---|---|---|---|
| 全省 | 13612.7 | — | 4.2 | — | 36183 |
| 七台河市 | 231.3 | 12 | 3.8 | 10 | 29912 |
| 双鸭山市 | 476.4 | 9 | 4.8 | 5 | 33844 |
| 鸡西市 | 552.0 | 8 | 4.6 | 6 | 32278 |
| 鹤岗市 | 336.4 | 10 | 3.7 | 11 | 28891 |

资料来源：《黑龙江统计年鉴》。

2019 年，七台河市与四煤城对比经济总量、增值幅度及人均 GDP 等指标，除增长幅度和人均 GDP 略高于鹤岗外，其他均低于双鸭山、鸡西。经济结构转型调整的基础薄弱，尤其是人均 GDP 偏低，体现出人口流失城市收缩后，人均资源占有量上升的基础上，人均创造 GDP 能力没实现同步提升，经济结构调整还需深化，非煤经济体量尚未壮大，经济增长后劲不足。

从产业结构看，2019 年，第一产业增加值 33.1 亿元，增幅 1.3%，远低于全省 2.4%的增幅；第二产业增加值 95.45 亿元，增幅 1.6%，远低于全省 2.7%的增幅；第三产业增加值 102.74 亿元，增幅 6.9%，高于全省 5.9%的增幅。三次产业结构由 2015 年的 16.1∶36.8∶47.1 调整为 2019 年的 14.3∶40.8∶44.9，产业结构不断优化。

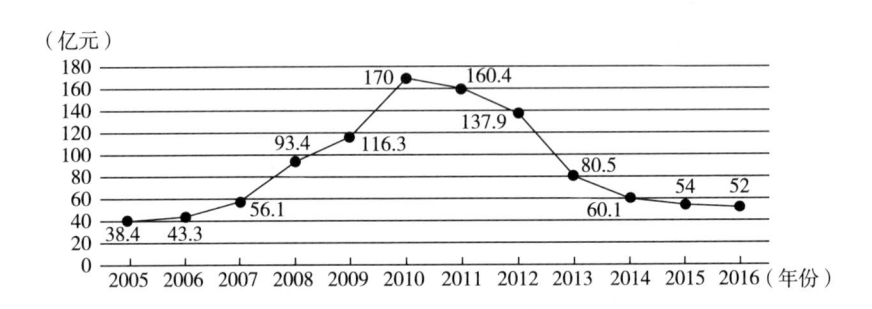

图 11-2　七台河市规模以上工业增加值

从农业内部结构看，畜牧业产值 18.5 亿元，增幅 3.2%，成为农业经济增长的主要动力。从工业内部结构看，受经济下行压力加大、煤矿整合、减税降费、煤焦市场低迷等不利因素叠加影响，2019年全市规上工业增加值同比增长1%，在全省排名最后，四煤城排名最后，其中非煤工业占比从2015年的32.1%提高到2019年的55.6%。从服务业内部结构看，交通运输、仓储增幅较慢。

七台河市农业总量少，农产品加工水平低，发展潜力较大；一煤独大的产业结构没有根本改变，煤产业为主体的第二产业占比四煤城最高，产业转型的压力依然较大；服务业发展迅速，交通运输、仓储物流发展空间较大。

从固定资产投资看，2019年，全市固定资产投资完成额比上年增长14.3%，增幅位居全省第一。其从产业看，第一产业投资增长126.1%，农业生产基础及种养殖项目固定资产投资增长幅度较大，为经济结构转型积蓄了力量；第二产业投资下降8.4%，其中工业投资下降8.4%，与国际竞争形势变化导致相应产业链原料供给及产品终端市场需求波动相关；第三产业投资增长61.7%，激活民营经济及服务业发展初显成效。从投资主体看，国有经济提升46%，民间投资下降9.4%，无外商及港澳台投资。七台河市营商环境尚需改善，对外开放水平尚需进一步提高。

（二）民生福祉现状

从人均收入水平看，七台河市城镇居民人均可支配收入由2015年的20776元增加到2019年的26431元，年均增长率6.2%，全省排名第10位，四煤城排名第2位；农村居民人均可支配收入由2015年的10687元增加到2019年的14340元，年均增长率7.6%，四煤城排名第4位。虽然居民收入增幅高于人均GDP增幅，但可支配收入依然处于较低水平。七台河市城乡居民收入比由2015年的1.94∶1缩小到2019年的1.84∶1，城乡发展更加协调。

从社会消费品零售总额看，七台河市由2015年的94.8亿元增加到2019年的120亿元，年均增长率6.1%。分行业看，批发和零售业总额91.7亿元，占零售总额的76.4%，对消费品市场的发展起着重要支撑作用；住宿餐饮收入28.3亿元，占零售总额的23.6%，但增长速度超过10%。分城乡看，城镇和农村分别实现零售额97.2亿元、22.9亿元，增幅分别为6.0%、10.0%，虽然农村消费品零售额增速高于城镇，但城镇消费品零售额仍为农村消费品零售额的 4 倍多，城乡差距仍然较大。

从一般公共预算支出看，2019 年，七台河市一般预算支出中，教育支出 8.6 亿元，增长 0.8%；卫生健康支出 5.8 亿元，降低 5.9%；城乡社区事务支出 33.1 亿元，增长 286.7%；社会保障和就业支出 22.4 亿元，增长 7.2%，社会建设取得显著成效，人民群众的获得感、安全感、幸福感继续增强，但卫生健康投入不足，公立医院负债严重，制约了改革的推进和医院的发展。

（三）生态环境现状

截至 2020 年 8 月，倭肯河国控断面全部实现达标，宝清大桥、倭肯河口内 2 个断面达到Ⅲ类水质，抢肯断面接近Ⅲ类水质，倭肯河水生态环境质量明显改善。2020 年 1—8 月，全市优良达标天数为 217 天，达标天数比例为 90%，同比提高了 1.6 个百分点。PM2.5 平均浓度为 32 毫米/立方米，同比下降 5.9%。PM10 平均浓度为 55 毫米/立方米，同比下降 14%，环境空气质量综合指数同比改善 3.8%，改善幅度居全省第 4 名。七台河市被评选为全国环境治理工程项目推进快、重点区域大气、重点流域水环境质量明显改善的地方，受到国务院激励表扬。七台河生态环境持续改善，人们生活幸福感持续增加，也为创建国家森林城市奠定了生态基础。

## 二 转型发展的思路与对策建议

七台河市转型发展应以"稳煤固基、多元发展"为转型振兴主线，坚持打优势牌、走特色路，走好产业转型发展"三条路径"，强化要素推动、投资拉动、市场带动、创新驱动"四轮驱动"，推进产业振兴、科技振兴、乡村振兴、生态振兴、改革振兴"五大振兴工程"，稳定基础产业、培育优势产业、挖掘特色产业，打造现代煤化工产业、生物和医药产业、石墨及石墨烯应用新材料及新能源产业、制造和再制造业、高端食品与特色农业、现代服务业与文旅产业"六大增长极"，努力实现七台河转型发展、全面振兴全方位振兴新局面。

七台河城市转型首先面临一个城市定位问题。经过研究讨论，七台河城市定位于打造转型创新与文明幸福的精益城市，是东北地区小而精、小而美、小而富、小而强、小而乐的精益城市。七台河要做好依托煤、延伸煤、不唯煤、超越煤的高质量转型，又要推进融合不同产业的高质量创新，还要提升园区、民营经济、个体经济等的发展质量和效益，让七台河成为黑龙江省煤炭城市转型的示范区和第一、第二、第三产业融合发展的创新地。精益城市，意味着七台河要立足于小城市的人口、面积、体量和历史，致力于小城大业、小城大作、小城大美、小城大幸福，以高质量的转型发展、创新活力和民生幸福来成就七台河的精致、精美和精益。城市口号是：我是七台河——"小城故事多，精美富强乐"。

表 11-11　　　　　七台河城市定位"精美富强乐"

| 精 | 城市精益高质量 | 小而精，精益发展，高品质成长 |
| --- | --- | --- |
| 美 | 生态环境高质量 | 小而美，资源节约，生态和美 |
| 富 | 经济发展高质量 | 小而富，经济繁荣，百姓富裕 |
| 强 | 综合能力高质量 | 小而强，冠军精神，创新与韧性能力 |
| 乐 | 人民生活高质量 | 小而乐，安居乐业，社会和谐 |

（一）加快产业转型升级

突出产业结构深入调整，加快新旧动能转换，以煤炭采掘业、现代煤化工 2 大支柱产业为主导，以生物和医药、制造和再制造、绿色食品 3 大优势产业为支撑，以氢能利用（新能源）、石墨及石墨烯（新材料）、现代服务业（新模式）3 个新兴产业为驱动，构筑多点支撑、多业并举、多元发展的"233"工业新体系，打造产业转型升级版。

1. 巩固提升现代煤化工产业

首先，稳定优质煤炭产能，推进智慧矿山建设。实施《黑龙江省七台河矿区煤矿建设项目专项规划》，培育并充分释放一批优质产能。加快 31 处改扩建矿井、12 处资源整合矿井和 5 处新建矿井审批、建设进程，所有矿井年生产能力全部提升至 30 万吨/年及以上，煤炭生产能力年新增 930 万吨，达到 2475 万吨。落实《关于加快煤矿智能化发展的指导意见》，巩固淘汰落后产能和资源整合成果，提高煤矿智能化和安全生产水平，严格落实企业安全生产主体责任，实施煤矿"一优三减"措施，以煤矿安全科技创新和规模化、机械化、信息化、智能化"四化"建设为重点，全面落实并推进智慧矿山建设。到2025年，力争1/3以上工作面实现智能化开采，智能化开采产量比重达到50%以上，井下高危岗位职工人数减少30%。

其次，实施煤化工转型升级工程，大力发展精细化工。巩固全省煤化工"排头兵"优势，坚持循环化、高端化、多联产，推动煤化工产业向精细化工、合成化工、材料化工方向转型升级，"煤头化尾"循环发展实现重大突破。加快传统煤化工与现代煤化工深度融合。在充分释放现有焦化产能基础上，升级改造传统焦化产业，重点推动煤制油、煤制天然气、煤制烯烃、煤制乙二醇产业化。促进煤炭初级加工向精细化加工转变。依托现有煤炭深加工基础优势，利用焦化煤化工业副产资源，引进先进技术和工艺，着力推动焦油、甲醇、苯、氯苯、对甲基苯酚为原料的精细化工产业链。促进碳材料向高附加值电极材料转变。放大"碳"产业比较优势，利用沥青、石墨等碳基材料，培育壮大沥青—针状焦（沥青基碳纤维、改质沥青、超级活性炭等）—中间相炭微球—超高功率电极；引导并融合石墨及石墨烯资源，尽快建立石墨（人造石墨、天然石墨）—正负极材料—新能源电池等碳基电极产业链。

2. 大力引进并发展生物医药产业

七台河市玉米资源和水资源丰富，先后引进联顺生物制药、中琅生物发酵2家龙头企业，为发展生物发酵和医药产业提供有力支撑。黑龙江江河经济开发区获省政府批准，成为发展生物医药产业重要一极，园区配套建设热电联产项目和污水处理项目。中医药发展方面，全市中草药种植和加工已有一定基础，中草药种植面积达19万亩，省级中草药种子种苗繁育基地和国家级中药材示范县落户勃利县。

（1）培育生物医药产业龙头企业。加快联顺生物制药项目建设。把联顺生物制药项目作为江河经济开发区生物医药板块产业布局中的重要支撑，统筹推进热电联产、污水处理、管网设施等园区基础设施和项目配套工程建设。支持企业先期以泰乐菌素、泰妙菌素、阿奇霉素为基础产品，尽快形成10万立方米发酵规模，夯实原料药、医药中间体等基础产业研发与生产。依托企业原料药技术优势和深加工能力，分阶段分步骤推进抗病毒药物、免疫力药物、保健类药物、农药兽药等产品研发、生产与销售。发挥龙头企业带动作用，积极引进靶向给药系统、透皮给药系统、纳米技术制剂、脉冲释药制剂、长循环制剂等新型制剂的开发与产业化。

（2）大力发展北药开发及中医药产业。扩大中药材规模化种植规模。开展中药材资源生产、供应情况调查，掌握资源动态变化。探索适合中药材发展的新模式，实现中药材从分散生产向有组织生产的转变。大力推广使用优良品种，围绕具有种植优势和产业优势的刺五加、五味子、水飞蓟、人参等药材资源，推动中药材规模化、规范化和标准化生产基地建设，从源头保证优质中药材生产。中药材种植规模达到40万亩。推动中药加工能力和流通体系建设。推进勃利县寒地北药仓储交易中心建设，打造七台河市中药材现代流通体系，建设线上线下交易平台，完善初加工、贸易、物流、仓储、电商配套体系建设。依托金沙康养小镇、元明村中草药小镇、禹森薰衣草庄园、康草堂北药基地，大力发展集养生养老、医疗康养、健康旅游、生态观光等为一体的综合性的智慧康养中心项目。建设覆盖周边及偏远地区的远程医疗网络平台，打造互联网中医医院，提供远程健康服务。

3. 积极引导新材料新能源产业发展

（1）打造石墨新材料产业新前沿。七台河石墨资源丰富，已探明石墨矿石量4.78亿吨，矿物量3248万吨，以大鳞片石墨为主，平均品位13%，最高40%。有采矿权4处，矿权相对集中。规划建设了新材料产业园区，已有宝泰隆公司、万锂泰公司、鑫科纳米公司等行业领军企业入驻，发展产业项目21个，已形成负极材料、石墨烯应用、高端石墨三大产业集群。以宝泰隆公司被认定为国家技术创新示范企业为突破口，鼓励企业联合科研机构集中攻关，参与石墨烯材料制备标准、石墨烯应用产品标准起草和制定，推动区域标准上升为省级标准、国家标准，超前做好产业标准布局，把握新行业领域主动权和市场话语权。

（2）超前布局煤制氢及氢能利用产业。国际国内氢能利用产业蓬勃发展，黑龙江省及七台河市在氢能利用领域尚属空白，需发展氢能利用产业，填补氢能源利用空白，形成多元化能源开发与利用新局面。目前，全市11户焦化企业，焦炭产能900万吨，甲醇产能40万吨，合成氢产能18万吨，并形成了完整的"煤—焦—电—化"产业链，工业副产氢年产能近期可达到25万吨，中远期可达到54.6万吨。宝泰隆公司氢产能可达15万吨，工业副产氢能达3万吨。

以宝泰隆公司为主体，联合域内焦化企业，推动氢能产业纳入全省重大发展战略。"以东部城市群为中心，向省域西部延伸，建设全省集创新研发、装备制造、产品应用、商业运营于一体的'龙氢经济走廊'示范区"。提请省政府加快研究制订《黑龙江省氢能产业发展规划》，支持七台河先行先试，创建省级氢能利用试验区。落实国家支持氢能源发展政策，制定财税补贴、基础设施、安全管理、技术研发等扶持政策，加快谋划加氢站和加氢网络布局建设。支持哈电集团与宝泰隆公司"央地合作"，在人才、资金、科研等方面给予支持，培育氢能制取和利用产业集群。

（二）建设宜居宜业城市

将城市规划、产业发展与促进民生福祉提升结合起来，建设宜居宜业的生态之城和幸福之城。

1. 建设生态文明家园

七台河市的重点区域大气、重点流域水环境质量明显改善，土壤污染防治与修复取得新成效。倭肯河国控断面全部实现达标，倭肯河水生态环境质量明显改善。空气优良达标天数比例达到90%，空气质量综合指数同比改善3.8%，改善幅度位居全省第4名。依托国家园林城市创建成果，科学规划，狠抓落实，全面达到国家生态园林城市标准，力争创建国家森林城市。持续推进绿色矿山建设。严格按照国家级绿色矿山建设规范要求，加大生态保护环境治理投入，统筹推进在产矿山绿色矿山建设与工矿废弃地复垦利用、矿山地质环境治理与生态恢复。加快采煤沉陷区生态环境修复，通过开展规模植绿行动和矿山地质环境治理，恢复山体植被。

2. 加快建设数字智慧城市

坚持建管并重，完善城市治理体系，实施市场化、精细化、智慧化城市管理，强化共建、共治、共享，形成多方主体参与、良性互动的现代城市管理模式。建设智慧应用基础设施。将城市道路清扫保洁、清冰雪、道路管养、绿化管养、弃管小区管理服务等项目统筹纳入市场化运营范围,推进环卫由单一的清扫、保洁、清冰雪运行模式向"城市管家"模式转变。加强智慧城市建设,适度超前布局智能基础设施和网络,进一步加大5G网络、数据中心、工业互联网、物联网等新型基础设施建设力度,优先覆盖核心商圈、重点产业园区、重要交通枢纽、主要应用场景等。推进城市地下空间管理信息化建设,聚焦交通、环境、安全等场景,提高城市智能感知能力和运行保障水平,建设"一库一图一网一端"的城市管理综合执法平台,完善城市视频监测体系,提高视频监控覆盖率及智能巡检能力,建立城市智能治理体系。

3. 促进民生福祉提升

全市城镇新增就业人数3.01万人,下岗失业人员再就业2.06万人;城镇登记失业率控制在4.5%以内。最低工资标准从1270元/月提高到2017年的1450元/月。多渠道开发岗位促进就业。支持多种渠道、多元化就业保就业,通过双百项目建设吸纳就业;电商、外卖、网络直播等新业态发展带动就业;发展地摊、夜经济等实现灵活就业;通过援企业稳岗位稳就业;通过支持重点群体就业保就业。全力促进以创业带动就业。积极兑现七台河市"黄金十条""新九条"和《20项措施》等政策,与创业者精准对接,促进创业政策落实落地。依托社区劳动保障平台设立创业服务窗口,为城乡各类创业人员提供创业专项服务。围绕创业需求,为创业者提供有针对性的创业培训,增强创业培训实效。

(三)激发市场主体活力

发挥好改革的突破和先导作用,全面落实重点改革任务,深化重点领域关键环节改革,增强改革系统性、整体性、协同性,以深化改革激发新发展活力,为高质量发展赋能。

1. 打造一流营商环境

打造高效政务环境。深入推进"放管服"改革,加强和规范事中事后监管。加快"政务服务一体化平台"建设,打破部门信息壁垒,实现全市政务信息共享。推行以"证照分离"为重点的商事制度改革,营造宽松便捷的市场准入准营准出环境。加快"数字政府"建设,推进政务服务"一网通办",实现政务服务网上可办率达90%以上。规范有序市场环境。严格落实公平竞争审查制度,保障民间资本享受同等准入标准和优惠政策。对负面清单之外的领域按照内外资一致的原则实施管理，促进内外资企业公平竞争。全面推广"评定分离""承诺即开工"改革模式。营造公平法治环境。在行政许可、招投标等领域，彻底清理影响公平竞争的规范性文件和政策措施，保证各类市场主体依法公平竞争。大力开展"清赖行动"，建立联合惩戒机制，构建以信用为基础的新型监管机制。构建亲清新型政商关系。

2. 提升重点领域改革质效

深化供给侧结构性改革。加快保留矿井提能改造和新建矿井审批，加快规模化、标准化、信息化、智能化矿井建设，尽快释放优质产能。深化国资国企改革。制订国企改革三年行动方案，推进国有企业公司制改革，完成公共汽车公司、供排水总公司、热力总公司、金沙农场等企业改制，加快形成市场化经营机制。分类分层推进混合所有制改革，加快推进"劳动、人事、分配"制度改革，建立健全现代企业制度。推进"僵尸企业"出清，分类施策解决历史遗留问题。健全以管资本为主的国有资产监管体制，构建国资监管、资本运营、国企经营三层次运作体系。深化江河开发区、高新区体制改革，建立现代化管理制度。深化财税体制改革。优化市和县区政府间事权和财权划分，建立权责清晰、财力协调、区域均衡的财政关系。深化电力体制改革。有序放开除公益性、调节性以外的发用电计划，推动大用户直供电，降低企业用电成本。

3. 激发民营经济发展活力

坚持深入实施"民营富市"战略，认真落实国家减税降费政策和"黄金十条"系列扶持政策，围绕民营企业"三座大山"，推出含金量更大的"政策包"，进一步降低企业制度性交易、用能、金融、物流、运营成本，提升民营企业竞争力。鼓励民间资本进入交通、水利、市政公用事业等领域，支持民间资本组建或参股相关产业投资基金并参与投资运营。加强对生产要素供给的综合平衡，创新产业用地供给方式，鼓励民营企业利用自有工业用地发展新产业、新业态并进行研发创新。保障企业煤、电、油、气、运等要素需求。推动知识产权质押贷款增量扩面，对企业专利权、商标专用权和著作权等无形资产进行打包组合融资。强化对金融机构以存贷比为重点的评价考核，用好政府性资金杠杆，撬动金融机构提高融资效率，突出解决好融资难、融资贵问题。实施民营企业梯度培育计划，引导中小微企业走"专精特新"发展之路，推动个转企、小升规、规改股、股上市。积极参与省"紫丁香计划"，力争五年内有2—3户企业在主板、创业板或科创板上市，借助资本市场力量推动企业做强做优。持续开展企业家大讲堂，引导企业家健康成长，提高战略规划和经营能力。

# 第十二章

# 黑龙江省煤炭城市旅游产业升级的量化评价

李悦在《产业经济学》中对产业升级的定义是：产业升级是产业在结构协调化基础上的高度化。产业升级包括两方面的含义：一是结构效益优化，即产业结构演进过程中由于结构协调化而产生的效益不断提高；二是转换能力优化，即产业发展过程中，不断地提高技术创新能力，提高对社会资源供给状况和市场需求状况变化的适应能力，从而使产业技术提高的过程[①]。

崔凤军在《中国传统旅游目的地创新与发展》中指出，旅游产业结构的合理化就是旅游行业间相互协调能力的加强与关联水平的提高，通过旅游产业结构合理化过程，促进旅游产业与外部各产业体系的动态均衡、内部各部门以及组成部分间的动态均衡、促进产业内部各组成要素的素质提高；高级化是包括旅游产品结构的多样化并存和旅游地域格局的优化，即旅游产业结构从低水平向高水平状态的发展[②]。

结合二者，我们认为，旅游产业结构优化是旅游产业升级的基础和关键所在，只有实现了旅游产业结构的协调化才能谈到高度化。而旅游产业结构的优化，应当侧重于旅游产业结构的协调化，即旅游产业之间协调能力的加强、内外部关联水平的提高、空间布局的合理化和结构效益优化等方面的提升。因此，我们对黑龙江省东部煤炭城市旅游产业升

---

① 李悦：《产业经济学》，中国人民大学出版社2004年版，第301—304页。
② 崔凤军：《中国传统旅游目的地创新与发展》，中国旅游出版社2002年版，第38—39页。

级的实证分析，就从旅游产业结构的协调化，上升到旅游产业结构协调化基础上的高度化。

## 第一节 黑龙江省煤炭城市旅游产业发展现状

总体上讲，黑龙江省煤炭城市旅游产业的发展情况，可以概括为规模小、比重低、速度慢、效益差、不平衡等。为了说明问题，我们做了表12-1、表12-2和表12-3。但由于数据获取的难度，我们仅能找到表中的数据。主要来源于《黑龙江统计年鉴》、各城市网站中的国民经济与社会发展统计公报和各城市政府工作报告。尽管数据并不充分，但从所找到的数据中还是可以描绘出黑龙江省煤炭城市旅游产业的大致轮廓。归纳起来表现出以下几大特征。

表12-1　黑龙江省及东部四煤炭城市旅游接待人次和总收入

单位：万人次；亿元、国际为万美元

| 年份<br>接待人次 | 2012 | 2011 | 2010 | 2009 | 2008 | 2007 | 2006 | 2005 |
|---|---|---|---|---|---|---|---|---|
| 鹤岗 | 321.9 | 212.3 | 119 |  | 59.5 |  |  | 36.4 |
| 鹤岗（国内） | 318.3 | 209.1 | 114 |  | 58.19 |  |  |  |
| 鹤岗（国际） | 3.7 | 3.3 | 5 | 2.39 | 1.35 |  |  |  |
| 双鸭山 |  |  | 255 |  | 161 | 125 | 102.2 | 83.3 |
| 双鸭山（国内） |  |  |  |  | 155 | 120 | 98 | 80 |
| 双鸭山（国际） |  |  |  | 6.95 | 5.94 | 5 | 4.2 | 3.3 |
| 鸡西 | 606 | 554.4 | 504.6 | 458.2① |  |  |  |  |
| 七台河 | 33.0 | 45.6 |  | ② | 43.6 | 37 |  |  |
| 黑龙江省 |  |  |  |  |  |  |  |  |
| 国内 | 25174 | 20237 | 15702 | 10844 | 8353 | 6515 | 5194 |  |
| 国际旅游③ | 207.6 | 206.5 | 172.4 | 142.5 | 200.6 | 141.4 | 106.3 |  |
| 旅游总收入 |  |  |  |  |  |  |  |  |
| 鹤岗 | 32.9 | 21.1 | 9.7 |  | 2.2 |  |  | 0.332④ |
| 鹤岗（国内） | 32.2 | 20.5 | 9 |  | 1.97 |  |  |  |
| 鹤岗（国际） | 1036.7 | 895 | 1070 |  | 268.3 |  |  |  |

225

续表

| 年份<br>接待人次 | 2012 | 2011 | 2010 | 2009 | 2008 | 2007 | 2006 | 2005 |
|---|---|---|---|---|---|---|---|---|
| 双鸭山 | | | 4.5 | | 2.91 | 2.4 | 2.0 | 1.6 |
| 双鸭山（国内） | | | | | 1.65 | 1.25 | 1.0 | 8000 |
| 双鸭山（国际） | | | | | 1845 | 1460 | 1270 | 1000 |
| 鸡西 | 28.13 | 24.24 | 20.87 | 18.2 | | | | |
| 七台河⑤ | 1.856 | 1.848 | 1.768 | | 1.49 | 0.73 | | |
| 黑龙江省 | | | | | | | | |
| 国内 | 1248 | 1032 | 832 | 606 | 502 | 380 | 312 | |
| 国际⑥ | 8.4 | 9.2 | 7.6 | 6.4 | 8.7 | 6.4 | 4.9 | |

注：①2009年鸡西市接待入境游4.2万人次。②2009年七台河市接待入境游283万人次。③国际旅游是指外国人加上港澳台地区。④3315万元，约等于0.332亿元。⑤七台河市2012年、2011年实现旅游总收入为2099万美元、2800万美元；2010年国际旅游收入2600万美元；数据存疑。⑥国际旅游收入单位是亿美元。

表12-2　　黑龙江省旅游产业收入占全省GDP的比重　　单位：亿元、%

| 年份 | 2012 | 2011 | 2010 | 2009 | 2008 | 2007 | 2006 |
|---|---|---|---|---|---|---|---|
| GDP | 13691.6 | 12582.0 | 10368.6 | 8288.0 | 8314.4 | 7104.0 | 6211.8 |
| 旅游总收入① | 1301.8 | 1092.7 | 883.7 | 649.5 | 561.2 | 427.4 | 351.2 |
| 占GDP比重 | 9.51 | 8.68 | 8.52 | 7.84 | 6.75 | 6.02 | 5.65 |

注：①国际是按照美元计算的，这里统一用人民币计算。根据当年的人民币兑换美元的外汇牌价。2012年按1∶6.4；2011年按1∶6.6；2008—2010年按1∶6.8；2007年按1∶7.4；2006年按1∶8。

表12-3　　黑龙江省四煤炭城市旅游产业收入占GDP的比重

单位：亿元、%

| 年份 | 2012 | 2011 | 2010 | 2009 | 2008 | 2007 | 2006 | 2005 |
|---|---|---|---|---|---|---|---|---|
| 鹤岗市GDP | 358.2 | 313.1 | 251.0 | 206.3 | 184 | 156 | 125 | 111.2 |
| 旅游总收入 | 32.9 | 21.1 | 9.7 | | 2.2 | | | 0.332 |
| 占GDP比重 | 9.18 | 6.74 | 3.86 | | 1.196 | | | 0.299 |
| 双鸭山GDP | 565.4 | 502.9 | 396.4 | | 260.1 | 206.4 | | 146.6 |
| 旅游总收入 | | | 4.5 | | 2.91 | 2.4 | 2.0 | 1.6 |
| 占GDP比重 | | | 1.14 | | 1.12 | 1.16 | | 1.09 |

续表

| 年份 | 2012 | 2011 | 2010 | 2009 | 2008 | 2007 | 2006 | 2005 |
|---|---|---|---|---|---|---|---|---|
| 鸡西市 GDP | 582.3 | 507.8 | 419.5 | 353.8 | 315.9 | 275.5 | 236.2 | 204 |
| 旅游总收入 | 28.13 | 24.24 | 20.87 | 18.2 | 15.24 | | | |
| 占 GDP 比重 | 4.83 | 4.77 | 4.97 | 5.14 | 4.82 | | | |
| 七台河 GDP | 298.9 | 308.1 | 305.2 | 233.6 | 196.3 | 138.0 | 116.1 | 103.4 |
| 旅游总收入 | 1.856 | 1.848 | 1.768 | | 1.49 | 0.73 | | |
| 占 GDP 比重 | 0.62 | 0.599 | 0.579 | | 0.759 | 0.529 | | |

### 一 旅游产业规模小、比重低

综观 2005—2012 年以来四煤炭城市的 GDP 和旅游产业总收入的占比（我们用的是旅游总收入而非产业增加值，原因是旅游产业统计数据的缺失），旅游产业总收入占 GDP 比重最大的是鹤岗市。2012 年旅游总收入占 GDP 的比重为 9.18%，鸡西市排在第二位是 4.83%，七台河市仅占 0.62%（可能数据上有些问题），双鸭山市由于缺少数据没有占比。但它 2010 年的旅游收入占 GDP 的比重只有 1.14%，我们推测，即使这两年飞速发展，也不会很高。

从表 12-3 中可见，双鸭山市和七台河市的旅游业总收入占 GDP 的比重在 0.5%—1.2% 波动。这反映出，这两座煤炭城市的资源型属性极其突出，双鸭山市和七台河市的旅游业在其主要产业结构中可以忽略不计。我们说，这四座煤炭城市的旅游产业规模小、比重低，不仅是从自身的角度看，更是从全省的情况来看。由表 12-2 可见，2006—2012 年黑龙江省旅游产业收入占 GDP 的比重从 5.65% 增长到 2012 年的 9.51%，接近 10%，很快将成为黑龙江省的支柱产业。但反观四个煤炭城市，除了鹤岗市 2011 年和 2012 年旅游收入占 GDP 的比重超过 5%，2012 年达到 9.18% 以外，其余城市的旅游产业收入占 GDP 的比重均大大低于黑龙江省的水平。即使是鹤岗市的旅游收入也是在黑龙江省的水平之下。

### 二 旅游产业总体发展速度缓慢

从表 12-3 中我们可见，只有鹤岗市的旅游产业发展相对速度较快。而其余三个城市的旅游产业，比如双鸭山市基本上在 1%—1.2% 波动，甚至有的年份还出现倒退。2007 年双鸭山市旅游收入占 GDP 为 1.16%，2010 年却下降到 1.14%。鸡西市的情况也差不多。2009 年旅游产业总收入占比达到最高值 5.14%,剩下四年的比重一直没有超过 5%,分别为 4.82%、4.97%、4.77% 和 4.83%。尽管旅游收入绝对数额上持续增加,但是比重缺失停滞不前,发展缓慢,甚至倒退。七台河市的数据中同样可以看到类似的情况。2008 年达到最高值 0.759% 后,其余年份 2010—2012 年分别为 0.579%、0.599%、0.62%,同样游移不定,发展缓慢。

不仅如此,从全省的角度看,四个煤炭城市旅游产业发展速度也是缓慢的。比如,2006—2012 年黑龙江省旅游产业收入年均增速在 271%,四个煤炭城市尽管数据不全,但粗略统计我们发现,其年均增长速度分别为鹤岗市 239%、双鸭山市 181.25%、鸡西市 84.6%、七台河市 24.6%。都低于甚至大大低于黑龙江省的水平。

### 三 旅游产业主要以国内游为主

从需求的角度看,黑龙江省四个煤炭城市的旅游产业跟黑龙江省的情况一样,都是以国内游客为主。从能找到的数据来看,比如,鹤岗市旅游接待人数国内游客还是绝大多数。2008 年国内游客 58.19 万人次,国际游客仅有 1.35 万人次;2010 年国内游客增长到 114 万人次,国际游客是 5 万人次;2011 年国内游客增长到 209.1 万人次,国际游客却降到 3.3 万人次;2012 年国内游客增长到 318.3 万人次,国际游客为 3.7 万人次。可见国际游客比重低,且波动很大。而国内游客持续增长。另外,从旅游收入上也能看到同样的特征。还是以鹤岗市为例,2008 年国内旅游收入 1.97 亿元,国际旅游收入 268.3 万美元(折合成人民币约为 1824.44 万元);2010 年国内旅游收入增长到 9.7 亿元,国际旅游收入约为 1070 万美元(约为 7276 万元);2011 年国内旅游收入为 21.1 亿元,国际旅游收入下降为 895 万美元(约为 5907 万元);2012 年国内旅游收入为 32.9 亿元,国际旅游收入为 1036.7 万美元(约为 6634.88 万元)。同样表现为,国内旅游收入持续快速增长,而国际旅游收入比重低,且波动较大。

### 四 旅游产业各城市发展严重失衡

这种失衡反映在四个煤炭城市之间的发展失衡。

从旅游接待人次上看,鸡西市和鹤岗市与双鸭山市和七台河市差距较大。其中鸡西市一直是旅游接待人次最多的。2008—2012 年鸡西市旅游接待人数为417.9万人次、458.2万人次、504.6万人次、554.4万人次、606万人次，双鸭山市的数据不全，但从总体上推算，一直是高于鹤岗市，2010年双鸭山市旅游接待人数为255万人次，而鹤岗2011年才到212.3万人次。最少的当属七台河市，而且旅游接待人次还出现了反复。2007年是37万人次，2008年为43.6万人次，2011年为45.6万人次，2012年却为33万人次。

从旅游总收入上看，鹤岗市的旅游总收入增长最快且收入额最高。2005年为0.332亿元，2008年为2.2亿元，2010年为9.7亿元，2011年为21.1亿元，2012年达到32.9亿元。从2005年到2012年增长了近100倍，2010—2012年三年增长了3.39倍，年均增长239%。鸡西市旅游收入的增长比较起来就比较小了。2008—2012年旅游总收入分别为15.24亿元、18.2亿元、20.87亿元、24.24亿元和28.13亿元。从2008—2012年鸡西市的旅游收入增长了1.85倍，年均增长84.6%。相比较而言，双鸭山市的旅游收入尽管从2005—2010年增长了2.81倍，年均增长率高达181.25%，但是从绝对额上看就比较少了。2010年双鸭山市旅游收入仅为4.5亿元。这与鹤岗和鸡西市的旅游收入相去甚远。七台河市不仅增长速度较慢，旅游收入总额也是最低的。七台河市2008—2012年（缺少2009年）旅游收入为1.49亿元、1.768亿元、1.848亿元和1.856亿元。虽然2012年比2008年增长了近1.25倍，但年均增长仅为24.6%。

归纳起来，黑龙江省这四个煤炭城市的旅游产业发展大体上可以分成四个层次：第一个层次是鹤岗市，总体上处于快速成长期。旅游接待人次相对较多，旅游收入从总量上也是较多，但二者的增速是最快的，尤其是2012年鹤岗市的旅游收入排名第一位。第二个层次是鸡西市，总体上处于稳定上升期。旅游接待人数一直最多，甚至比其他三个城市接待游客的总数还要多。同时旅游收入从总量上也是最多的，每年都比较平均，增长速度也比较快。第三个层次是双鸭山市，总体上处于起步阶段。旅游接待人数2006年以来超过100万人次，2010年有超过250万人次，增长速度也较快。同时，旅游收入的增速也较快，但是旅游收入额却较小。第四个层次是七台河市，总体上可以忽略不计。如果不是数据的问题，那七台河市的旅游业无论是从接待游客的人次，还是旅游收入上看，都非常低，甚至可以忽略不计。黑龙江省煤炭城市旅游产业发展的不平衡还是相当严重的。

总之，黑龙江省四个煤炭城市旅游产业，不仅跟自身相比发展缓慢、比重低，而且同全省水平的差距也很大。可见，黑龙江省四个煤炭城市旅游产业发展存在较大的不平衡，但总体上的发展还处于较低水平和较低层次的阶段。一定意义上说，类似于全省经济社会发展所处的阶段和状态，面临着加快发展与转型升级的双重压力。

## 第二节　黑龙江省煤炭城市旅游产业发展评价

鉴于四个煤炭城市旅游产业相关部门的数据采集的难度，我们下面的数据主要采集自顺企网的四个城市的黄页、旅交汇网和《黑龙江统计年鉴》。

### 一　煤炭城市旅游线路和产品差异较大

根据顺企网的四个城市的黄页和旅交汇网站和四个城市政府门户网站中旅游资源的网上公开数据组成表12-4。

表12-4　　　　黑龙江省四个煤炭城市旅游资源简表

| 地区 | 旅行社① | 酒店餐饮② | 景区③ | 旅游线路④ |
|---|---|---|---|---|
| 鹤岗 | 12 | 310 | 36 | 10 |
| 鸡西 | 26 | 693 | 26 | 20 |
| 双鸭山 | 19 | 220⑤ | 54 | 10 |
| 七台河 | 8 | 107⑥ | 5 | 10 |

注：①数据取自旅交汇网站。②数据取自顺企网的四个城市的黄页。③数据取自各城市政府门户网站。④同上。⑤双鸭山星级酒店有6个。⑥七台河入驻酒店9个。

需要说明的是，四个煤炭城市旅行社和餐饮住宿的数据来自网站。该两个网站大多是会员注册的，因此，不能准确描述这四个城市旅行社和餐饮住宿的具体情况。但总体上还是能看出一些问题的。同时，我们通过这四个城市的政府门户网站提供的旅游资源信息，整理出这四个城市的旅游景区景点和旅游线路表。下面我们分别介绍四个城市的重点景区和旅游线路。

（一）鹤岗市的重点景区和旅游线路

据鹤岗市旅游局2011年的信息，鹤岗市的旅游是在1997年旅游资源普查的基础上、在2000年旅游资源开发建设年的发展进程中走到今天的。在近十年里，相继开发和建设了有代表性的旅游景区（点）36处。鹤岗市的旅游景区（点）分别是：

（1）龙江三峡国家森林公园旅游景区：黑龙江三峡风景区；太平沟旅游区、黄金古镇；兴东道台府景区；兴龙峡谷；滚兔岭；名山界江综合旅游景区；名山岛风景区（国家AAA级景区、黑龙江流域博物馆）；鹤北联营红松母树林；水莲湿地、嘟噜河湿地自然保护区；凤凰山滑雪场；高尔夫球训练场。

（2）鹤岗国家森林公园旅游景区：细鳞河民俗风情园——国家AAA级景区；十里河生态旅游风景区；桶子沟原始红松林景区；金顶山龙掌岩石峰风景区。

（3）将军石山庄旅游景区（国家AAA级景区）。

（4）松鹤西湖风景旅游景区（国家AA级景区、松鹤滑雪场——SS级滑雪场）。

（5）绥滨月牙湖风景区"中国北方民族园"。

（6）红色旅游：宝泉岭赵尚志将军纪念馆；鹤北赵尚志将军遇难地；东北电影制片厂旧址。

（7）矿山旅游：鹤岗国家矿山公园；矿史馆（省级工业旅游示范店）；矸石山复垦森林温泉生态景区。

（8）农业旅游：宝泉岭农场；共青农场；桦春鲜族风情村（省级农业旅游示范点）；顺达庄园农业旅游观光示范点（省级农业旅游示范点）。

在鹤岗市政府门户网站中的旅游鹤岗专栏中，推介了10条线路。它们分别是：美丽乡村 美丽田园精品旅游线路、湿地生态观光旅游线路、赴俄异域风情旅游线路、北国边境矿山文化旅游线路、小兴安岭生态原始森林旅游线路、界江龙江三峡精品旅游线路、农业科技观光旅游线路、鹤岗市六大园区一日游线路、鹤岗市冬季旅游线路、鹤岗市夏季旅游线路。鹤岗市还推出了中俄界江文化旅游节，2012 年已经是第三届了。同年，还举办了"中国·鹤岗首届国际啤酒美食节"。

（二）鸡西市的重点景区和旅游线路

据鸡西市政府门户网站旅游资源中的旅游景点所列，鸡西市的旅游景点有 26 个之多。它们分别是：珍宝岛湿地自然保护区、珍宝岛、月牙湖、新开流景区、莲花景区、蜂蜜山、兴凯湖二闸、当壁镇兴凯湖旅游度假区、铁西森林公园、侵华日军虎头要塞遗址博物馆、城子河区净土寺、鸡林朝鲜族风情园、虎头关帝庙、虎林市虎头风景名胜区、恒山国家矿山公园、亨特山庄、鸡东县哈达河风景名胜区、锅盔山庄风景区、鸡东县凤凰山风景区、鸡东动植物园、第二次世界大战终结地纪念碑景区、北大荒书法长廊管理处、八五六生态旅游度假区、鸡西休闲文化广场、鸡西兴凯湖旅游风景区、麒麟山风景区等。

2013 年 9 月 18 日《鸡西日报》报道，鸡西市依托良好的生态旅游资源，针对域内外不同的客源市场，相继推出了兴凯湖观鸟游、兴凯湖珍宝岛湿地观光游、百里湖岗杏花游、开湖开江观景品鱼游等 15 条绿色旅游线路。不仅吸引了省内的游客，京津、江浙沪等地客源市场的团队游客也相继而来。同时，鸡西市还举办了"2013 鸡西兴凯湖旅游产品推介会""百家旅行社进虎林"等促销活动。开展"中国旅游日——鸡西人游鸡西"活动，启动本地旅游市场。

（三）双鸭山市的重点景点和旅游线路

同样据双鸭山市旅游网中的景区推荐，双鸭山市的景区有 54 个。

国家 AAA 级景区：安邦河湿地公园、北大荒农机博览园、北秀公园、青山国家级森林公园、东湖旅游度假区、友谊博物馆、珍宝岛烈士陵园、挹娄文化风情园、七星河湿地生态旅游区、四排赫哲族风情园、燕窝岛湿地生态旅游区、千鸟湖湿地公园、龙湖水利风景区、喀尔喀旅游区、沿江公园。

国家 AA 级景区：美兰庄生态园、宝石河公园、小南山风景区。

国家 A 级景区：巍隆山庄、紫云岭森林公园。

还包括：长林岛湿地自然保护区、乌苏里江、挠力河湿地、七星峰森林公园、黑龙江完达山国家森林公园、羊鼻山森林公园、环城森林公园、大顶子山风景区、依绕生态旅游观光路、盘云岭、云峰山休闲度假中心、蛤蟆通水库、红旗渠风景区、山河水库、五星湖、幸福湖、明月湖、双兴农业生态旅游区、友谊农场五分场二队农业旅游示范点、东方第一农业旅游观光区、红旗岭现代农业（特色农业观光园）、五九七万亩果园、东北黑蜂自然保护区、饶河抗日纪念碑、十二烈士山、饶河县文物馆、黑龙双锅文化博物馆、俄式建筑八角楼、小成富朝鲜民族村、友谊公园、天府公园、大菩提寺、宝光寺、妙音寺。

谈到双鸭山市的旅游线路，据双鸭山政府门户网站精品线路提供，有山水生态游、红色体验游、历史文化游、界江风情游、双鸭山市七日旅游线路、六日旅游线路、五日旅游线路、三日旅游线绿、两日旅游线路和一日旅游线路。

（四）七台河市的重点景点和旅游线路

据1996年普查，七台河市共有旅游资源实体16种，基本类型共30处。一级无，二级1处，三级5处，四级20处，五级4处，旅游资源级别中等。在30处资源实体中，自然资源6类8处，人文资源10类22处。就类型而言，农林渔牧场、生物化石点、公园、古城与古城遗址、湖泊等有一定的开发价值。据七台河市政府门户网站中畅游七台河中的旅游资源推荐，七台河市的景点古迹包括：英伦庄园、青松岭森林公园、石龙山国家森林公园、西大圈国家森林公园和吉兴河水库五个。

其中推荐的旅游线路包括：黑龙江东部最佳旅游线路、秋季五花山观赏游线路、勃利县绿色生态游—红色游线路、登山踏青游线路、工业特色品牌游线路、乡村田园生态观光游线路、购物休闲中医诊疗游线路、山水园林城市风光游线路、宗教游线路、民族风情游线路共十条。

通过对四个城市旅游景点景区和旅游线路的梳理，我们可以得出以下几点认识。第一，四城市旅游景点景区和旅游线路资源存在较大的差距和不均衡。有的非常丰富，比如鹤岗、鸡西和双鸭山市，而有的则寥寥几个，比如七台河市。第二，双鸭山市的旅游景点景区是最多的，然后，旅游资源的开发和利用反映在旅游产业收益和旅游人次上就差距太大了。第三，鸡西市的旅游线路比较成体系，而且已经形成了自身的特色，比如鸡西市非常关注挖掘历史文化底蕴，提升鸡西市旅游品位。第四，鹤岗市旅游资源的开发较快，因此发展速度也是最快的。景点的开发比较有系统，但是旅游线路的设计却存在较大的缺陷。

## 二 煤炭城市传统服务业经营效益一般

根据《黑龙江统计年鉴》，我们制作了四城市社会消费品零售总额、批零贸易商品销售与住宿餐饮经营状况表。从表12-5、表12-6中，可以清晰地反映出四个煤炭城市社会消费品零售总额的基本排名情况。2009年和2012年大致的顺序是鸡西、鹤岗、双鸭山和七台河市。按照行业划分来看，这四个煤炭城市批发零售贸易额远大于住宿和餐饮业额。这说明这四个城市的住宿和餐饮业相对规模不大，且效益一般。从一个侧面可以看出，这四个城市旅游产业发展依旧处于初级阶段。旅游产业营业收入就消费品角度来看，主要集中在商品贸易上，而非住宿和餐饮业。

表12-5　　2009年黑龙江省煤炭城市社会消费品零售总额　单位：百万元

| 地区 | 社会消费品零售总额 | 按行业分 | | |
|---|---|---|---|---|
| | | 批发零售贸易 | 住宿和餐饮业 | 其他 |
| 鸡西 | 102.7 | 80.7 | 19.7 | 2.3 |
| 鹤岗 | 60.6 | 49.9 | 10.5 | 0.2 |
| 双鸭山 | 56.6 | 46.5 | 8.4 | 1.7 |
| 七台河 | 43.0 | 37.0 | 5.7 | 0.4 |
| 全省 | 3401.8 | 2927.0 | 429.4 | 45.4 |

表12-6　　2012年黑龙江省煤炭城市社会消费品零售总额　单位：百万元

| 地区 | 社会消费品零售总额 | 按行业分 | | |
|---|---|---|---|---|
| | | 批发零售贸易 | 住宿和餐饮业 | 其他 |
| 鸡西 | 162.3 | 135.3 | 26.9 | |
| 鹤岗 | 97.1 | 82.4 | 14.8 | |
| 双鸭山 | 88.5 | 76.8 | 11.3 | |
| 七台河 | 74.2 | 65.6 | 11.9 | |
| 全省 | 5491.0 | 4801.3 | 689.7 | |

下面我们通过四城市限额以上批发零售贸易商品销售情况来细看具体批发和零售的比例关系。无论2009年还是2012年，四个城市只有七

台河市的零售额超过了批发额，其余城市都是批发额超过零售额。尤其是鹤岗和双鸭山市二者的数额差距还是较大的。有趣的是，排在第一位的鸡西市，尽管批发额比零售额要大，但二者的差距并不大。简单推测，鹤岗和双鸭山市的批发贸易市场的特征比较明显，而鸡西和七台河市面向个人消费者的零售比重较大，这对旅游业的发展是比较有利的。

表12-7　2009年黑龙江省煤炭四城市限额以上批零贸易商品销售情况

| 地区 | 企业数（个） | 产业活动单位数（个） | 从业人数（人） | 商品销售总额（万元）合计 | 批发 | 零售 |
|---|---|---|---|---|---|---|
| 鸡西 | 42 | 218 | 6556 | 587662 | 335034 | 252628 |
| 鹤岗 | 44 | 151 | 5560 | 271673 | 202760 | 68912 |
| 双鸭山 | 17 | 94 | 2314 | 280149 | 220880 | 59269 |
| 七台河 | 11 | 47 | 1251 | 212811 | 70269 | 142542 |
| 全省 | 1276 | 3958 | 131643 | 28021621 | 19336232 | 8685389 |

表12-8　2012年黑龙江省煤炭四城市限额以上批零贸易商品销售情况

| 地区 | 企业数（个） | 产业活动单位数（个） | 从业人数（人） | 商品销售总额（万元）合计 | 批发 | 零售 |
|---|---|---|---|---|---|---|
| 鸡西 | 81 | 268 | 5285 | 1206720 | 683710 | 523011 |
| 鹤岗 | 80 | 211 | 8943 | 522536 | 350283 | 172253 |
| 双鸭山 | 51 | 206 | 5410 | 496495 | 322637 | 173858 |
| 七台河 | 18 | 53 | 1357 | 406632 | 113746 | 292887 |
| 全省 | 1929 | 5136 | 148312 | 49654140 | 34225911 | 15428229 |

接下来，我们分析这四个城市限额以上住宿和餐饮经营状况。同样数据来源于《黑龙江统计年鉴》。很明显，无论是住宿还是餐饮，黑龙江省四城市的经营状况并不理想。从我们所列的几个指标来看，企业个数、从业人员、营业额等情况都体现了规模小、效益差、产业带动不足的特征。比如，四城市限额以上住宿和餐饮的企业个数竟然几乎都是个位数，太少了。从业人员最多也就刚刚超过1000人，营业额最多的还不足1亿元。这样的数量、规模和效益直接反映了四个城市旅游产业的发展现状。

同时，我们也不难发现，这四个城市的发展还是很不均衡的。从住宿来看，发展较快的是鹤岗市和双鸭山市。而餐饮业，鹤岗市却发展得最慢。七台河市的餐饮经营排到了第一位。总之，四个城市无论是商品贸易、住宿还是餐饮业都与前面旅游业发展的现状相对应。充分反映出黑龙江省四个煤炭城市旅游产业的初级阶段。

表 12-9　　2009 年黑龙江省煤炭四城市限额以上住宿经营状况

| 地区 | 企业数（个） | 从业人数（人） | 住宿业 营业额（万元） | 客房收入（万元） | 餐费收入（万元） |
|---|---|---|---|---|---|
| 鸡西 | 7 | 373 | 1521 | 758 | 568 |
| 鹤岗 | 4 | 474 | 2520 | 1468 | 857 |
| 双鸭山 | 6 | 690 | 2287 | 977 | 878 |
| 七台河 | 1 | 50 | 424 | 202 | 97 |
| 全省 | 206 | 24582 | 248167 | 122671 | 105105 |

表 12-10　　2012 年黑龙江省煤炭四城市限额以上住宿经营状况

| 地区 | 企业数（个） | 从业人数（人） | 住宿业 营业额（万元） | 客房收入（万元） | 餐费收入（万元） |
|---|---|---|---|---|---|
| 鸡西 | 8 | 380 | 1922 | 955 | 272 |
| 鹤岗 | 10 | 854 | 8005 | 3658 | 3538 |
| 双鸭山 | 5 | 354 | 3797 | 1649 | 1598 |
| 七台河 | 2 | 145 | 1495 | 965 | 508 |
| 全省 | 242 | 25243 | 351159 | 190851 | 129333 |

表 12-11　　2009 年黑龙江省煤炭四城市限额以上餐饮经营状况

| 地区 | 企业数（个） | 从业人数（人） | 住宿业 营业额（万元） | 客房收入（万元） | 餐费收入（万元） |
|---|---|---|---|---|---|
| 鸡西 | 7 | 335 | 3238 | 688 | 2175 |
| 鹤岗 | 3 | 242 | 1131 | 253 | 860 |

续表

| 地区 | 住宿业 ||||||
|---|---|---|---|---|---|
| | 企业数（个） | 从业人数（人） | 营业额（万元） | 客房收入（万元） | 餐费收入（万元） |
| 双鸭山 | 6 | 450 | 2272 | 426 | 1444 |
| 七台河 | 1 | 68 | 427 | | 362 |
| 全省 | 224 | 17715 | 274403 | 5749 | 235597 |

表12-12　2012年黑龙江省煤炭四城市限额以上餐饮经营状况

| 地区 | 住宿业 |||||
|---|---|---|---|---|---|
| | 企业数（个） | 从业人数（人） | 营业额（万元） | 客房收入（万元） | 餐费收入（万元） |
| 鸡西 | 6 | 219 | 3899 | 994 | 2499 |
| 鹤岗 | 2 | 76 | 835 | 31 | 789 |
| 双鸭山 | 8 | 540 | 4112 | 898 | 3008 |
| 七台河 | 6 | 194 | 5118 | | 4513 |
| 全省 | 246 | 19327 | 318374 | 26042 | 243809 |

### 三　煤炭城市基础设施的建设相对较好

我们知道，一个城市旅游产业的发展一定要和该城市的城市化进程联系在一起。也就是说，城市旅游产业升级，通常是受到各种复杂因素影响和决定的结果，需要诸多的宏观环境和微观环境条件。宏观环境包括政治、经济、文化、技术等大环境；而微观环境主要是从城市层面上的城市化进程的角度来影响。为此，我们这里分析一下黑龙江省煤炭四城市的城市化的微观层面发展情况，以观察其对该城市旅游产业的发展的基础性作用。

我们重点考察四个城市的城市设施水平、城市市政设施、城市公共交通、城市绿地和园林、城市市容环境卫生等情况。根据《黑龙江统计年鉴》分别考察五个方面的情况。

## （一）城市设施水平

表 12-13　　2009 年黑龙江省煤炭城市设施水平

| 地区 | 城市用水普及率（%） | 城市燃气普及率（%） | 每万人拥有公共交通车辆（标台） | 人均城市道路面积（平方米） | 人均公园绿地面积（平方米） | 每万人拥有公共厕所（座） |
|---|---|---|---|---|---|---|
| 鸡西 | 98.1 | 78.0 | 9.6 | 7.3 | 9.1 | 23.6 |
| 鹤岗 | 83.5 | 45.3 | 7.3 | 5.5 | 14.7 | 9.1 |
| 双鸭山 | 100.0 | 85.2 | 7.2 | 6.8 | 15.9 | 22.2 |
| 七台河 | 82.0 | 76.2 | 9.5 | 9.3 | 10.4 | 7.8 |

表 12-14　　2012 年黑龙江省煤炭城市设施水平

| 地区 | 城市用水普及率（%） | 城市燃气普及率（%） | 每万人拥有公共交通车辆（标台） | 人均城市道路面积（平方米） | 人均公园绿地面积（平方米） | 每万人拥有公共厕所（座） |
|---|---|---|---|---|---|---|
| 鸡西 | 98.9 | 82.5 | 13.5 | 8.0 | 9.6 | 11.0 |
| 鹤岗 | 81.0 | 47.8 | 9.0 | 7.1 | 15.0 | 8.5 |
| 双鸭山 | 99.8 | 50.2 | 13.4 | 7.6 | 14.7 | 7.8 |
| 七台河 | 93.4 | 67.0 | 12.0 | 12.0 | 11.9 | 6.6 |

从 2009 年和 2012 年黑龙江省煤炭城市设施水平这六个指标来看，四个城市的城市设施还是比较落后的。比如，城市用水的普及率这一指标，2012 年四个城市竟然无一达标。而城市燃气普及率 2009—2012 年，鹤岗市竟然不及 50%。而双鸭山市的燃气普及率也出现了大幅度的波动。其余城市从 2009—2012 年都在 82% 以下，鹤岗和七台河市出现了大幅度下降的态势。万人拥有公共汽车这一指标一直有所增加，但最好的鸡西和双鸭山市也不过 13.5 标台和 13.4 标台。根据交通运输部道路运输司在 2010 年 7 月下发的《城市公共交通"十二五"发展规划纲要》（征询意见稿），对"十二五"时期城市公共交通发展的具体目标定义为：100 万人以下城市，万人公共交通车辆拥有量达到 10 标台以上；100 万—300 万人口城市，万人公共交通车辆拥有量达到 12 标台以上；300 万以上人口城市，万人公共交通车辆拥有量达到 15 标台以

上。2011年鸡西市人口87.3万人，鹤岗市人口67.3万人，双鸭山市人口46.4万人，七台河市人口57.1万人，都是不足百万人口的城市。尽管如此，鹤岗市的万人公共交通车辆拥有量还是没有达标。

比如，人均城市道路面积，据说国家的标准是7—15平方米。然而，2006年我国人均城市道路面积就达到10.6平方米，2007年增加到11平方米。而黑龙江省煤炭城市的人均城市道路面积指标，尽管在2012年均超过7平方米，但大多远低于国家2007年的水平。

城镇人均公园绿地面积指城镇公园绿地面积的人均占有量，以平方米/人表示，园林城市、园林县城和园林城镇达标值均为≥9平方米/人，生态市达标值为≥11平方米/人。具体计算时，公共绿地包括：公共人工绿地、天然绿地，以及机关、企事业单位绿地。以此标准来看，黑龙江省煤炭城市中，鹤岗、双鸭山和七台河市的人均公园绿地面积基本符合生态城市的标准。而鸡西市符合园林城市的标准。

每万人拥有公共厕所的数量上，黑龙江省煤炭城市倒是很高。

（二）城市市政设施

表12-15　　　　2009年黑龙江省煤炭城市市政设施

| 地区 | 年末实有道路长度（千米） | 年末实有道路面积（万平方米） | 城市桥梁（座） | 城市排水管道长度（千米） | 城市污水日处理能力（万立方米） | 城市道路照明灯（千盏） |
|---|---|---|---|---|---|---|
| 鸡西 | 363.0 | 541.0 | 73 | 289 |  | 21.5 |
| 鹤岗 | 296.3 | 312.0 | 23 | 255 |  | 86.7 |
| 双鸭山 | 357.0 | 311.0 | 14 | 234 |  | 9.1 |
| 七台河 | 528.3 | 392.6 | 14 | 132 |  | 44.9 |

表12-16　　　　2012年黑龙江省煤炭城市市政设施

| 地区 | 年末实有道路长度（千米） | 年末实有道路面积（万平方米） | 城市桥梁（座） | 城市排水管道长度（千米） | 城市污水日处理能力（万立方米） | 城市道路照明灯（千盏） |
|---|---|---|---|---|---|---|
| 鸡西 | 368.4 | 576.5 | 74 | 297.5 | 5.0 | 32.6 |
| 鹤岗 | 349.8 | 413.3 | 29 | 281.5 | 5.0 | 67.2 |

续表

| 地区 | 年末实有道路长度（千米） | 年末实有道路面积（万平方米） | 城市桥梁（座） | 城市排水管道长度（千米） | 城市污水日处理能力（万立方米） | 城市道路照明灯（千盏） |
|---|---|---|---|---|---|---|
| 双鸭山 | 371.7 | 356.8 | 25 | 259.7 | 5.0 | 9.2 |
| 七台河 | 530.5 | 484.6 | 14 | 143.9 | 5.0 | 35.7 |

比较2009年和2012年，黑龙江省四煤炭城市的城市市政设施指标发现，道路长度、道路面积、城市桥廊、城市排水管道长度、城市道路照明灯五项指标基本上没有太大的变化。推测这四个煤炭城市在这方面基本上没有投入的原因有两个：一个是不需要投入，另一个就是没有投入。结合前面这四个城市人均道路面积并没有达到国家水平，我们认为这四个城市的投入是不够的，不是不需要的问题。另外，双鸭山市在城市道路照明方面与其他三个城市的差距未免太大了。

（三）城市公共交通

表12-17　2009年黑龙江省煤炭城市公共交通情况

| 地区 | 年末公共交通车辆运营数（辆） | 公共汽电车（辆） | 运营线路总长度（千米） | 公共汽电车（千米） | 公共交通客运总量（万人次） | 公共汽电车（万人次） | 出租汽车（辆） |
|---|---|---|---|---|---|---|---|
| 鸡西 | 2460 | | 675 | | 3 | | 39.9 |
| 鹤岗 | 2179 | | 839 | | 6 | | 39.2 |
| 双鸭山 | 2337 | | 734 | | 15 | | 42.7 |
| 七台河 | 2178 | | 439 | | 11 | | 38.8 |

表12-18　2012年黑龙江省煤炭城市公共交通情况

| 地区 | 年末公共交通车辆运营数（辆） | 公共汽电车（辆） | 运营线路总长度（千米） | 公共汽电车（千米） | 公共交通客运总量（万人次） | 公共汽电车（万人次） | 出租汽车（辆） |
|---|---|---|---|---|---|---|---|
| 鸡西 | 965 | 965 | 1548 | 1548 | 10983 | 10983 | 4675 |
| 鹤岗 | 519 | 519 | 442 | 442 | 10256 | 10256 | 2323 |
| 双鸭山 | 618 | 618 | 770 | 770 | 8220 | 8220 | 2850 |

续表

| 地区 | 年末公共交通车辆运营数（辆） | 公共汽电车（辆） | 运营线路总长度（千米） | 公共汽电车（千米） | 公共交通客运总量（万人次） | 公共汽电车（万人次） | 出租汽车（辆） |
|---|---|---|---|---|---|---|---|
| 七台河 | 438 | 438 | 499 | 499 | 6206 | 6206 | 1712 |

从2009年和2012年的黑龙江省煤炭城市公共交通情况，我们发现几个问题，第一，2012年四个城市公共交通车辆运营数量大幅度下降了，但是运营线路的总长度，只有鸡西市在原有的基础上大幅度增加。2009年运营线路总长度为675千米，2012年猛增到1548千米。有趣的是鹤岗市的运营线路总长度反倒从2009年的839千米减少到442千米。如此突变的原因目前不清楚。第二，四个城市公共交通客运总量都有了大幅度的提升，推测这与各城市市政府对公共交通的大笔投入直接相关。第三，出租车的大规模集中投放，也导致了2012年四个城市出租车的数量都有了急剧的增加。尤其是鸡西市出租车投放的数量非常惊人，规模达到了4675辆，每千人就拥有5.4辆出租车。公共交通的改善一定程度上缓解了四个城市旅游产业发展的交通状况。

（四）城市绿地和园林

表12-19　　　　2009年黑龙江省煤炭城市绿地和园林

| 地区 | 城市园林绿地面积（公顷） | 公园绿地（公顷） | 公园（个） | 公园面积（公顷） | 建成区绿化覆盖率（%） |
|---|---|---|---|---|---|
| 鸡西 | 2460 | 675 | 3 | 522 | 39.9 |
| 鹤岗 | 2179 | 839 | 6 | 702 | 39.2 |
| 双鸭山 | 2337 | 734 | 15 | 284 | 42.7 |
| 七台河 | 2178 | 439 | 11 | 353 | 38.8 |

表12-20　　　　2012年黑龙江省煤炭城市绿地和园林

| 地区 | 城市园林绿地面积（公顷） | 公园绿地（公顷） | 公园（个） | 公园面积（公顷） | 建成区绿化覆盖率（%） |
|---|---|---|---|---|---|
| 鸡西 | 2872 | 695 | 6 | 522 | 42.5 |
| 鹤岗 | 2824 | 874 | 7 | 652 | 43.1 |

续表

| 地区 | 城市园林绿地面积（公顷） | 公园绿地（公顷） | 公园（个） | 公园面积（公顷） | 建成区绿化覆盖率（%） |
|---|---|---|---|---|---|
| 双鸭山 | 2302 | 690 | 15 | 284 | 42.9 |
| 七台河 | 2415 | 480 | 16 | 366 | 40.1 |

从表12-19、表12-20中，我们发现黑龙江省四个煤炭城市除了园林绿地面积有所增加，建成区绿化覆盖率有所提高外，其余基本没变。从建成区绿化覆盖率的提高情况来看，基本上超过了我国2012年全国仅8个省市的城市建成区绿化覆盖率达到39.5%的水平。从绿化的角度来说，黑龙江省煤炭城市做得还是很好的。遗憾的是，公园及公园绿地面积变化不大。

（五）城市市容环境卫生

表12-21　　　2009年黑龙江省煤炭城市市容环境卫生情况

| 地区 | 清扫保洁面积（万平方米） | 生活垃圾清运量（万吨） | 粪便清运量（万吨） | 市容环卫专用车辆设备总数（台） | 公共厕所（座） | 三类以上（座） |
|---|---|---|---|---|---|---|
| 鸡西 | 313 | 27.4 | 1.0 | 215 | 1740 | |
| 鹤岗 | 328 | 73.8 | 7.1 | 93 | 513 | 17 |
| 双鸭山 | 407 | 73.3 | 9.2 | 233 | 1012 | 404 |
| 七台河 | 360 | 32.0 | 1.2 | 270 | 305 | 170 |

表12-22　　　2012年黑龙江省煤炭城市市容环境卫生情况

| 地区 | 清扫保洁面积（万平方米） | 生活垃圾清运量（万吨） | 粪便清运量（万吨） | 市容环卫专用车辆设备总数（台） | 公共厕所（座） | 三类以上（座） |
|---|---|---|---|---|---|---|
| 鸡西 | 565 | 40.0 | 11.1 | 216 | 788 | 171 |
| 鹤岗 | 364 | 68.7 | 6.1 | 188 | 490 | 15 |
| 双鸭山 | 264 | 20.1 | 4.6 | 129 | 360 | 162 |
| 七台河 | 389 | 25.5 | 0.8 | 246 | 240 | 171 |

从2009年和2012年的数据我们发现，这四个城市市容环境卫生情况的波动还是比较大的。比如，以粪便清运量为例，2009年同2012年的差距就非常大。鸡西市从1.0万吨猛增到11.1万吨，而其余三个城市反倒下降了好多。再比如，以清扫保洁面积为例，双鸭山市2009年还是407万平方米，到了2012年却下降到264万平方米，实在令人费解。而从市容环卫专用车辆设备总数来看，这四个城市只有鹤岗市从2009年的93台，增加到2012年的188台。其余城市竟然都有所减少。

### 四 四城市公共财政的支出并不乐观

表12-23　　　　2012年黑龙江省煤炭城市公共财政支出　　　单位：万元

| 地区 | 公共财政支出 | 一般公共服务 | 公共安全 | 教育 | 科学技术 | 文化体育与传媒 |
|---|---|---|---|---|---|---|
| 鸡西 | 1164598 | 108239 | 62941 | 236824 | 9090 | 12391 |
| 鹤岗 | 797483 | 81248 | 45872 | 146209 | 4227 | 9741 |
| 双鸭山 | 994067 | 89517 | 57852 | 185916 | 10315 | 11423 |
| 七台河 | 608579 | 63348 | 35113 | 110818 | 2355 | 5467 |

| 地区 | 社会保障和就业 | 医疗卫生 | 环境保护 | 城乡社区事务 | 农林水事务 | 其他 |
|---|---|---|---|---|---|---|
| 鸡西 | 170478 | 65579 | 26345 | 70231 | 156206 | 15419 |
| 鹤岗 | 97894 | 47164 | 30626 | 32170 | 90908 | 22622 |
| 双鸭山 | 137050 | 58581 | 21586 | 94492 | 127860 | 7448 |
| 七台河 | 73024 | 31871 | 8287 | 61345 | 58345 | 619 |

从2012年黑龙江省煤炭城市公共财政支出中，我们发现，一般性公共服务的支出比重四个城市都比较高。四个城市这一项的支出都高于公共安全、科学技术、文化体育与传媒、医疗卫生和环境保护这五大类的支出。所谓一般公共服务支出主要用于保障机关事业单位正常运转，支持各机关单位履行职能，保障各机关部门的项目支出需要，以及支持地方落实自主择业军转干部退役金等。可见，政府财政支出用于日常机关运转的费用未免过高了，已经严重影响了公共财政的正常使用。政府公共财政的职能并未得到发挥，转变政府职能的任务还是艰巨而漫长的。一定程度上解释了四个煤炭城市基础设施等方面政府投入的不足问题。

# 附录

# "当好标杆旗帜，建设百年油田"

## ——大庆市转型实践案例

大庆是享誉世界的油城、是"共和国工业战线的一面红旗"，走过了一个甲子的光辉历程。党的十八大以来，以习近平同志为核心的党中央，非常关心大庆油田的建设发展和大庆城市的转型振兴。2016年，习近平总书记两次对黑龙江省发表的重要讲话中强调，"大庆就是全国的标杆和旗帜"；要以"油头化尾"为抓手，推动石油精深加工，推动油城发展转型；2019年9月26日，在大庆油田发现60周年之际，习近平总书记专门发来贺信，希望大庆油田全体干部职工"不忘初心、牢记使命，大力弘扬大庆精神、铁人精神，不断改革创新，推动高质量发展，肩负起当好标杆旗帜、建设百年油田的重大责任"。

黑龙江省委、省政府对大庆发展高度重视、寄予厚望，要求大庆"把工业强市大旗扛起来""争当全国资源型城市转型发展排头兵"。大庆市委、市政府牢记总书记的重要政治嘱托，坚决贯彻党中央和省委、省政府部署要求，积极抢抓东北振兴战略机遇，深化市情认识、把握阶段特征，以新气象新担当新作为交上一份优异的时代答卷。

### 一 背景介绍

大庆市位于黑龙江省西部、松辽盆地北部，1979年国务院批准建市，是哈长城市群区域中心城市。

大庆市拥有中国最大的油田。自1959年发现油田，1960年开发以来，探明石油地质储量55.87亿吨，探明天然气含伴生气储量574.43亿立方米，而且大庆石油比重中等，黏度高，含硫量极少，是理想的石油化工原料。截至目前，大庆累计生产原油23.7亿吨，占全国同期陆上原油产量40%以上，上缴税费及各种资金2.9万亿元，27年的5000万吨高产稳产、10年的4000万吨持续稳产，被誉为"共和国的加油机"。大庆油田培育形成的以"爱国、创业、求实、奉献"为主要内涵的大庆精神、铁人精神，成为中国共产党和中华民族伟大精神的重要组成部分，是龙江"四大精神"的杰出代表，是大庆城市的根与魂。

大庆市现辖5区4县、2个国家级开发区（高新技术产业开发区和经济技术开发区），驻有大庆油田公司、大庆石化公司、大庆炼化公司、大庆中蓝石化公司4家中直石油石化企业。面积2.1万平方千米，市区5105平方千米；常住人口320万人，户籍人口272万人，常住人口城镇化率57.7%，户籍人口城镇化率52.8%。

2008年国际金融危机以来，全球经济总需求收缩，原油等大宗商品价格波动。受原油产量和价格下降影响，大庆市的石油工业增加值由2011年的1920亿元，减少到2016年的642亿元，减少1278亿元，与原油相关的税收减少22亿元。2015年大庆石油减产150万吨后，产量为3850万吨，因原油减产、油价下降，大庆市共减少现价GDP为849.1亿元。2015年GDP为2983.5亿元，下降2.3%，系30年来首次负增长。计划在"十三五"时期平均每年都要减产130多万吨。大庆油田党委书记姜万春在2016年"两会"上向习近平总书记汇报时表示，"今年前两个月，油价持续走低，大庆油田亏损额已达50多亿元，经营压力不断增大。"

正所谓成也资源，败也资源。由于过度依赖油田开采，在低油价的压力下，大庆市也面临产业结构矛盾突出、转型难度大的问题。在探索资源型城市可持续发展的道路上，大庆市算是先行者。20世纪90年代，以提出"二次创业"为标志，大庆市开始探索石油资源型城市可持续发展之路。经过这么多年的发展，基本实现由单一资源型经济向多元综合型经济、由计划经济体制向社会主义市场经济体制转变。在取得一定成绩的同时，受外部大环境影响，大庆市自身发展的深层次矛盾和问题进一步凸显。根本制约是"三大矛盾"，即结构性、资源型、体制性矛盾。

从结构性矛盾看，大庆市工业经济一枝独大，占64.7%，规模以上工业中油化产业处于绝对支配地位，占 80.5%，而非油比重仅为 32.2%。产值接近千亿规模的非油产业只有石化 1 个，势头较好的汽车及装备制造业增加值占 GDP 比重只有 3% 左右，单一主导局面没有根本扭转。一旦石油价格下跌，相关产业都会受到影响。

除了低油价的压力，大庆油田后备资源接替不足。剩余可采储量仅有 1.97 亿吨。每年新增的探明储量，低渗透、超低渗透占比 80% 以上，难以满足可持续发展的需要。同时，大庆油田开发效益逐年变差。主力油田综合含水已达 94.64%，可采储量采出程度已达 92.31%，总体经济效益持续下滑。实际上，从 1992 年开始，大庆油田就开始出现储采失衡。

从体制性矛盾看，长期受计划经济影响，机制体制束缚较多、市场主体活力不足，非公经济只占 23.1%，经济外向度只有 13.5%，低于全国、全省平均水平。70% 以上的优质资源集中在中直企业，市属国企主营业务相近或交叉问题突出。在 1979 年建市以前，油田归管理局和油公司负责管理，后来两者合并为大庆油田有限责任公司，隶属于中国石油天然气股份有限公司，属于央企。油田的党组织关系跟市政府是平行隶属于省委的。

经济新常态以来，又面临着四个突出矛盾问题。

一是经济下行压力突出。原油产量递减趋势，经济运行负向拉动，总量减少趋势未改。全市 434 户规上工业企业有 41 户停产、150 户产值下降，固定资产投资、社会消费品零售总额增长相对较慢，经济增速较低。

二是资源要素开发利用层次较低、转化效率不高。原油本地加工量不到 35%，且油化比高达 63∶37，农产品加工与农业产值比仅为 0.8∶1，与全国 2.2∶1 水平相去甚远，农牧资源 60% 以"原字号"供应市场，产业链和价值链总体处于中低端。

三是公共服务统筹配置存在短板、城乡发展不均。四县总面积占全市 75.9%、总人口占 49.7%，但经济总量仅占 12% 左右，尽管肇州和杜尔伯特 GDP 增速在全省靠前，但整体实力与十强县差距仍然较大，县域经济体量不大、结构不优、后劲不足，基础设施和公共服务严重滞后，省级示范中学只有 1 所，三级医院尚属空白。

四是政府工作与发展要求不适应。思想观念上不适应市场经济，想问题办事情还习惯于按计划经济和行政思维方式。工作状态上不敢担当、束手束脚，不作为乱作为等现象不同程度存在。能力水平上抓政府投资项目、办有钱的事比较擅长，抓产业培育、资产运营、社会融资等方面专业化水准比较欠缺。

**二 转型新要求，发展新目标**

2016年全国"两会"期间，习近平总书记在黑龙江代表团参加审议时强调，"大庆就是全国的标杆和旗帜，大庆精神激励着工业战线广大干部群众奋发有为"。2016年5月，在黑龙江省考察调研时指示，大庆要以"油头化尾"为抓手，推动石油精深加工，推动"油城"发展转型。

2016年，大庆油田编制了《大庆油田振兴发展报告》，并出台了《大庆油田当好标杆旗帜建设百年油田的意见》，明确提出了"当好标杆旗帜，建设百年油田"的奋斗目标。

2017年5月，时任省委书记张庆伟到大庆市调研时强调，大庆作为龙江全面振兴发展的中坚力量，在全省发展大局中举足轻重，地企双方要传承弘扬大庆精神、铁人精神，坚持工业强市、油化兴市，在推进"油头化尾"上勇挑重担，在实现转型发展上当好排头兵，为全省经济社会发展做出新的更大贡献。2019年9月，时任省委书记张庆伟再次到大庆指导主题教育时，要求大庆要弘扬大庆精神、铁人精神，"把工业强市大旗扛起来"，力求见到新变化、创造新成就。

面对总书记的重要政治嘱托，省委、省政府的殷切期望，大庆市委、市政府多次召开专题会议深化认识、深入谋划，确定了聚焦"建设百年油田、打造工业强市、推动油城转型、实现高质量发展"，全力创建市域治理现代化示范城市，争当全国资源型城市转型发展排头兵的发展目标。最终形成"百年油田、百年大庆""工业强市"两个实施方案，提出全力支持建设"百年油田"、突出抓好"油头化尾"、建设现代产业体系、深化地企合作共建、加强生态保护治理5个方面24项重要推进举措；对接省委省政府"工业强省"战略、"百千万"工程等政策，提出实现"四个提升"和"一个突破"总体任务，即提升工业经济总量、提升企业发展体量、提升平台承载能力、提升产业整合能力、实现工业经济整体突破。

2018年11月，大庆市委九届三次全会审议通过了《中共大庆市委关于推动大庆全面振兴全方位振兴争当全国资源型城市转型发展排头兵的意见》。

进一步明晰了推动大庆市全面振兴全方位振兴的战略思路：着力重构产业、重组要素、重聚动能、重塑环境，走出一条经济结构更优、体制机制更活、内生动力更足、承载功能更强的发展新路子，加快经济、城市、生态、体制、社会治理转型升级，推动全面振兴全方位振兴，争当全国资源型城市转型发展排头兵，全面建设社会主义现代化新大庆。

进一步明晰大庆市全面振兴全方位振兴的发展定位。提出了大庆市要着力打造三个城市的发展定位。即着力打造世界著名的石油和化工城市，在全球视野中彰显大庆的石油底色、资源优势、开采技术和石化产业特色，在国家生产力布局中构筑大庆的产业高地、战略要地，担负能源安全、产业安全责任；打造中国新兴的高端制造城市，推动高质量发展，加快构建现代制造产业体系，在国家大力实施制造强国战略中架构大庆的创新航图、智造版图，为资源型城市转型发展提供可借鉴模式；打造中国绿色生态典范城市，推进工业文明与生态文明协调并进，在国家可持续发展战略中树立大庆的实践模板、示范样板，在国家生态安全上贡献大庆模式。

进一步明晰大庆市全面振兴全方位振兴的宏伟目标。大庆市确定了全面建设社会主义现代化新大庆的两个阶段性目标。第一个阶段，从2018年起到2022年，地区生产总值站稳4000亿元台阶、向4500亿元规模冲刺。第二个阶段，从2023年起到2035年，再经过13年的持续努力，基本构建起现代化经济体系，大庆跨入地区生产总值"万亿俱乐部"，建成世界著名的石油和化工城市、中国新兴的高端制造城市、中国绿色生态典范城市，抢站全国资源型城市可持续发展实力排头。在巩固提升全国资源型城市转型发展排头兵地位的基础上，到21世纪中叶，实现全面振兴全方位振兴，建成富强民主文明和谐美丽社会主义现代化新大庆。

2019年12月，市委九届六次全会明确提出，要以老一辈石油人，"有条件要上，没有条件创造条件也要上"的火一样的激情和干劲，突出"建设百年油田、工业强市"的核心任务,瞄准"高精尖新"方向,升级石化、汽车、新材料等工业体系,更加坚韧地挺起黑龙江"工业强省"的脊梁,打响"争当全国资源型城市转型发展排头兵、建设社会主义现代化新大庆"的"转型振兴新会战"。

### 三 聚焦重点,集中突破

近年来,大庆市改革创新的主要举措,可以概括为弹好转型发展"四重奏"、勇闯全面振兴"四条路"。

"四重奏四条路"是指,重构产业,勇闯经济结构更优的新路子;重组要素,勇闯体制机制更活的新路子;重聚动能,勇闯内生动力更足的新路子;重塑环境,勇闯承载功能更强的新路子。

2019年12月,大庆市委九届六次全会的报告指出,这一年,我们以"四重奏四条路"推动高质量发展,进一步巩固了稳中向好的经济运行。2020年9月26日,大庆创业纪念日。《人民日报》发表的《大庆:争当全国资源型城市转型发展排头兵》一文中写到,大庆坚定不移弹好"四重奏"、勇闯"四条路",奋力开拓高质量发展的新路子。

#### (一)聚焦工业强市重构产业

大庆市围绕做好"三篇大文章"、抓好"五头五尾",对接全省"百千万"工程,推动工业经济规模体量、质量效益同步提升,进一步巩固规模以上工业占全省"半壁江山"的重要地位,持续稳固实体经济之基。

1. 稳油增气,筑牢"压舱石"

全面贯彻落实习近平总书记贺信和重要讲话、指示精神,保障国家能源安全是根本,夯实百年油田发展的资源基础是关键。

大庆市落实《建设"百年油田(大庆)"实施意见》的工作方案中确定的发展目标是:到2025年,大庆油田油气产量达到4500万吨,天然气产量占比超过10%。到2035年,大庆油田油气产量达到4500万吨以上,天然气产量占比超过15%,松辽主体层系资源探明率超过70%,主力油田采收率达到60%以上。到2060年油田开发100周年,在国家能源布局中始终保持重要地位,油气产量保持在4000万吨以上。大庆油田致密油储量超过10亿吨。

2."壮头延尾",打造新链条

2017年5月,省第十二次党代会把"抓好大庆石化千万吨炼油扩能改造项目"写进报告。省委省政府成立"油头化尾"专班,与中石油联动,统领大庆地企顶层设计,制订省、市"油头化尾"实施方案,把大庆千万吨"大炼油"作为工业强省"头号工程",并推动进入"国家队"。由此,大庆市第一接续产业,开始真正破题。

2017年9月25日,中国石油集团与黑龙江省人民政府签署《〈深化战略合作框架协议〉补充协议》。2018年3月19日,国家发改委正式将大庆石化炼油结构调整转型升级项目列入国家《石化产业规划布局方案》,经中石油、省发改委、省环保厅等多方共同努力,当年6月底得到批复实施,同年7月7日正式开工建设。

大庆市委市政府与驻庆央企通力合作,举全市之力,聘请国内顶级专家反复论证、评审、调整和完善,制订出台了《大庆"油头化尾"产业实施方案》,全力向炼化一体化转型,少产成品油,多产化工原料,建立多元化原料供应体系,延伸石化产业链,建成具有区域特色有竞争力的支柱产业。

在实施路径上,一要做大做强"油头"。增加原油炼量,为"化尾"提供基础原料保障。充分利用大庆以及俄罗斯油气资源优势,按照"少油多化"、"减油增化"原则,走炼化一体化工艺路线,建设国家级石化产业基地。二要做深做精"化尾"。依托现有产业基础和原料资源优势,重点发展乙烯、丙烯、芳烃、碳四4条化工产业链,打造聚烯烃、精细化学品、橡塑等产业基地,实现"首尾相连""头大尾长"。

在发展目标上,利用5—10年时间,"油头"上建设3个千万吨级炼化一体化,"化尾"上形成3个百万吨产业集群,"油头化尾"经济总量突破4000亿元。

2019年8月30日,"大庆石化炼油结构调整转型升级项目中交仪式"在350万吨/年常减压装置现场举行。至此,该项目12套装置及29项配套公用工程和辅助设施全面建成,大庆石化达到"千万吨炼油、百万吨乙烯"能级规模,正式跨入"千万吨级"炼化一体化企业行列。

大庆石化原油实际加工量为650万吨/年,且全部为大庆原油。"大炼油"项目投产后,采取新增350万吨/年俄罗斯原油与大庆原油分炼模式,将更好地解决公司内部炼油与化工"小马拉大车"、装置"吃不饱"的问题,使原油一次加工量实现千万吨级跨越。每年可为地方下游企业提供120万吨石化基础原料。

2017年,大庆地企成立推进"油头化尾"专班,制订了《大庆"油头化尾"产业实施方案》,尤其针对即将新增的百万吨基础化工原料,对承接的产业路径做了超前谋划,以求能接得住、还得吃得下、消化好。总体讲就是4条重点产业链、3个百万吨"化尾"产业基地、26个节点项目。具体来说就是,围绕汽车轻量化、轨道交通、冰雪产品、现代农业等产业方向,确定了乙烯、丙烯、碳四、芳烃4条重点产业链。重点打造3个百万吨"化尾"产业基地。一是百万吨化工新材料基地,重点发展新型显示材料、碳纤维、新型建筑功能材料、医药卫生防护材料;二是百万吨精细化学品基地,重点发展钻井、采油、油田化学品、集输用化学剂、橡塑增塑剂;三是百万吨橡塑基地,重点发展汽车化学品、农用化学品、管材和食品级包装材料。已谋划成熟的26个节点项目计划总投资417亿元,全部建成投产后预计年新增销售收入500亿元、税收100亿元,可吸纳就业4300人。

3. 工业体系,构建"新骨架"

《大庆产业转型升级示范区实施方案》和大庆市落实《建设"百年油田(大庆)"实施意见》的工作方案中提出,要对标省"百千万"工程任务目标,打造油气、石化、汽车、新材料、电子信息和现代服务业6个千亿级,以及中高端农副产品加工、新能源、现代农业和新经济4个超五百亿级的"雁阵式"产业体系。

第一,改造提升汽车及装备制造产业链。大庆市形成以汽车、石油石化装备为主,农机装备、新能源装备为辅的完备产业体系。以沃尔沃整车增型扩产项目为牵动,重点发展整车、配套、服务全产业链。重点引进保险杠、排气系统、仪表板、中空板等零部件企业,推动延锋安道拓座椅、延锋彼欧汽车保险杠装配、长久物流整车物流等配套企业尽快投产达效,着重培育发展汽车研发、销售租赁、仓储物流、汽车金融等后市场服务业态。积极争取寒地汽车测试、赛车竞技等上下游项目,尽快形成千亿级立市强省产业集群。到2020年,汽车产量达到10万辆;2025年达到15万辆,汽车全产业链销售收入超2000亿元。

第二，中高端农副产品加工产业链。着力构建玉米、水稻产和乳品三大产业链。以伊品玉米深加工、圣泉集团绿色技术产业发展2个龙头大项目为牵动，重点发展生物化工、纤维素及制品产业。依托伊品生产的赖氨酸、苏氨酸、尼龙盐以及玉米副产品，重点谋划引进酶制剂、聚赖氨酸、保健食品以及新型饲料添加剂、生态饲料产业链项目，依托圣泉集团绿色技术产业发展项目，重点谋划引进秸秆综合利用产业链项目及纤维素及制品产业链项目。

以伊利液态奶生产基础、以蒙牛集团高端乳制品制造基地、中以奶业技术合作示范园等龙头项目为牵动，重点发展乳制品、休闲食品、保健食品等产业。以牧原生猪屠宰项目为牵动，重点发展畜牧业养殖及肉制品加工上下游产业。依托乐尔食品加工、牧原生猪屠宰等项目，构建畜牧全生态产业布局。到2025年，中高端农副产品产业实现销售收入600亿元。

第三，培育发展战略性新兴产业链。大庆市重点发展新材料、新能源、生物医药和电子信息产业。加快豫港龙泉铝合金加工材项目建设。大庆豫港龙泉铝合金加工材项目计划投资330亿元，是省百大重点项目之一。全部建成达产后，预计年实现销售收入800亿元至1000亿元，利税80亿元至100亿元，创造就业岗位约1.7万个。主要产品为铝合金建筑模板、新能源汽车车身、全铝家居产品、轨道车辆车身大部件、特种车辆车身等。

以大庆溢泰半导体材料有限公司为龙头，年生产销售砷化镓抛光片80多万片。到2025年，新材料产业销售收入达到1000亿元，建成全国知名的新材料研发基地、国际一流的新材料生产基地。

第四，大力发展生产性服务业。以北京阿什卡集团优启时代油服产业园龙头大项目为牵动，围绕"四次采油"、致密油页岩油开发，以"高新技术+专业服务+生产制造"模式，重点发展特种装备、环保装备、智能装备等服务型油田装备制造产业。

以大庆华为大数据中心龙头大项目为牵动，重点发展大数据存储、应用、交易、服务、交流合作等重点产业。重点引建中科同舟数据应用存储、铁塔公司5G通信、联通大数据产业园等重大项目。依托猪八戒网项目人才共享大数据平台和服务交易平台，导入和整合市场资源，孵化引进创意服务类企业。

以天鹤航空物流产业园区龙头大项目为牵动,重点发展航空物流及通航现代服务产业,建设航空物流产业园区、通航现代服务园区2个板块。

以大庆优品、托普威尔石油科技龙头公司为牵动,围绕服务油田产能建设和油头化尾项目,重点引进跨境电商、石油科技类和生产性服务业类企业。

(二)聚焦改革创新重组要素

统筹域内外优质资源,推动要素有序流动、市场深度融合,激活体制性增长因素和创新性引领优势,持续释放资源配置之效。

一是推动国资国企市场化改革。优化调整国有资本布局,把市属国企压缩到10户左右。实施企业内部"三项制度"改革。推动驻庆央企二三级子公司在地方注册。承接15万名以上央企离退休人员社会化管理,确保职工权益不受损、服务水平有提升。

二是抓住哈大一体化发展战略机遇。深度参与《哈尔滨—大庆一体化发展规划》编制,主动与哈尔滨对接、形成务实高效的协作机制,全面构建优势互补、高质量发展、在东北区域具有较强竞争力和辐射带动力的哈大现代化都市圈。加快推进哈大(绥)一体化发展。推动哈尔滨、大庆、绥化市"金三角"区域一体化发展,将该区域打造为东北全面振兴全方位振兴的先导区、全省高质量发展的强劲增长极、面向东北亚开放合作的战略枢纽。

(三)聚焦供需两端重聚动能

从既有市场需求空间、又有自身供给优势的领域入手,通过新技术、新产业、新业态、新模式联动发力,增加优质供给,释放有效需求,催生新的经济增长点,持续挖掘内生增长之潜力。

一要大力发展民营经济。深入落实中共中央国务院关于营造更好的发展环境支持民营企业改革发展的意见和省委省政府支持民营经济高质量发展"27条",进一步完善"大庆33条"等政策措施,促进非公经济占GDP比重提高2—3个百分点。建立完善联系服务民营企业制度,每名市级领导每年联系2家民营企业,重点对近3年创办的民企开展"回头看""回头帮"。

二要大力培育市场主体。发挥"星空众创"等平台承载功能，加快高新区智能制造孵化器、猪八戒双创产业园等载体建设，推动中小企业向"专精特新"方向发展，2019年全年新增市场主体2万户以上。以推动百户企业上量、百户企业晋规、百户企业扭亏为重点，遴选一批发展基础好、成长空间大的骨干企业给予重点扶持，2019年全年净增规上企业30户、新增10亿级以上企业3户。

三要大力转化科技成果。加速产业链、创新链、资金链、人才链、政策链"五链融合"，构建"政产学研用金介"协同创新格局。支持东北石油大学专业技术转移机构、八一农垦大学科技园和大庆师范学院地方应用型大学建设，推动驻庆央企、高校大型仪器设备开放共享，拓展国家陆相砂岩老油田持续开采研发中心功能，加快清华大学大庆化工和新材料研究院落地，新建5个以上省级重点实验室或技术创新中心。实施百企创新提质行动，争取全国科技型中小企业评价入库180家，高新技术产业增加值达到680亿元。

四要大力保障改善民生。实施"脱贫巩固"行动，建立稳定脱贫长效机制，探索建立相对贫困人口脱贫机制。实施"就业援助"行动，全年实现新增就业2.4万人以上，城镇登记失业率控制在4.3%以内。实施"教育提质"行动，统筹配置城乡教育资源，鼓励民营资本发展职业教育，擦亮大庆教育"金字招牌"、打造全国教育强市。实施"文化育民"行动，加快公共文化服务标准化、均等化进程，完善基础设施、确保通过国家公共文化服务体系示范区终期验收。实施"健康升级"行动，推进智慧医疗数据信息共享，提升县域医共体建设标准，鼓励社会力量和民营医疗机构参与二级以上康复医院等中间型康养机构建设，创建国家级慢性病综合防控示范区。实施"社保暖心"行动，扩大"互联网+社保"覆盖范围，加大特殊困难群众关爱救助，积极发展社会化养老产业，构建社会保险、社会福利、社会救助相衔接的多层次保障体系。

（四）聚焦宜居宜业重塑环境

千方百计做优发展环境这个变量，为产业生成、企业生长、群众生活提供最大便利，持续构筑营商集聚之势，全方位打造东北地区营商环境最优城市，让更多人向往大庆、大庆人更爱大庆。

一是政务环境要再提标。对标营商环境试点评价体系和先进地区创新举措,补齐18项一级指标和87项二级指标短板。深化"放管服"改革,力争全市政务服务网办率和跑一次率均达到90%以上。

二是法治环境要再提质。坚决查处破坏发展环境的人和事。加强政务、商务、社会诚信和司法公信建设,大力整治招商引资、项目建设"新官不理旧账"等失信违诺问题。

三是人居环境要再提档。完善城区基础设施和配套功能,提升"三供三治"水平。突出生态修复和污染防治,狠抓中央环保督察和"绿盾"行动反馈问题整改。

四是社会环境要再提效。着力构建市级统筹协调、县级组织实施、乡级(镇、街道)强基固本、村级(社区)前延触角的治理链条,打造人人有责、人人尽责、人人享有的社会治理共同体,争创全国市域社会治理现代化城市。

### 四 实施"三百行动",优化"五制服务"

大庆市深入贯彻落实全省产业项目三年行动计划和"百大"项目建设要求,围绕"六抓"措施,立足加快培育"八大经济形态"和十大"雁阵式"产业板块,启动实施了重点产业百项开工建设、百企提质增量、百项谋划招商"三百行动",持续向产业项目建设聚焦发力。其中,"百项开工建设"行动计划,派出8个工作专班52人进驻企业,为全市100个亿元以上重点产业项目提供"一对一"保姆式服务,倾力打通项目推进服务的"最后一公里"。

(一)坚持顶层设计,明确目标任务

大庆市在充分吸收先进地区宝贵经验的基础上,沿着谋划招商、开工建设、存量升级的链条,制定出台了"三百行动"工作推进方案和配套机制办法,列出了"三百清单"。第一个是百项开工建设的项目清单。围绕产业主攻方向,建立重点项目库,全年重点推进500万元以上产业项目257个,剔除经营性房地产开发以及单纯的光伏、风电、养殖、垃圾和废弃物处理等领域项目,确定100个亿元以上重点产业项目帮助推进,市级层面和县区园区各"认领"落实50个项目的推进责任,全年新建、续建项目开工率达到100%,建成项目40个以上,全部项目当年投资完成率达到90%以上。第二个是百企提质增量的企业清单。筛选 100 户发展基础好、市场前景优、挖掘潜力大的企业作为重点服务对象，分层次分类型确定了 21 户骨干企业提档上量，全年实现销售收入 500 亿元、净增 80 亿元，46 户工业临规企业晋规，15 户工业亏损企业扭亏增盈，18 户停产企业存量盘活。第三个是百项谋划招商的任务清单。成立 5 个项目谋划招商组，编制《产业谋划招商图谱》，明确"油头化尾""粮头食尾""农头工尾"、汽车、新材料、新能源等产业链和产业领域招商路径，谋划落实 100 个亿元以上产业链节点项目的招商任务，全年 50%谋划招商项目签订合同，20%项目开工建设或具备开工条件。

（二）力求精准施策，创新工作机制

对照"办事不求人"要求，大庆市制定实行了项目承诺、审批代办、驻场服务三项工作机制，全力以赴推动重点产业项目顺利实施。

一是推行项目承诺制。企业做出书面承诺后就准许边建设边完善手续，实现了由"先批后建"到"先建后验"的转变。在全市省级和享受省级政策的园区，全面实行企业投资项目承诺制，明确规定试行企业投资项目承诺制的项目，从确定试行承诺制到开工建设一般控制在 45 天之内。二是推行审批代办制。成立 8 个项目服务组派驻产业项目建设一线，全流程服务项目建设，实现了由"企业跑"到"我帮办"的转变。重点服务项目从立项到开工阶段，对纳入全市"百项开工建设"的固定资产投资超 2 亿元的重点产业项目，无偿帮助企业办理注册登记、核准备案、规划建设等各项行政审批事项，以及要素保障、中介服务、企业家和高管个人事项，具体由企业来申请，所有业务办理都由帮办人员来跑。三是推行驻场服务制。为市重点产业项目逐一配备了首席服务员和推进专员，实现了由"企业闭门想办法"到"政府上门解难题"的转变。重点服务项目从开工到竣工投产阶段，精选前期代办团队业务人员，留在项目建设企业继续为企业在建设施工、竣工验收、贷款融资、研发创新、市场开拓等方面提供后续服务，企业一天不达到正式生产状态，驻场服务人员就一天不撤。四是集中会办制——复杂问题由市级领导组织分级集中会办，实现了由"要我解决"到"我去解决"的转变。五是领导包保制——市委市政府的副市级以上领导干部逐一认领、包保推进重点产业项目，实现了由"常规推动"到"提级推动"

的转变。在"五制"服务基础上,创新实施了容缺可办、代理帮办、网络会办、提级包办"四办"举措。

(三)强化力量配置,组建工作专班

推进项目谋划招商、开工建设和扶持企业提质增量,需要精干的力量去落实。大庆市重点在用好"三支力量"上下功夫。一是成立工作推进专班。市政府主要领导牵头抓总,分管发改、工业、招商的副市长各领"一百",成立工作推进专班,并以制度形式明确专班运行机制,集中会办解决项目招商环节、建设环节,以及企业生产环节存在的实际困难和问题。二是组建专门服务团队。成立市重点产业项目推进服务办公室,抽调50多名处级干部和优秀中青年干部,组建8个工作团队。严格落实"真脱钩、真驻场、真服务"要求和"分片包干"任务,服务专员全部与原单位、原岗位脱钩,全身心地投入到调查摸底、项目对接和推进服务中去。三是强化县区园区队伍。给县区和园区传导责任压力,明确产业项目建设和招商引资任务,并为每个项目指派1名分管领导和至少1名工作人员,在全市形成自上而下、全员全年保持冲刺状态抓项目、抓招商的生动局面。

(四)积极主动作为,夯实措施举措

大庆市坚持阵地前移、工作前移、服务前移,突出专业化、精准化,力求强服务、增实效,全力以赴抓前期、促开工、保进度。一是精心组织对接座谈。各工作组按计划分别组织召开本片区项目对接碰头会,与县区分管领导、相关负责同志、企业和项目负责人深入座谈,面对面征询企业和项目建设单位的意见建议。二是深入项目建设一线。首席服务官带领项目推进专班深入包保项目现场,对用地选址、施工建设等情况进行实地踏勘,详细了解项目建设进展、进度安排和存在问题,全面开展项目前期手续代办和施工驻场服务工作。三是努力破解项目难题。在审批代办上变"要我办"为"我要办",在驻场服务上实行"一线工作法",仅1个多月时间就帮助企业解决项目推进过程中遇到的困难和问题60余个。

(五)强化运行保障,提升工作实效

大庆市充分发挥运行管理、督导考评、后勤保障等在提升项目建设服务质量中的重要作用,切实将项目建设工作抓到位、抓出头。一是搭建数字信息平台。开发基于计算机和手机等设备的重点产业项目管理系统，便于各级政府工作人员和企业及时掌握项目情况，实现网上申报、管理、查询、提示。二是实行清单式、台账式管理。建立"百项开工建设"推进工作台账，把开工时间、施工进度、存在问题等内容逐一列入台账，做到内容清晰、动态管理。针对台账中制约项目开工和加快建设的突出问题，市重点产业项目推进服务办公室多次组织召开调度会，集中研究解决办法。三是强化工作调研督导。各县区园区和专班团队，定期向市政府报告工作进展情况、存在问题、提出建议。由主管副市长带队，发改、工信等部门相关人员组成项目督导组，定期深入各县区开展专项调研督导，现场解决各县区和专班团队提出的困难和问题。四是加强挂职干部管理。成立市发改委第三党支部，将挂职干部的党组织关系纳入市发改委党总支管理，受驻市发改委纪检监察组监督。对挂职干部每半年开展一次考评，通过征询项目单位、县区政府、市直相关部门意见，综合评定工作开展情况和绩效。五是做好后勤服务保障。为重点产业项目推进服务工作专班提供固定的办公场所和部分人员住宿场所，并按照相关规定和标准，对服务专员在工作期间发生的用车、用餐、差旅等费用予以保障。

**五 初见成效**

在外受宏观环境不确定因素影响，内有"三大矛盾""三偏问题""四个短板"深层次制约的双重压力下，大庆市委、市政府高度重视、精准谋划，经过全市上下不懈努力，2016 年经济增速由负转正，为 1.7%。

"十三五"时期，全市经济运行呈现"速度回升、质量提高、结构优化、环境改善、后劲增强"良好态势。2017 年为 2.8%、2018 年为 3.5%。2019 年同比增长 4%，创近 5 年最高。油与非油经济比为 31.4∶68.6，地方经济占 57.5%，非公经济占 45.9%。城镇居民人均可支配收入 43298 元，全省最高，在东北三省紧随沈阳、大连之后排名第 3 位，农村居民人均可支配收入 17368 元，居全省第 5 位，居民人均存款 5.3 万元，居全省第 1 位。位列全国小康城市 100 强第 65 位，入选新时代中国全面建成小康社会范例城市，营商环境指数位列东北地区第 4 位、地级城市第 1 位，跻身中国百强城市排行榜第 76 位。

附录 | "当好标杆旗帜，建设百年油田"

2019年，时任省委书记张庆伟同志对大庆发展给予肯定，指出"在全国、全省经济下行压力持续加大的形势下，大庆克服原油持续减产、减税降费政策性影响等不利因素，经济社会各项指标运行良好，保持了正增长态势，非常难能可贵，说明近年来发展思路、推进措施是正确的，这种勇于探索创新的好典型、理论指导实践的成功运用，要注重总结提炼经验，持之以恒抓下去"。

2020年大庆市统计公报显示，全市三次产业增加值占地区生产总值的比重由2019年的6∶52.6∶38.8调整为2020年的6.7∶42.7，产业结构进一步优化。全市各类市场主体累计达到23.9万户，增长10.2%。全市城镇居民人均可支配收入42891元，略有回落，支配收入18584元，比上年增长7.0%，绝对额分列全省第一位和第五位。

2020年大庆市的重点产业加快壮大，油头化尾上升为省级战略。古龙页岩油勘探开发取得重大进展，大庆油田生产原油3001万吨、天然气46.6亿立方米；石化炼油结构调整、炼化产品结构优化、"龙油550"① 三大油头项目全部建成，原油一次加工能力提高到2370万吨，全年原油加工量1281.6万吨，增长12.9%。实施百个重点企业提质行动，沃尔沃汽车、圣泉生物、伊品玉米等项目领衔的装备制造、粮头食尾、农头工尾产业加速成长。

---

① "龙油550项目"为国家工信部"绿色制造系统集成项目"，全称为550万吨/年重油催化裂解及95万吨/年聚烯烃项目。原油蒸馏装置与100万吨/年超级悬浮床加氢装置以及200万吨/年重油加氢装置为230万吨/年DCC-PLUS装置提供优质原料，三套联合装置构成"油头"；DCC-PLUS装置作为转化生产低碳烯烃的核心装置与聚烯烃装置联合构成"化尾"。随着海国龙油科研与生产团队对技术升级及工艺流程的不断优化，保持项目生产出95万吨的聚烯烃产品，每年只需使用300万吨原油、50万吨/年重油即可。而且，还可根据市场需求的变化灵活调整生产计划，在40万吨/年的聚乙烯产能中，高端产品可占30%以上，55万吨/年的聚丙烯产能中，高端牌号+改性产品可占70%。可研报告显示，"龙油550项目"投产后正常生产年收入将达到191.98亿元，净利润12.27亿元。来源于《海国龙油"龙油550项目"的多维透视》，中经在线，https://heilongjiang.dbw.cn/system/2020/10/29/058528829.shtml，2020年6月30日。

# 参考文献

曹斌等:《可持续发展评价指标体系研究综述》,《环境科学与技术》2010年第3期。

陈柳钦:《低碳经济:国外发展动向及中国的选择》,《甘肃行政学院学报》2009年第6期。

陈柳钦:《低碳经济发展的国家动向》,《价格与市场》2010年第3期。

陈柳钦:《新世纪低碳经济发展的国际动向》,《重庆工商大学学报》(社会科学版)2010年第2期。

陈世清:《对称经济学术语表(二十)》,中国改革论坛网,http://www.finance-people.com.cn/news/1584926227,2017年2月14日。

程子君、李志强:《黑龙江省煤炭城市生态环境问题及其防治对策》,《环境科学与管理》2009年第7期。

崔凤军:《中国传统旅游目的地创新与发展》,中国旅游出版社2002年版。

《关于〈中共中央关于制定国民经济和社会发展第十三个五年规划的建议〉的说明》(2015年10月26日),《十八大以来重要文献选编》(中),中央文献出版社2016年版。

《国务院关于印发全国资源型城市可持续发展规划(2013—2020年)》。

郝传波、代少军:《基于熵的煤炭资源型城市可持续发展评价》,《资源与产业》2008年第3期。

何传启:《国家现代化的三条道路》,《科学与现代化》2016年第3期。

何建坤等：《全球低碳经济潮流与中国的相应对策》，《世界经济与政治》2010年第4期。

贺年盈：《龙江森工：打造生态产业航母》，《黑龙江经济报》2019年4月15日第8版。

《黑龙江省长：龙煤井上职工人数太多了》，《工人日报》，https：//www.sogou.com/link？url＝hedJjaC291PX9rpPW8tvYkYQ-UaknPhGDJQBlYOLdFsHqfpUlM7e3mXcV-K5ENzn，2016年3月14日。

《黑龙江四大煤城调查：资源城市转型有"三难"》，《经济参考报》，https：//business.sohu.com/73/33/article211833373.shtml，2003年8月5日。

胡鞍钢：《中国绿色发展与"十二五"规划》，《农场经济管理》2011年第4期。

黄溶冰、王跃堂：《我国资源型城市经济转型模式的选择》，《经济纵横》2008年第2期。

黄一绥：《福州市环境可持续性评价》，《中国环境管理干部学院学报》2009年第1期。

蒋南平、向仁康：《中国经济绿色发展的若干问题》，《当代经济研究》2013年第2期。

《决胜全面建成小康社会，夺取新时代中国特色社会主义伟大胜利》，习近平在中国共产党十九次全国代表大会上的报告。

雷敏等：《资源型城市绿色GDP核算研究——以陕西省榆林市为例》，《自然资源学报》2009年第12期。

雷明、胡宜朝：《地区投入产出表编制——宁夏1997年绿色投入产出表编制与分析》，《统计研究》2004年第6期。

李虹：《中国资源型城市创新指数：各地级市创新能力评价（2017）》，商务印书馆2017年版。

李虹等：《中国资源型城市转型预警指数：基于转型能力、压力的各地级市转型预警评价（2017）》，商务印书馆2017年版。

李虹等：《中国资源型城市转型指数：各地级市转型评价（2016）》，商务印书馆2016年版。

李虹等：《资源型城市转型新动能——基于内生增长理论的经济发

展模式与政策》，商务印书馆2018年版。

李怀政：《生态经济学变迁及其理论演进述评》，《汉江论坛》2007年第2期。

李慧敏：《大庆资源转型赢在思维转型》，《中国经营报》2014年3月8日第54版。

李健斌、陈鑫：《世界可持续发展指标体系探究与借鉴》，《理论界》2010年第1期。

李晶：《城市可持续发展指标体系及评价方法研究》，《财经问题研究》2005年第4期。

李晶琳：《擘画全域旅游美好图景》，《黑龙江日报》2019年5月8日第8版。

李平：《从国外模式看我国资源型城市产业转型问题》，《山东科技大学学报》（社会科学版）2007年第6期。

李悦：《产业经济学》，中国人民大学出版社2004年版。

厉以宁：《中国经济双重转型之路》，中国人民大学出版社2013年版。

林毅夫：《发展战略、自生能力和经济收敛》，《经济学（季刊）》2002年第2期。

林毅夫：《自生能力、经济转型与新古典经济学的反思》，《经济研究》2002年第12期。

林毅夫、李培林：《自生能力和国企改革》，《经济研究》2001年第9期。

刘国、许模：《成都市可持续发展综合评估研究》，《国土资源科技管理》2008年第2期。

刘海清：《海南省可持续发展能力综合评价》，《广东农业科学》2009年第3期。

刘剑平等：《资源型城市可持续发展指标体系的重塑》，《水土保持通讯》2007年第5期。

刘琳、贾根良：《生态经济学的演化特征与演化生态经济学》，《黑龙江社会科学》2013年第1期。

刘世锦等：《陷阱还是高墙？中国经济面临的真实挑战和战略选

择》，中信出版社 2011 年版。

刘志超：《黑龙江省煤炭资源型城市脱困发展对策》，《知与行》2017 年第 10 期。

《龙煤集团 10 万人分流改革调查：一个在职养 2 个退休》，《21 世纪经济导报》2015 年 10 月 10 日，http：//news.hexun.com/2015-10-10/179703276.html。

罗守贵、曾尊固：《可持续发展研究评述》，《南京大学学报》2002 年第 2 期。

［美］菲利普·阿吉翁、彼得·霍伊特：《内生增长理论》，北京大学出版社 2004 年版。

宁南山：《从黑龙江看老龄化的中国是什么样》，知乎网，https：//zhuanlan.zhihu.com/p/30937080，2017 年 11 月 11 日。

牛文元：《循环经济：实现可持续发展的理想经济模式》，《中国科学院院刊》2004 年第 6 期。

齐援军：《国内外绿色 GDP 研究的总体进展》，《经济研究参考》2004 年第 88 期。

任勇、吴玉萍：《中国循环经济内涵及有关理论问题探讨》，《中国人口·资源与环境》2005 年第 4 期。

沈满洪：《生态经济学的定义、范畴与规律》，《生态经济》2009 年第 1 期。

盛春光：《黑龙江省森工林区森林碳汇价值评估》，《林业经济》2011 年第 10 期。

宋戈等：《森工城市转型期土地集约利用指标体系的构建与评价——以黑龙江省伊春市为例》，《中国土地科学》2008 年第 10 期。

苏振锋：《低碳经济生态经济循环经济和绿色经济的关系探析》，《科技创新与生产力》2010 年第 6 期。

《推动形成优势互补高质量发展的区域经济布局》，求是网，http：//www.tibet.cn/cn/politics/201912/t20191215_6723534.html，2019 年 12 月 15 日。

王小明：《我国资源型城市转型发展的战略研究》，《财经问题研究》2011 年 1 月。

吴敬琏:《中国增长模式抉择(增订版)》,上海远东出版社 2011 年版。

吴垠:《低碳经济发展模式下的新兴产业革命》,《理论参考》2009 年第 12 期。

伍国勇、段豫川:《论超循环经济——简论生态经济、循环经济、低碳经济、绿色经济的异同》,《农业现代化研究》2014 年第 1 期。

《习近平谈治国理政》(第三卷),《决胜全面建成小康社会,夺取新时代中国特色社会主义伟大胜利》,外文出版社 2020 年版。

《习近平谈治国理政》(第三卷),《我国经济已由高速增长阶段转向高质量发展阶段》,外文出版社 2020 年版。

《习近平在省部级学习贯彻五中全会精神专题研讨班讲话》,《人民日报》,http://www.chinanews.com/gn/2016/05-10/7864462.shtml,2016 年 5 月 10 日。

习近平:《在经济社会领域专家座谈会上的讲话》,《人民日报》2020 年 8 月 25 日第 2 版。

习近平:《在省部级主要领导干部学习贯彻党的十八届五中全会精神专题研讨班上的讲话》(2016 年 1 月 18 日),人民出版社 2016 年版。

习近平:《在省部级主要领导干部学习贯彻党的十八届五中全会精神专题研讨班上的讲话》(2016 年 1 月 18 日),《人民日报》,http://www.chinanews.com/gn/2016/05-10/7864462.shtml。

徐旭:《发展低碳经济面临的挑战及应对策略》,《学术交流》2011 年第 6 期。

徐旭:《黑龙江省城市化发展战略问题研究》,《行政论坛》2005 年第 4 期。

徐旭:《黑龙江省东部资源型城市转型的策略》,《当代经济》2009 年第 7 期。

徐旭:《推进资源型城市转型的战略思考》,《黑龙江日报》2007 年 6 月 17 日第 8 版。

徐志辉、曹馨月:《中国生态经济学理论研究浅析》,《西南林学院学报》2008 年第 8 期。

严立冬等:《生态资本构成要素解析——基于生态经济学文献的综

述》,《中南财经政法大学学报》2010年第5期。

杨建国、赵海东:《资源型城市经济转型模式及优化研究》,《财经理论研究》2013年第1期。

杨小凯 张永生:《新兴古典经济学和超边际分析》,中国人民大学出版社2000年版。

杨志、张洪国:《气候变化与低碳经济、绿色经济、循环经济之辨析》,《广东社会科学》2009年第6期。

叶文虎、仝川:《联合国可持续发展指标体系述评》,《中国人口·资源与环境》1997年第3期。

《以新的发展理念引领发展 夺取全面建成小康社会决胜阶段的伟大胜利》(2015年10月29日),《十八大以来重要文献选编》(中),中央文献出版社2016年版。

《以新气象新担当新作为推进东北振兴》,新华网,http://www.xinhuanet.com/politics/2018-09/28/c_1123499376.htm,2018年9月28日。

尤飞、王传胜:《生态经济学基础理论、研究方法和学科发展趋势探讨》,《中国软科学》2003年第3期。

于光:《矿业城市经济转型理论与评价方法研究》,博士学位论文,中国地质大学,2007年。

张复明、景普秋:《资源型经济的形成:自强机制与个案研究》,《中国社会科学》2008年第5期。

张坤民:《可持续发展与中国》,《中国环境管理》1997年第2期。

张米尔:《西部资源型城市的产业转型研究》,《中国软科学》2001年第8期。

张志强等:《可持续发展研究:进展与趋向》,《地球科学进展》1999年第6期。

赵海云等:《矿业城市的可持续发展指标体系研究和可持续发展水平评价》,《中国矿业》2001年第12期。

赵旭等:《城镇化可持续发展评价指标体系初步探讨》,《资源开发与市场》2009年第10期。

赵玉川、胡富梅:《中国可持续发展指标体系建立的原则及结构》,

《中国人口·资源与环境》1997年第4期。

郑红霞等：《绿色发展评价指标体系研究综述》，《工业技术经济》2013年第2期。

郑立新：《中国经济分析与展望（2010—2011）》，社会科学文献出版社2011年版。

《中国2060碳中和博弈》，https：//www.sohu.com/a/422151607_719828，2020年10月1日。

《中央第三环境保护督察组向黑龙江省反馈"回头看"及专项督察情况》，龙视新闻联播，https：//mp.weixin.qq.com/s？src＝11&timestamp＝1575689510&ver＝2019&signature＝KLpyNlWuZF0qNPcYTJ8F14 fB-PvcFbwAlE＊UBJnQL4－q6w8zhXeWUTb9od3oooMh8＊thD565pgCX1NwJztJJy51aTrQY－0z3k3fc4waHagimkcTgP7Vns5TT8xjnUQ1wt&new＝1，2018年10月23日。

周海林：《可持续发展评价指标体系及其确定方法的探讨》，《中国环境科学》1999年第4期。

周立华：《生态经济与生态经济学》，《自然杂志》2004年第4期。

周勇：《我国资源型城市产业转型模式研究》，硕士学位论文，首都经济贸易大学，2007年。

朱训：《矿业城市转型研究》，中国大地出版社2005年版。

朱雅丽、陈艳：《可持续发展：资源环境经济学与生态经济学的视角差异》，《生态经济》2010年第1期。

诸大建等：《C模式：中国发展循环经济的战略选择》，《中国人口·资源与环境》2005年第6期。

http：//www.chinanews.com/gn/2016/05－10/7864462.shtml，2016年5月10日。

http：//www.dxal.gov.cn/zwgk/zfgzbg/content_65962.

http：//www.hegang.gov.cn/szf/szf_zfgzbg/2018/01/14076.htm。

http：//www.hlj.stats.gov.cn/tjsj/tjfx/sjtjfx/201712/t20171212_62044.html，2017年12月12日。

http：//www.jixi.gov.cn/syzwyw_2778/201901/t20190116_105128.html。

http：//www. qth. gov. cn/xxgk_12340/zfgzbg/201901/t20190123_220497. htm.

http：//www. shuangyashan. gov. cn/NewCMS/index/html/newsHtmlPage/20190121/13425327. html.

http：//www. xinhuanet. com//politics/2016-01/06/c_1117691671. htm，2016年1月6日。

http：//www. yc. gov. cn/xxgk/gzbg/2017/01/79496. html.

https：//mp. weixin. qq. com/s? src = 11&timestamp = 1575689510&ver = 2019&signature = KLpyNlWuZF0qNPcYTJ8F14fBPvcFbwAlE ∗ UBJnQ L4 - q6w8zhXeWUTb9od3oooMh8 ∗ thD565pgCX1NwJztJJy51aTr QY - 0z3k3fc4waHagimkcTgP7Vns5TT8xjnUQ1wt&new = 1，2018年10月23日。

https：//www. sohu. com/a/422151607_719828，2020年10月1日。

Jeffrey D. Sachs and Andrew M. Warner, "Natural Resource Abundance and Economic Growth", *NBER Working Paper*, 1995, Cambridge, MA; J. D. Sachs, A. M. Warner, "Sources of Slow Growth in African Economies", *Journal of African Economies*, Vol. 6, No. 3, 1997, pp. 335-380; JD. Sachs, A. M. Warner, "The Big Push, Natural Resource Booms and Growth", *Journal of Development Economics*, Vol. 59, No. pp. 1, 1999, pp. 43-76.

Richard M. and Auty, *Sustaining Development in Mineral Economies: The Resource Curse Thesis*, London：Routledge, 1993.

# 后　记

衷心感谢中共黑龙江省委党校对本书出版给予的鼎力资助，衷心感谢校（院）领导和科研部门同志们的全力支持。本书的出版，还得到黑龙江省发展和改革委员会专项课题的大力资助。

衷心感谢中国社会科学出版社的大力支持，责任编辑刘晓红女士的辛勤付出，黑龙江省发展和改革委员会、大庆市、七台河市、鹤岗市、双鸭山市、伊春市的相关领导和部门同志们的信任和帮助。

深深地感谢亲爱的爸爸和妈妈。哀哀父母，生我劬劳。深深地感谢心爱的妻儿，他们是我一生永远乐观向上的力量源泉！

徐旭
写于 2021 年 2 月 21 日